大数据侦查中
的权利保障问题研究

DASHUJU ZHENCHAZHONG
DE QUANLI BAOZHANG WENTI YANJIU

黄 侃◎著

中国政法大学出版社

2024·北京

图书在版编目（ＣＩＰ）数据

大数据侦查中的权利保障问题研究 / 黄侃著. -- 北京 : 中国政法大学出版社，2024. 7. -- ISBN 978-7-5764-1676-3

Ⅰ. D918-39

中国国家版本馆 CIP 数据核字第 2024YZ5069 号

出 版 者	中国政法大学出版社
地　　　址	北京市海淀区西土城路 25 号
邮寄地址	北京 100088 信箱 8034 分箱　邮编 100088
网　　　址	http://www.cuplpress.com (网络实名：中国政法大学出版社)
电　　　话	010-58908285(总编室) 58908433 （编辑部）58908334(邮购部)
承　　　印	固安华明印业有限公司
开　　　本	720mm×960mm　1/16
印　　　张	15.5
字　　　数	255 千字
版　　　次	2024 年 7 月第 1 版
印　　　次	2024 年 7 月第 1 次印刷
定　　　价	72.00 元

上海政法学院学术著作编审委员会

　　四秩芳华，似锦繁花。幸蒙改革开放的春风，上海政法学院与时代同进步，与法治同发展。如今，这所佘山北麓的高等政法学府正以稳健铿锵的步伐在新时代新征程上砥砺奋进。建校 40 年来，学校始终坚持"立足政法、服务上海、面向全国、放眼世界"的办学理念，秉承"刻苦求实、开拓创新"的校训精神，走"以需育特、以特促强"的创新发展之路，努力培养德法兼修、全面发展，具有宽厚基础、实践能力、创新思维和全球视野的高素质复合型应用型人才。四十载初心如磐，奋楫笃行，上海政法学院在中国特色社会主义法治建设的征程中书写了浓墨重彩的一笔。

　　上政之四十载，是蓬勃发展之四十载。全体上政人同心同德，上下协力，实现了办学规模、办学层次和办学水平的飞跃。步入新时代，实现新突破，上政始终以敢于争先的勇气奋力向前，学校不仅是全国为数不多获批教育部、司法部法律硕士（涉外律师）培养项目和法律硕士（国际仲裁）培养项目的高校之一；法学学科亦在"2022 软科中国最好学科排名"中跻身全国前列（前 9%）；监狱学、社区矫正专业更是在"2023 软科中国大学专业排名"中获评 A+，位居全国第一。

　　上政之四十载，是立德树人之四十载。四十年春风化雨、桃李芬芳。莘莘学子在上政校园勤学苦读，修身博识，尽显青春风采。走出上政校门，他们用出色的表现展示上政形象，和千千万万普通劳动者一起，绘就了社会主义现代化国家建设新征程上的绚丽风景。须臾之间，日积月累，学校的办学成效赢得了上政学子的认同。根据 2023 软科中国大学生满意度调查结果，在本科生关注前 20 的项目上，上政 9 次上榜，位居全国同类高校首位。

　　上政之四十载，是胸怀家国之四十载。学校始终坚持以服务国家和社会需要为己任，锐意进取，勇担使命。我们不会忘记，2013年9月13日，习近平主席在上海合作组织比什凯克峰会上宣布，"中方将在上海政法学院设立中国–上海合作组织国际司法交流合作培训基地，愿意利用这一平台为其他成员国培训司法人才。"十余年间，学校依托中国–上合基地，推动上合组织国家司法、执法和人文交流，为服务国家安全和外交战略、维护地区和平稳定作出上政贡献，为推进国家治理体系和治理能力现代化提供上政智慧。

历经四十载开拓奋进，学校学科门类从单一性向多元化发展，形成了以法学为主干，多学科协调发展之学科体系，学科布局日益完善，学科交叉日趋合理。历史坚定信仰，岁月见证初心。建校四十周年系列丛书的出版，不仅是上政教师展现其学术风采、阐述其学术思想的集体亮相，更是彰显上政四十年发展历程的学术标识。

著名教育家梅贻琦先生曾言，"所谓大学者，有大师之谓也，非谓有大楼之谓也。"在过去的四十年里，一代代上政人勤学不辍、笃行不息，传递教书育人、著书立说的接力棒。讲台上，他们是传道授业解惑的师者；书桌前，他们是理论研究创新的学者。《礼记·大学》曰："古之欲明明德于天下者，先治其国"。本系列丛书充分体现了上政学人想国家之所想的高度责任心与使命感，体现了上政学人把自己植根于国家、把事业做到人民心中、把论文写在祖国大地上的学术品格。激扬文字间，不同的观点和理论如繁星、似皓月，各自独立，又相互辉映，形成了一幅波澜壮阔的学术画卷。

吾辈之源，无悠长之水；校园之草，亦仅绿数十载。然四十载青葱岁月光阴荏苒。其间，上政人品尝过成功的甘甜，也品味过挫折的苦涩。展望未来，如何把握历史机遇，实现新的跨越，将上海政法学院建成具有鲜明政法特色的一流应用型大学，为国家的法治建设和繁荣富强作出新的贡献，是所有上政人努力的目标和方向。

四十年，上政人竖起了一方里程碑。未来的事业，依然任重道远。今天，借建校四十周年之际，将著书立说作为上政一个阶段之学术结晶，是为了激励上政学人在学术追求上续写新的篇章，亦是为了激励全体上政人为学校的发展事业共创新的辉煌。

党委书记　葛卫华教授

校　　长　刘晓红教授

2024年1月16日

序 言 /PREFACE

  伴随数据信息时代的高速发展，数据已然成为第五大生产要素悄然改变着社会生活的诸多领域。侦查领域也受到了不小的冲击，尤其是面对当前日益严峻的犯罪情势，刑事科学技术必须在发展过程中不断地吸收新兴技术，从而助推侦查效能之提升。正是如此，大数据侦查应运而生。时代召唤下的大数据侦查通过进行整体性的变动，在突破原有技术侦查模型的同时，侦查权与侦查价值也随之转变。由此可见，大数据技术一方面可以提高侦查效能，另一方面又影响侦查观念中的可预见性，突破原有的被动侦查模式，建立新型主动化侦查模式，从而拉近侦查启动与犯罪发生的时间节点，加快犯罪控制、预防模式之形成。大数据侦查日益发展之时，一系列权利保障问题也逐渐暴露在公众视野。传统权利在数字信息时代下，呈现出"数据化"的新特点，而现有的法律规范中却缺乏与之相应的配套法律。而更为严重的是，在大数据侦查实践中已经与诸多新兴权利产生冲突，如何保障新信息时代下公民的利益新诉求，成为侦查活动所面临的困境。

  关于本书的基础研究，首先阐明大数据侦查概念须对数据概念、大数据概念再到侦查数据、侦查概念进行层层递进式分析。并在大数据侦查特征方面结合大数据技术与侦查两者的特征进行分析，其特征包含了预测性、有限性、渐进性、共时性以及全面性。同时应明确大数据侦查的功能定位，包含以犯罪原因关系分析实现的犯罪精准打击、以犯罪预测功能所实现的犯罪预防治理和以犯罪预防实现国家整体的安全。此外，须对大数据侦查的基础理论等进行充分阐释，以人为本理论、程序正当性理论与数字正义理论为大数据侦查的权利保障提供了正当性、合法性与合理性基础，为大数据侦查中权利保障的基础性研究提供理论依据。

在大数据侦查中的权利保障的基础化研究后，应从侦查实践出发，从大数据侦查权与权利、大数据侦查功能与权利以及大数据价值与权利三个维度之上进行问题分析，并建立在大数据侦查的基础原理与权利保障的基础理论之上，具体如下：

在第一个维度当中，大数据侦查中侦查权力的扩张使得权利保障问题频发。权力与权利之间呈现出此消彼长的动态关系，权力天然的扩张属性使得这种动态关系更为紧张。在大数据侦查中，伴随着原生侦查权与权利的张力问题，加上技术赋权之下侦查权力更是呈现出了不同程度的扩张态势，造成了权利保障受阻的局面。究其原因是大数据侦查作为全新侦查手段，隶属于刑事司法技术的革新，而从法律规范层面之上更是一种技术与权力交融所产生的全新法律现象，大数据技术与侦查权之结合改变了侦查权力运行应有的基本逻辑。值得注意的是，侦查权力扩张的同时权利范围不断限缩，私权利对抗权力则始终处于劣势地位，由于我国的权利理论研究的滞后，无法为权利保障提供强有力的支撑，这愈发加重了两者之间的差距。与此同时，实践中的传统权利与新兴权利冲突日益凸显，囿于权利体系的不完整、侦查监督体系的欠缺，侦查权的相应对抗能力无法充分限制权力之扩张，这一冲突也无法得以真正化解。在侦查监督层面，无论是传统监督体系遗留问题还是当前新型数字监督的创新问题都尚未得以解决，大数据侦查由此缺乏强制力之约束，其扩张态势无法得到有效遏制。

有鉴于此，实现权利保障必须率先控制大数据侦查中的权力扩张。首先，确权是控制大数据侦查权力扩张的第一步。控制大数据侦查权力的扩张，要明确其权力应有的边界，权力在应有的界线之内运行，才能保障其运行的正当性与合法性。并且还需要设定其权力运行的规范，将其严格地控制在既定轨道之中，才能保障其在正常的范围内进行良性的运行。设定权力的运行规范是防止权力从内部往外进行扩张，而防止"数据私权力"的不当介入则是从外部防止其他权力的渗入，进而达到控制权力扩张的目的。其次，权利范围与体系构建推动权力控制之实现。扩展大数据侦查中权利范围有利于实现权力控制的目的，权利体系的完备也可以有效地遏制权力的扩张。无论是传统的权利还是新兴的数据权利，必须要破除当前权利研究非体系化、碎片化的研究范式，将权利的研究范式放置于体系化中才能使得侦查权得到控制。

最后，多元化的监督方式可以有效抑制大数据侦查权力的扩张。侦查监督不仅仅可以保证侦查行为的合法性，而且还可以防止侦查权无限度的扩张和无节度的滥用。面对大数据侦查的监督，既要兼顾传统侦查监督的作用又要发挥新型数字监督的意义，并构建全新的人民监督来实现大数据侦查监督体系的多元化。

在第二个维度中，大数据侦查的功能失范导致权利保障产生了诸多问题。大数据侦查凭借其"预测"的功能特点，发挥了显著的效能。但是在其实现"预测"的侦查过程中，不论从其侦查手段之上抑或是其侦查模式之上，都无法实现有效的规制。大数据侦查措施的使用不规范使得侦查主体在适用过程中，难以把握侦查措施的强制性程度，进而导致公民权利的侵犯。在主动侦查模式中也存在手段正当性与目的合法性的质疑。其不仅与侦查机关的初查行为产生了范围冲突，究竟是侦查预测行为还是初查行为并无实质性的定论。而且其与立案程序也不可避免地发生冲突，强制性侦查措施跨越立案程序的门槛，侦查主体为了达到侦查目的而无视立案程序对于犯罪侦查的规范要求步入非司法领域。"侦查神秘主义"与算法黑箱不透明更是加重了侦查公开性差的问题，侦查主体对公民数据的使用以及处理都无法实现公开化。侦查体制的专业化发展不足也是制约其功能发挥的原因之一，侦查体制的行政泛化以及不合理的考核机制会影响侦查主体的行为规范性缺失，作为大数据侦查的实践主体，大数据侦查人才的缺乏使得功能失范日益严重。

面对大数据侦查功能实现与权利保障之间的紧张关系，大数据侦查功能的调试是解决权利保障问题的重要路径。第一，必须对大数据侦查措施进行明确的定位，并按照强制性将大数据侦查措施划分不同等级，从而应对实践中面临的诸多侦查措施的适用问题。第二，针对主动侦查模式，在规范层面上确立其立案的实质标准、厘清其与初查之间的范围，并通过构建数据披露制度和数据保障机制来实现主动侦查模式的规范化。第三，大数据侦查体制专业化是实现其功能规正的基础保障。侦查体制的司法化、构建合理的考核机制以及加强大数据侦查人才的培养是解决其功能失范的有效手段。

在第三个维度中，大数据侦查价值的方面偏差导致权利保障产生了问题。大数据侦查的实践中，侦查主体追求绝对化的技术能力、最大化的侦查效率以及沉迷于精确的大数据技术计算能力之上，造成了大数据侦查价值呈现出单一化、极端化的发展趋势与大数据侦查价值方面的偏差。一方面侦查主体过度依赖大数据技术之便利，呈现出对其过度盲目信任，而丧失了其作为法律规范适用者应有的主体性。另一方面，权利主体在大数据技术"算计"的境遇之下，权利主体地位不断地弱化，丧失权利话语权的背景之下便无法形成与侦查主体均势的格局。

面对大数据侦查价值偏差所产生的权利保障问题，实现大数据侦查价值方向的纠正是实现权利保障的路径之一。首先，在大数据侦查中，避免大数据技术在应用过程中不断侵蚀权利主体地位是其实现权利保障的首要任务。坚持"以人为中心""权利本位"为基本原则，构建完善的大数据证据体系以及加强律师辩护制度是实现权利主体地位保障的重要手段，权利救济体系的完善则为权利主体地位打下了坚实的保障基础。其次，侦查主体在大数据侦查中所面临的着的主体性缺失的问题，则应当以权利价值为中心摆脱技术工具价值的思维桎梏，抛弃"技术万能论"，将价值理性充分融入大数据侦查的实践当中，以司法公正的强制性以及程序制裁的有效性作为提升侦查主体的自主性作为强力的支撑点。最后，权利的保障是大数据侦查的永恒主旨，如何实现良性的大数据技术应用？即实现大数据侦查的技术向善。侦查的科技应用于侦查不仅仅要发挥其技术的优势，也要理性地实现其应有的侦查效益。引导技术向善是大数据侦查未来发展的向度，大数据技术不仅可以作为打击犯罪的利器，也可以通过其自身融入"善"的价值理念，实现犯罪打击与权利保障之目的。在大数据侦查的发展愿景中，将"法律、道德、科技"三大元素有机地融入其中，以法律作为"硬性保障"、道德作为"软性保障"以及科技作为"实质保障"才是实现其中权利保障应有的向度。

目 录 CONTENTS

总　序 ……………………………………………………………………… 001

序　言 ……………………………………………………………………… 003

导　论 ……………………………………………………………………… 001

　　一、问题提出 …………………………………………………………… 001

　　二、论题的背景与意义 ………………………………………………… 004

　　三、国内外研究现状及其评述 ………………………………………… 007

　　四、研究方法与研究思路 ……………………………………………… 023

　　五、本书的尝试创新与不足 …………………………………………… 028

第一章　大数据侦查概论 ………………………………………………… 030

　第一节　大数据侦查概述 ……………………………………………… 030

　　一、大数据侦查的概念 ………………………………………………… 030

　　二、大数据侦查相关概念的辨析 ……………………………………… 035

　　三、侦查原理的数据化特点辨析 ……………………………………… 037

　第二节　大数据侦查的基本特征 ……………………………………… 040

　　一、大数据侦查的共时性与预测性 …………………………………… 040

　　二、大数据侦查的全面性 ……………………………………………… 042

　　三、大数据侦查的有限性 ……………………………………………… 043

四、大数据侦查的渐进性 ……………………………… 045

第三节 大数据侦查的功能定位 ……………………………… 046

一、以效率为主的犯罪打击功能 ……………………… 047

二、以预测为主的犯罪预防功能 ……………………… 049

三、以效益实现营造的社会治理功能 ………………… 051

第二章 大数据侦查中权利保障的基础理论 ……………… 053

第一节 大数据侦查中权利保障的基本理论 ……………… 053

一、人本理论 ……………………………………… 053

二、程序性基础理论 ……………………………… 057

三、数字正义理论 ………………………………… 063

第二节 大数据侦查中权利保障的基础原则 ……………… 065

一、比例原则 ……………………………………… 065

二、无罪推定原则 ………………………………… 067

三、信息公平原则 ………………………………… 068

四、动态性调整原则 ……………………………… 071

第三节 大数据侦查中权利分类的基本原理 ……………… 075

一、大数据侦查中权利的来源 …………………… 075

二、大数据侦查中的传统权利及其衍生权利 ……… 077

三、大数据侦查中的新兴类型基本权利 …………… 079

第三章 大数据侦查中的权利保障问题探析 ……………… 084

第一节 大数据侦查权力扩张所产生的权利保障问题 …… 084

一、大数据侦查权力的扩张 ……………………… 085

二、权利保障体系的不完善 ……………………… 096

三、大数据侦查监督乏力 ………………………… 099

第二节 大数据侦查功能异化所产生的权利保障问题 …… 103

一、大数据侦查措施的适用不规范 ·············· 103

二、主动侦查模式缺乏有效规制 ·············· 107

三、侦查体制的专业化发展不足 ·············· 115

第三节　大数据侦查价值偏移所产生的权利保障问题 ······ 119

一、大数据技术的应用影响了侦查价值的多元化发展 ···· 120

二、大数据侦查价值的偏移导致权利主体地位弱化 ······ 121

三、大数据侦查价值偏移导致侦查主体的自主性缺失 ······ 124

第四章　控制权力实现大数据侦查中权利保障 ··········· 130

第一节　明确大数据侦查的权力范围 ·············· 130

一、划清大数据侦查权的权力边界 ·············· 131

二、构建大数据侦查权力运行规范 ·············· 136

三、防止"数据私权力"的不当介入 ·············· 139

第二节　扩展大数据侦查中权利范围 ·············· 140

一、基于传统权利的延展 ·············· 141

二、基于新兴权利的确认 ·············· 142

三、完善权利保障体系 ·············· 145

第三节　强化大数据侦查的权力监督 ·············· 148

一、完善传统侦查监督 ·············· 148

二、强化新兴数据侦查监督 ·············· 151

三、发展全新民主侦查监督程序 ·············· 154

第五章　功能调试实现大数据侦查中权利保障 ··········· 157

第一节　大数据侦查措施的合法化 ·············· 157

一、大数据侦查措施法律属性的理由 ·············· 158

二、大数据侦查措施法律属性的判定 ·············· 163

三、大数据证据的法律属性认定 ·············· 166

第二节　大数据侦查模式的合理规制 …………………… 175

一、主动侦查与立案程序的适配 ………………………… 175

二、构建大数据侦查数据披露制度 ……………………… 178

三、构建数据质量保障机制 ……………………………… 179

第三节　大数据侦查体制的规范化 ……………………… 181

一、侦查管理体制的专业化 ……………………………… 181

二、侦查考核机制的合理化 ……………………………… 184

三、侦查专业人才培养的体系化 ………………………… 187

第六章　价值纠偏实现大数据侦查中权利保障 ………… 190

第一节　提升大数据侦查中权利主体地位 ……………… 190

一、提升权利主体地位的基本原则 ……………………… 191

二、完善律师辩护制度 …………………………………… 192

三、完善权利救济保障措施 ……………………………… 194

第二节　强化大数据侦查主体的自主性 ………………… 199

一、以价值理性引导侦查主体自主性的实现 …………… 199

二、以司法公正促进侦查主体自主性的实现 …………… 203

三、以程序制裁助推侦查主体自主性的实现 …………… 206

第三节　发展大数据侦查的技术向善性 ………………… 208

一、大数据侦查中技术向善的基本理念 ………………… 209

二、大数据侦查中技术向善的实现路径 ………………… 210

三、大数据侦查中技术向善的应然向度 ………………… 212

结　语 ……………………………………………………… 216

参考文献 …………………………………………………… 218

导 论

一、问题提出

大数据侦查是数据信息时代发展的产物，大数据技术为侦查的发展翻开了崭新的篇章。伴随大数据侦查实践脚步的迈进，大数据侦查与其中权利保障所产生的问题愈发显现。从大数据侦查权的特性分析，其不仅仅继承了传统侦查权的权力特性，而且还展现了以数据赋权为背景的新权力特性，在两者的结合过程中，侦查权的扩张性呈现出双面扩张的态势——即显性扩张与隐性扩张。而由侦查权的扩张导致权利保障问题的产生，原先权利所享有的范围受到侵蚀，进而导致人们的基本权利无法得到有效的保障，而且在数据信息时代的当下，大数据侦查不仅仅与传统权利发生冲突，与新兴权利的摩擦也接踵而至，权力与权利之间的矛盾呈现出复杂化的局面。加之侦查权的监督不善导致大数据侦查权的扩张无法得到有效的规制，使得大数据权力与权利之间的关系更为紧张。此为大数据侦查与权利保障所产生的第一个问题。技术赋能于侦查便产生了大数据侦查，大数据技术最主要的特点为"预测性"，基于"预测性"所孕育而生的主动侦查模式在其发挥侦查效能的同时也与人们的权利保障产生了诸多问题，作为主动侦查手段的大数据侦查措施在法律没有明文规定的境况之下，其强制属性究竟应当如何进行判断以及其是否应当呈现出单一化的措施划分标准都存在疑问。而且主动侦查的立案依据是否拥有足够的正当性与合法性，其与初查重合的范围如何实现划分以及其在侦查过程中运用的代码、算法如何进行规制都面临着极大的挑战。侦查体制是支撑大数据侦查功能正常规范运行的基础，但是我国侦查机关在行政化体制管理之下，受到了行政管理逻辑的影响，造成了侦查权司法属性的弱化，影响了大数据侦查中权利的有效保障，而且大数据侦查人才的缺乏也导致了侦查功能运行的不规范。此为大数据侦查与权利所产生的第二大问题。在数字信息社会中，社会中的一切事物都呈现出"数据化"的特性，在侦查中大数据技术的应用导致了其价值方面的偏差，从而导致诸多权利保障问题的产生。一方面，侦查主体过度依赖大数据技术所带来的便利，丧失了主体性。而另一方面，权利主体在大数据技术"算计"的背景之下，权利主体地位不断地弱化，无法形成与侦查主体均势的格局。此为大数据侦查与权利所产生的第三大问题。本书将结合以上叙述的三大问题进行分析，尝试探寻解决当前大数据侦查中权利保障所产生的诸多问题。

（一）大数据侦查中研究权利保障的必要性

1. 大数据侦查中侦查权的隐性扩张具有规制现实必要性

大数据技术改变了侦查权传统的扩张模式，在大数据背景之下侦查权的扩张特点从显性转变为隐性扩张。而这种权力隐性扩张所导致的权利侵犯现象也日益严重，权力隐性扩张导致权利侵犯更不易被察觉，但是不容易察觉并不代表所造成权利侵犯程度会随之减弱。所以面对当前大数据侦查权的隐性扩张与权利之间的关系日益紧张的问题，规制其隐性扩张从而保障权利具有现实必要性。

2. 大数据侦查中侦查权具有限缩必要性

权利保障与权力限制是侦查活动进行过程中不可避免且必须兼顾的议题，与大数据侦查密切相关。侦查权的行使直接关系到侦查活动的规范性，而本书当中所探讨的大数据侦查规范性的否定评价往往发生于侦查权滥用的情况。是否具备规范性的行为直接决定了侦查主体在具体实践当中侦查权的行使。侦查权的有效限缩在大数据侦查活动中能够显著地控制"恣意"思维，从而促使侦查权的运行更加规范。

3. 大数据侦查中的权利保障具有紧迫必要性

人权是一种权利，人权本质所包含的要素为利益与正义，把握了利益要素便掌握了人权问题的钥匙，而正义是人权得以实现的保障。我党提出了

"以人为本"的理念，即一切从人出发、以人为中心的思想观念。[1]其中以人为本、以人为中心的思想也深入到了刑事诉讼的核心理念，刑事诉讼程序既要实现有效地打击犯罪维护社会秩序，还要兼顾刑事诉讼程序当中涉及的人权保障问题。[2]人权保护的重要性也激发了刑事司法的重心逐渐从打击犯罪转移到人权保障方面。而随着法治社会的发展，人权保障的地位不断提升，规范层面对人权保障的制度安排比重逐渐增加，在刑事诉讼程序当中实现人权保障成为新的重心。

4. 大数据侦查的功能价值具有整合的必要性

我国社会治理的方向会随着国家整体的治理目标发生改变。以党的十六届四中全会与十九届四中全会为节点，我国社会治理体系目标实际上经历了从单一强调秩序，到秩序、活力兼顾，再到安全、秩序、活力相统一的三个阶段的发展。[3]这种治理目标的发展与转变，也表明了大数据侦查的目标不仅仅是对于犯罪打击而实现的社会秩序的整合，秩序、活力还表明了在大数据侦查当中还要兼顾犯罪控制以及犯罪预防。安全、秩序、活力则表明大数据侦查应以"平安中国"思想为行为中心。

（二）大数据侦查中研究权利保障的可行性

1. 依法治国的总方针提供政策可行性

在我国依法治国大方针的背景之下，为大数据侦查中权利保障提供了研究的可行性基础。习近平总书记提出"全面依法治国是坚持和发展中国特色社会主义的本质要求和重要保障"。而在侦查领域当中，作为我国司法领域的有机组成部门，侦查也需要破除阻碍，实现习近平总书记提出的"努力让人民群众在每一个司法案件中都能感受到公平正义"。

2. 人权保障理论提供理论可行性

人权保障理论的发展为大数据侦查中权利的保障提供了理论可行性基础。随着我国人权事业的发展，人权保障经历了质的飞跃。而其背后的人权保障

---

[1] 参见张文显：《新时代中国社会治理的理论、制度和实践创新》，载《法商研究》2020 年第 2 期。

[2] 参见杨宇冠、李涵笑：《论中国特色人权刑事司法保障的逻辑进路》，载《中共中央党校（国家行政学院）学报》2021 年第 5 期。

[3] 参见李建伟、王伟进：《理解社会治理现代化：内涵、目标与路径》，载《南京大学学报（哲学·人文科学·社会科学）》2021 年第 5 期。

理论也为大数据侦查中权利的保障指明了前进的方向。"一切为人民""一切依靠人民""一切造福人民""一切保护人民"的理论基点，[1]都应当在大数据侦查的权利保障中得到体现。

3. "以审判为中心"的诉讼制度改革提供制度可行性

2014年10月，党的十八届四中全会审议通过《中共中央关于全面推进依法治国若干重大问题的决定》，提出推进"以审判为中心"的诉讼制度改革。在侦查领域内，表明了国家摒弃"侦查中心主义"的决心，而这个决定则有利于提升和发展大数据侦查的规范性，是一种宏观的大数据侦查。而宏观的大数据侦查在侦查活动中对刑事诉讼的各个环节产生影响，进而来规制微观侦查主体的行为思维。如何改变原有的"侦查中心主义"的诉讼格局，需要通过不断完善诉讼结构为切入点，明确我国公安机关权力行使的界限。

"以审判为中心"的理念助益刑事诉讼制度改革取得良好成效，并且在未来一段时间内都是司法制度发展主要方向和基本趋向。审判中心主义趋向为大数据侦查的规范性研究提供了相应的制度性保障，作为刑事诉讼程序的"先头兵"，侦查在整个程序当中的作用至关重要，只有在程序源头确保规范，才能有效地理顺和保障之后的程序发展。

4. 数据监督为权利保障提供技术可行性

大数据技术不仅仅可以应用于侦查中，而且其还能促进侦查的发展，也能实现对侦查的有效监督。数据监督是当前以大数据为背景的一种新型监督方式，数据监督运用到大数据侦查监督中，体现了以数据控制数据的思想。采用数据监督能有效地解决当前传统侦查监督的不足，从而发挥对大数据侦查的有效监督作用。

二、论题的背景与意义

（一）选题背景

1. 法治发展大背景

当今时代，数字经济已成为各国经济发展的新动能。大数据持续激发商业模式的创新，不断催生新兴业态，成为互联网等新兴领域促进业务创新增

---

[1] 参见汪习根：《习近平法治思想的人权价值》，载《东方法学》2021年第1期。

值、提升企业核心价值的重要驱动力。作为数字经济得以扩张的驱动因素，数据成为创造和捕获价值的新经济资源。

"网络空间已经成为继陆地、海洋、天空、太空四大自然地理空间之后的第五大战略空间。"[1]在我国法治中国建设和推进的进程中，刑事诉讼中如何实现有效的制度改革也对侦查机关提出了新的要求和挑战，其中在健全侦查机关调查、收集证据制度、规范补充侦查、完善非法证据排除制度和技术侦查证据的使用规则等方面都是现阶段对侦查机关提出的新要求。在新要求的背景下，在大数据侦查中如何实现对侦查权的有效控制，发挥其应有的作用是亟需解决的问题。规范大数据侦查是国家法治发展大背景的要求，所以大数据侦查的研究具有一定的社会意义。

2. 大数据侦查发展之下侦查技术的应用背景

在科技的迅猛发展以及社会的猛烈变革之下，传统的侦查当中也随之融入了数据要素，大数据技术促使侦查从传统向新型模式转变，对侦查主体实现有效侦查起到了巨大的成效。但是伴随着科学技术的发展，大数据侦查对于技术的依赖性也在不断加强，侦查作为司法活动，在结合新兴的科技进行侦查活动时，由于缺乏明确的法律规定，其行为是否具备正当性存疑。所以现在以打击犯罪为目的的侦查的工具属性十足却欠缺了作为司法权行使的规范性。

3. 我国法治社会的建设发展

我国的法治治理体系不断健全，而侦查活动作为我国司法活动的一环，也应当坚持法治的路线。做到有法必依，执法必严的同时也应当考虑到侦查活动作为一种社会治理力量的作用。所以大数据侦查的目的不仅仅是打击、控制以及预防犯罪，还应当基于社会整体层面考虑大数据侦查应当起到的社会治理效果，即对于侦查主体有效的规制和引导也是我国社会依法治理的有机组成部分。

（二）论题的意义

1. 理论意义

（1）丰富侦查学基础理论

对于侦查学研究而言，任何一种视角和方法的研究都是有益的。众所周

---

[1]　刘艳红：《互联网治理的形式法治与实质法治——基于场所、产品、媒介的网络空间三维度的展开》，载《理论视野》2016年第9期。

知，侦查作为一种经验先于理论的司法实践行为，其学科的理论发展始终落后于实践的发展，所以侦查学的理论始终都有研究的紧迫必要性。随着大数据技术在侦查中应用产生的一系列问题，如何有效地规制大数据侦查成了学界研究的重点。侦查作为刑事诉讼程序的初始阶段，侦查权司法控制尤其是在近年来大数据侦查科学化研究日益成熟，例如基于大数据实现的大数据侦查、地理犯罪热点等都为大数据侦查的研究作出了贡献。侦查的研究不应局限于对科学技术的实践应用，更应将大数据侦查当作一种存在的社会事实，从规范层面进行深入研究。

大数据侦查规范性理论是侦查学理论的组成部分，对大数据侦查的深入研究也是对侦查学理论体系的发展壮大。随着全球化的不断深入，创新成为激发社会不断进步发展的动力，创新已经遍及生产方式、生活方式、思维方式等方面，所以大数据侦查的创新成为当下侦查学研究的必然。侦查活动作为一种发现真相的活动，其运行过程包含着各种主体之间的参与，随着侦查情势的发展，大数据侦查随时随地发生于每个具体侦查过程中。

（2）完善新兴侦查方法中的权力控制

大数据侦查属于一种新型的侦查方法，即在侦查的过程中利用大数据技术所实现的侦查方法。大数据侦查不仅仅是大数据技术与侦查的结合，更是数据与侦查权的结合，侦查权在数据赋能之下产生了全新的权力姿态，而其必定会在侦查权的行使层面出现新的法律规制问题，尤其是在侦查权控制层面又会产生连锁反应。从司法控制的视角下研究大数据侦查，无疑填补了大数据侦查中侦查权控制的空白。

（3）细化大数据侦查中权利保障基础领域的研究

对大数据侦查控制的研究，主要集中在大数据侦查预测功能隐私权、数据权侵犯的领域中。权利保障成了我国法治建设的中心，在我国法治建设的过程中不能缺少侦查领域的贡献。目前大数据侦查研究都停留在技术、思维等方面，对于大数据侦查的学理研究尚显不足。

2. 现实意义

（1）正确引导规范的大数据侦查

研究大数据侦查中的权利保障可以有效规范大数据侦查。司法的权威来自社会公众的信赖，如何获得社会公众的信赖关键取决于司法行为是否遵从了民众的权利意愿，如果遵从了，司法公信力自然就高了。侦查作为我国刑事诉讼程序的一个环节，肩负着维护国家刑事司法职能的任务。

（2）有利于提升社会评价性与司法公信力

大数据侦查的规范性研究有利于提升整体的社会评价。随着各种新型的犯罪不断发生，在案件发生之后留给侦查主体的时间越来越短，如果没有及时对案件进行侦破，带来的损失可能将无法挽回。那么在这种背景之下，侦查主体的行为便成为关键。快速地制定规范而又有效地开展大数据侦查，挽回被害人损失的同时还能实现有效的规范侦查，会大大提升侦查活动的社会评价效果。我国司法公信力的提升不仅仅局限于审判机关，在整个刑事司法体系当中，每一个环节都应如此，才能满足国家司法公信力的提升。

（3）完善我国法治体系建设

《中共中央关于全面推进依法治国若干重大问题的决定》标志着依法治国具有时代性的意义。作为刑事诉讼中的重要环节，侦查活动也应当秉承法治发展的思维，大数据背景下的侦查活动，如何保障其规范有效地运行是我国法治建设的内在要求。只有在依法治国方针背景的指导下，将保障人权提上日程，大数据侦查才能走向其应有的法治道路。

（4）满足侦查学学科发展的需求

侦查学是法学学科刑事诉讼法学下的一个研究领域，同样隶属于公安学（一级学科）当中的独立二级学科。侦查学的研究受到法学和侦查实践的双重影响。侦查学在学科归属上，属于诉讼法学，所以侦查学的研究应当注重法学领域的研究。然而，在侦查学研究当中，更加偏重侦查实践事实和案件材料的认知判断。受此影响，对于侦查学研究而言，现有侦查研究更加偏向于实践研究，忽略了法学领域理论层面的研究。而大数据侦查中的权利保障研究正是建立在侦查实践的基础上，通过分析现有大数据侦查实践中所产生的各种权利保障问题，借助法学的理论方法，通过权利保障的深化研究促进侦查学学科的进一步发展。

三、国内外研究现状及其评述

大数据侦查的诞生便伴随着权利保障问题的产生，国内外的研究当中对于大数据侦查权利保障问题也随着信息科学技术与侦查实践的发展在不断地深入。

（一）国外研究综述

在域外研究中，由于大数据侦查这个专有性的词汇产生于我国，而国外的研究则更多偏向于数字警务方面，虽然两者稍有不同，但是基于国外数字警务当中的权利保障问题的分析也能为大数据侦查提供权利保障的思路。

1. 大数据犯罪规律研究

研究数据警务中的权利保障问题不得不先把握其所发挥的功能，因为所有问题的产生都是基于数据警务所发挥的功能与权利保障所产生的问题。大数据技术有助于犯罪规律的研究，而犯罪规律的研究也可以有效地帮助侦查机关制定侦查行为，所以利用大数据技术进行犯罪规律研究一直是犯罪学、侦查学当中的热点。Victor van der Geest 收集了大量荷兰有组织犯罪罪犯的犯罪职业的资料，通过这些材料的分析发现在有组织犯罪中犯罪种类与就业和收入等社会经济因素都有着极强的关联和规律。[1] 利用数据之间的相关关系进行犯罪规律分析，可以增强对相关犯罪相关特征的发现能力。随着研究的深入，影响犯罪的因素的研究也呈现出多元化的趋势，甚至发现气候因素也会影响犯罪率以及犯罪种类。David McDowall 认为犯罪季节性预测可以帮助发展犯罪研究理论和犯罪预测研究，并总结出大多数年份犯罪率在冬季下降到最低点，在夏季达到峰值。而抢劫是一个例外，因为它的高峰发生在 12 月。[2]

大数据技术在犯罪分析中能够发挥重要的作用，而数据的精度和准度也会影响对于犯罪分析的精确性。David Buil-Gil 从警察犯罪记录层面上分析得出地理因素会影响其准确性，并强调微观层面的犯罪分析会受到更大的偏见风险，提出应当重视微观层面的犯罪分析测绘，进一步完善和改进犯罪评估路径。[3] 而且对于犯罪的分析需要多样的算法以及模型的支撑，Manisha Mudgal 则从犯罪预测基础理论进行了研究，并列举了多个利用数据挖掘技术进

---

〔1〕 See Victor van der Geest, et al., "Delinquent Development, Employment and Income in a Sample of Dutch Organized Crime Offenders: Shape, Content, and Correlates of Delinquent Trajectories from Age 12 to 65", in David Weisburd, et al. eds., *Understanding Recruitment to Organized Crime and Terrorism*, Springer, 2020, pp. 309-335.

〔2〕 See David McDowall, et al., "Seasonal Cycles in Crime, and Their Variability", *Journal of Quantitative Criminology*, Vol. 28, No. 3., 2012, pp. 389-410.

〔3〕 See David Buil-Gil, et al., "The accuracy of crime statistics: assessing the impact of police data bias on geographic crime analysis", *Journal of Experimental Criminology*, Vol. 18, 2022, pp. 515-541.

行犯罪预测的方法，例如关联挖掘规则、k 均值聚类、行为树、人工神经网络和深度学习方法等。[1]犯罪率日益上升，已成为最具挑战性的问题之一，需要一种能够检测和预测这些活动的系统。许多模型已经被开发出来以降低犯罪水平，但还需要做更多的工作来提高它们的准确性和速度。

2. 数据警务的研究

"The data-driven policing" 即数据驱动警务是域外比较接近大数据侦查的一个概念词语，围绕着数据驱动警务与权利，学术界产生了一系列的研究与反思。

城市是犯罪的高发地，大数据技术还可以分析不同城市所发生的犯罪特征来实现更好地把握犯罪规律。Alessandro Crivellari 等从不同犯罪类型之间的隐性关系出发，在定性和定量方面提供对城市犯罪更完整的理解。通过能够传递相似性度量的机器可读表征，为探索城市区域的犯罪类型相关性和独特犯罪特征提供了一种有效的方法。[2]

Mamoru Amemiya 揭示日本东京和大阪这两个犯罪率较低的城市在地区层面的犯罪集中度，证明了 "热点警务" 在其他国家也有一定的有效性。[3]虽然 "热点警务" 具有一定的普适性，但是对于犯罪的研究还应当因地制宜，Liang Wang 等的研究采用比较的方法考察了当代中美两国警察在控制犯罪方面的变化。通过对比两国的警务策略，发现中国社区警务的实施比美国更广泛、更深入。但是认为在中国当前的环境之下，热点警务和预测性警务并没有显著的效用。[4]大数据最大的功能在于其预测性，Alireza Daneshkhah 等在其文中强调了预测警务的重要性，因为在缺乏足够情报的情况下，警察对犯罪行为的反应往往是被动的。在网络警务方面更是如此，因为数字平台增加了警察整体事件响应发展的复杂性。所以需要发展和采用前瞻性和预防性技

〔1〕　See Manisha Mudgal, et al., "Theoretical and Empirical Analysis of Crime Data", *Journal of Web Engineering*, Vol. 20, No. 1., 2021, pp. 113-128.

〔2〕　Alessandro Crivellari, Alino Ristea, "CrimeVec-Exploring Spatial-Temporal Based Vector Representations of Urban Crime Types and Crime-Related Urban Regions", *International Journal of Geo-Information*, Vol. 10, No. 4., 2021, p. 210.

〔3〕　Mamoru Amemiya, Tomoya Ohyama, "Toward a test of the 'Law of Crime Concentration' in Japanese cities: a geographical crime analysis in Tokyo and Osaka", *Crime Science*, Vol. 8, No. 1., 2019, pp. 1-6.

〔4〕　See Liang Wang, Jihong Solomon Zhao, "Contemporary police strategies of crime control in U. S. and China: a comparative study", *Crime Law Soc Change*, Vol. 66, 2016, pp. 525-537.

术，以识别和遏制网络犯罪。[1]

3. 数据警务与公民权利的研究

大数据技术应用带来的新技术的兴起使得大规模数据收集成为可能，并改变了怀疑标准，以及老式的小数据监管。我们的日常生活、社交网络、生物测定学和思想为私人和公共数据库提供信息，而分析算法将所有嘈杂的数据转化为信息。从数字化数据中得出的推论导致了一种新型的怀疑，这种怀疑不是来自对个人行为的观察，而是来自他们相互关联的数据。而这种警务技术的应用也引起了学者对于公民权利是否能得到保障的担忧。Kevin Macnish 等认为已经开始使用人工智能和预测性警务应用，这可能会引发道德、数据保护、社会、政治和经济问题。[2]

（1）算法偏见、歧视

Martin Degeling 等认为每一种算法都继承了其潜在假设的偏见。警察的数据收集、档案分析和预防犯罪往往会干扰基本权利，如隐私、数据保护和行动自由。所以提出了实现算法的软件必须公开，并且建立允许警察干预数据处理的流程来实现对于警察运用算法的规制。[3]大数据警务技术其中的"怀疑算法"所引起的人权问题引起了 Irmak Erdoğan 的注意。他认为警方在拥有监控和分析技术所提供的海量技术的同时，人们都被视为潜在的犯罪者。通过计算机在数据库中快速搜索，任何现有的信息或相关性都可以用来证明警方的怀疑是正确的。然而，互联数据中的不准确和不合理的关联可能会导致公民付出代价。而警方获取个人信息的渠道上，由于缺乏明确的正规的渠道，所以在大数据警务中，必须为新的监控工具的使用设定框架，并更密切地监控数据驱动的警务工作。[4]Simon Egbert 等面对预测警务当中的算法歧视，在预测性警务中，可能导致歧视性结果的不同程度的人类和非人类介导的偏见

---

〔1〕 See Alireza Daneshkhah, et al., "Behavioural Analytics: A Preventative Means for the Future of Policing", in Hamid Jahankhani, et al., eds., *Policing in the Era of AI and Smart Societies*, Springer, Cham, 2020, pp. 83-96.

〔2〕 See Kevin Macnish, et al., "Predictive Policing in 2025: A Scenario", in Hamid Jahankhani, et al., eds., *Policing in the Era of AI and Smart Societies*, Springer, Cham, 2020, pp. 199-215.

〔3〕 See Martin Degeling, Bettina Berendt, "What is wrong about Robocops as consultants? A technology-centric critique of predictive policing", *AI & Society*, Vol. 33, 2018, pp. 347-356.

〔4〕 Irmak Erdoğan, "Algorithmic Suspicion in the Era of Predictive Policing", in Georg Borges, Christoph Sorge eds., *Law and Technology in a Global Digital Society*, Springer, 2022, pp. 89-102.

形式。并认为有必要将科学和技术研究（STS）纳入预测警务的潜在歧视分析，并促进消除歧视性的预测性警务做法和结果。[1] Jeremy Davis 等分析了数据驱动警务中的数据不透明和数据使用的监督问题，数据偏见、数据选择、数据分析成功标准可能存在的道德性问题。并认为上述问题需要学者、技术开发人员、警察部门和政策制定者之间合作，才能有效应对和解决。[2] Kiana Alikhademi 等认为虽然机器学习已经成为刑事司法中各种应用的流行工具，但是这种预见性警务系统可能会造成不同影响进而加剧社会不公正。并强调当前的警务系统应评估其解决和克服警务系统内系统性种族主义、歧视和偏见的潜力，以及其实现执法过程自动化的潜力。[3] Bonnie Sheehey Sheehey 认为预测性警务通过一种偏执的风格来行使权力，这种风格构成了这种预测算法通过一种偏执的逻辑来运作，这种逻辑旨在根据历史犯罪数据中编纂的犯罪历史来抢占未来犯罪的可能性。[4] Claude-Hélène Mayer 分析了预测性警务使用特定的计算机程序、算法和大数据，具有高度偏见，特别是针对少数群体成员而言。根据以前的数据集和编程偏差中发现的种族主义、性别和污名化类别来预测犯罪现场。[5] Timothcy C. Hart 等认为犯罪预测可能对种族和少数民族产生的潜在影响，并将 3 年内记录的街头抢劫事件位置数据汇总到犯罪面板样本进行分析，结果表明，即使在考虑了所分析的每个犯罪小组的种族和民族构成之后，预测的准确性在白人、黑人和西班牙裔受害者之间也有所不同。[6]

〔1〕　See Simon Egbert, Monique Mann, "Discrimination in Predictive Policing: The (Dangerous) Myth of Impartiality and the Need for STS Analysis", in Aleš Završnik, Vasia Badalič, eds., *Automating Crime Prevention, Surveillance, and Military Operations*, Springer, 2021, pp. 25-46.

〔2〕　See Jeremy Davis, et al., "Five ethical challenges facing data-driven policing", *AI and Ethics*, Vol. 2, 2022, pp. 185-198.

〔3〕　See Kiana Alikhademi, et al., "A review of predictive policing from the perspective of fairness", *Artificial Intelligence and Law*, Vol. 30, 2022, pp. 1-17.

〔4〕　See Bonnie Sheehey, "Algorithmic paranoia: the temporal governmentality of predictive policing", *Ethics and Information Technology*, Vol. 21, 2019, pp. 49-58.

〔5〕　See Claude-Hélène Mayer, "Bias, Prejudice and Shame in Predictive Policing: State-of-the-Art and Potential Interventions for Professionals", in Claude-Hélène Mayer, et al. eds., *Shame 4.0*, Springer, Cham, 2021, pp. 109-128.

〔6〕　See Timothy C. Hart, Chivon H. Fitch, "The predictive accuracy of prospective hot spot mapping and the race and ethnicity of street robbery victims: could a popular approach to crime fighting be a source of systemic racism?", *Crime Prevention and Community Safety*, Vol. 24, 2022, pp. 14-29.

（2）警务算法的正当性与合法性

Zoë Hobson 等对数据警务的算法提出了质疑，认为算法做出的决定不公平，也不合适。算法的成功使用与对警察使用算法的更大支持有关，所以仅基于算法做出决策可能会损害信任，警察越是依赖算法决策，人们在决策中的信任度就越低。[1]

Matthew Browning 等认为预测性警务与传统的警务做法一样具有歧视性，不成比例地针对少数群体监视形式，造成了几个重要的道德和法律问题，预测性警务有偏见的基础以及错误的法律和道德基础。[2]而 Kelly Blount 认为预测性警务会导致警察从个性化怀疑转向预测性分析，会对警察的巡查期待性产生影响。而且采用预测性手段，警官可获得的信息会相应地调整其对背景的看法，并影响合理怀疑标准的适用。合理怀疑的增强会削弱正当程序保障个人权利的力度。[3] Douglas Husak 认为遭受隐含种族偏见的法律官员实施的任何做法都无法证明其合理性。[4]警察可以利用数据样本进行结果操纵。Timothy I. C. Cubitt 等在其文中人口统计的不当行为数据来自 600 名犯有严重不当行为案件的警官样本，以及 13 年内 600 名比较警官的匹配样本。利用随机森林的机器学习分析来生成强大的预测模型，并使用部分依赖图来证明与严重不当行为的可变交互。[5]面对数据警务实现民主，G. Galdon Clavell 等认为信息通信技术（ICT）有助于实现包容性和"民主"的社区警务风格，促进警察以公平的方式更好地响应社区的需求和期望。[6]

---

〔1〕 See Zoë Hobson, et al., "Artificial fairness? Trust in algorithmic police decision-making", *Journal of Experimental Criminology*, Vol. 19, 2021, pp. 165-189.

〔2〕 See Matthew Browning, Bruce Arrigo, "Stop and Risk: Policing, Data, and the Digital Age of Discrimination", *American Journal of Criminal Justice*, Vol. 46, 2020, pp. 298-316.

〔3〕 See Kelly Blount, "Using artificial intelligence to prevent crime: implications for due process and criminal justice", *AI & Society*, Vol. 39, 2024, pp. 359-368.

〔4〕 See Douglas Husak, "Policing and Racial Discrimination: Throwing Out the Baby with the Bath Water", in Molly Gardner, Michael Weber, eds., *The Ethics of Policing and Imprisonment*, Palgrave Macmillan, Cham, 2018, pp. 87-107.

〔5〕 See Timothy I. C. Cubitt, et al., "A machine learning analysis of serious misconduct among Australian police", *Crime Science*, Vol. 9, 2020, p. 22.

〔6〕 See G. Galdon Clavell, et al., "ICTs and Community Policing: An Ethical Framework", in Georgios Leventakis, M. R. Haberfeld eds., *Societal Implications of Community-Oriented Policing and Technology*, Springer, Cham, 2018, pp. 63-76.

（二）国内研究综述

随着数据时代的到来，大数据的应用遍及社会的各个领域当中，大数据侦查一词最早于王燃所著的《大数据侦查》中提及。大数据技术所带来的影响也十分深远。大数据侦查与权利之间所产生的问题是多方面的。

1. 大数据侦查的实践研究

大数据为侦查带来的效益多是学界对其研究的重点领域。Ning Ding 等根据自行车的偷盗情况进行预测，有效地制定侦查的方向和计划。我国近几年随着共享单车行业的发展，自行车普及程度快速提升，所以针对普通自行车的偷盗行为随之减少。但高级山地车的销量却呈现出逐渐递增的趋势，随之高级山地车的偷盗率也逐年增加。通过大数据进行相关关系的分析之后，将注意力转移到高级山地车，为此类犯罪的情报研究、判断和警察指挥、调度提供了依据。[1] Ning Ding 等从空气质量的方面进行研究，在一定程度上一个地区的空气质量也会影响犯罪的发生，这对大数据侦查也产生了一定影响。随着城市公共交通系统的发展，公交车扒窃犯罪越来越受到人们的关注。空气质量指数（AQI）和 PM2.5 指数显示出与日常公交扒窃事件的显著相关性：空气质量越差，公交扒窃事件就越多。利用支持向量机方法预测每天的公交扒窃犯罪风险，准确率为 81%。[2] 为城市公交扒窃提供预警，帮助减少犯罪。

2. 大数据证据的研究

大数据证据也是大数据侦查研究的一个重要组成部分，但是在刑事诉讼法所规定的现有法定证据当中，大数据证据并没有被列入其中。大数据证据是侦查机关利用侦查手段所收集的可以证明案件事实的相关材料。而其所呈现出的证据能力、证明方式也与人们的基本权利紧密地联系在一起。

在大数据证据的研究当中，针对大数据证据的价值及其作用，刘品新从大数据用作证据的理论基础上进行了分析，认为在价值论层面之上大数据证据是我国案件证明的一种客观需要，大数据证据不仅可以降低证明难度而且

---

[1] See Ning Ding, et al., "Crime Prediction of Bicycle Theft Based on Online Search Data", in Pavel Krömer, et al. eds., *Proceedings of the Fifth Euro-China Conference on Intelligent Data Analysis and Applications*, Springer, Cham, 2018, pp. 117-128.

[2] See Ning Ding, Yiming Zhai, "Crime prevention of bus pickpocketing in Beijing, China: does air quality affect crime?", *Security Journal*, Vol. 34, 2021, pp. 262-277.

证明案件事实的范围极大发挥了更高层级的司法证明作用。[1]那么在大数据侦查当中，研究大数据证据首先就要明确大数据证据的具体概念及其基本的范畴。在大数据证据的概念梳理当中，刘品新将"大数据证据"限定为基于海量电子数据形成的分析结果或报告。[2]杨继文等在对大数据证据定义时认为大数据证据是使用海量数据对案件事实进行判断、证明和认定，主要体现为大数据分析报告等，[3]而以上两位学者在对大数据概念进行分析时，主要重点放在了大数据证据的表现形式上。而究其原因在于，大数据证据并不是单纯的数据集合体，而是要通过结构化处理之后成为数据信息，数据信息通过一定的证明方法的运用，方成为大数据证据。

大数据证据究竟属于何种证据类型，在其他的种类归属的研究中，刘品新通过对大数据的性质及其发展历程进行分析与梳理，认为大数据证据是一种新型的电子证据。[4]大数据证据实质是由电子证据衍生而来，但是在发展的过程当中，却又区别于传统的电子证据，张建伟基于此提出了将大数据证据进行分化的设想：大数据分析报告有必要单列出来作为独立的证据种类，而大数据中那些跟案件相关的数据信息，则纳入电子数据当中。[5]而程龙认为，作为概念提出的大数据证据不是根据侦查手段进行界分的，并非所有大数据侦查所获得的证据都是大数据证据。大数据证据与我国刑事诉讼法所规定的法定证据种类并不是同一位阶的概念。它是站在证据生成层面，以"证据的生成是否建立在大数据原始素材基础之上"的标准对证据进行概括。[6]

大数据证据作为一种证据形式，如何保障其证明力以及真伪。卫晨曙认为大数据证据的审查，要根植于电子数据的规则传统进行证据鉴真，还要对机器学习的源代码进行可靠性评估，以完成大数据证据的相关性判断与可靠性评价。[7]而杨继文等认为大数据证据是一种电子证据，具有特殊的事实认

---

〔1〕 参见刘品新：《论大数据证据》，载《环球法律评论》2019 年第 1 期。

〔2〕 参见刘品新：《论大数据证据》，载《环球法律评论》2019 年第 1 期。

〔3〕 参见杨继文、范彦英：《大数据证据的事实认定原理》，载《浙江社会科学》2021 年第 10 期。

〔4〕 参见刘品新：《电子证据法》，中国人民大学出版社 2021 年版，第 143-146 页。

〔5〕 参见何家弘等：《大数据侦查给证据法带来的挑战》，载《人民检察》2018 年第 1 期。

〔6〕 参见程龙：《论大数据证据质证的形式化及其实质化路径》，载《政治与法律》2022 年第 5 期。

〔7〕 参见卫晨曙：《论刑事审判中大数据证据的审查》，载《安徽大学学报（哲学社会科学版）》2022 年第 2 期。

定机制，在形成从人工到智能的事实认定路径上还需要注意大数据在证据与事实关系之间的限度和保障机制。在新证据时代背景下的大数据事实认定机制，强调更新事实认定思维、重构事实认定过程、完善证据体系和优化电子证据采信规范应用。[1]刘品新认为对于这一证据如何审查判断，我国应当聚焦真实性与关联性规则进行创新。[2]

　　3. 大数据侦查与权利的研究

　　（1）大数据侦查中具体权利保障问题的研究

　　以数据引导侦查的理念提出之后，数据在侦查活动中的作用愈发体现。大数据侦查与权利保障的研究逐渐兴起，其中尤以隐私权与个人信息权最为引起学者的关注。随着大数据侦查研究的深入，学界逐渐开始关注大数据侦查当中的人权保障问题，研究的重点主要集中在隐私权与个人信息权的保障上。张晶认为大数据时代，犯罪控制与信息隐私保护的相对平衡被打破，大数据侦查在发展过程中出现了外源性信息隐私权危机和内生性信息隐私权危机。[3]保障大数据侦查的个人隐私权就需要明确隐私权的范围，张桂霞认为合理界定刑事侦查中隐私权保护的边界就需要明确来自公共领域、第三方领域以及基于个人同意的隐私问题。[4]刘玫等认为由于刑事诉讼法中大数据侦查的法律规定以及刑事侦查领域个人信息保护专门规定的缺失，导致了个人信息保护在侦查程序中一直处于缺位的状态。并建议以比例原则为指导可以有效地实现权力控制与权利保障的双向规制路径，适度引入个人信息保护的原则与机制，以实现犯罪控制与公民个人信息保护的协调与平衡。[5]

　　彭俊磊认为注重对犯罪嫌疑人知情权、隐私权、个人信息权等权利的切实保障，并以相对公开的方式加以强化，就必须在程序正当中要求大数据侦

─────────────────

〔1〕　参见杨继文、范彦英：《大数据证据的事实认定原理》，载《浙江社会科学》2021 年第 10 期。

〔2〕　参见刘品新：《论大数据证据》，载《环球法律评论》2019 年第 1 期。

〔3〕　参见张晶：《大数据侦查中的信息隐私权保护》，载《北京航空航天大学学报（社会科学版）》2023 年第 6 期。

〔4〕　参见张桂霞：《大数据时代侦查程序中隐私权边界研究》，载《湖北警官学院学报》2021 年第 5 期。

〔5〕　参见刘玫、陈雨楠：《从冲突到融入：刑事侦查中公民个人信息保护的规则建构》，载《法治研究》2021 年第 5 期。

查应以人本思想、无罪推定理念为指导。[1]蒋瑾等认为网络侦查过程中收集有关信息侵犯了公民隐私权。这使得网络侦查和公民隐私权的保护处于两难的困境之中。为了在网络侦查中对公民隐私权的侵害降到社会认可的程度，西方国家提出的隐私权的合理期待和划分客观领域的理论对我国权衡网络侦查和公民隐私权的理论与实践具有借鉴意义。[2]欧顺芳认为对数据的挖掘和利用大大提升了警务工作效率，但对公民个人信息的收集和运用不当将对公民个人信息的保护带来挑战。并指出存在的问题主要是实体法的规定不够完善、相关程序法缺失、部分执法行为对个人信息的收集和使用违反比例原则、监督职责。[3]张卓认为要防止大数据侦查被滥用就要加强大数据侦查工作中公民隐私权的保护，应不断完善国家保护个人隐私的法律法规，加强侦查人员对公民隐私权保护的法律意识。[4]钟明曦等认为大数据侦查干预了公民的个人信息利益及隐私权，并提出了"公共利益豁免机制"、完善对公安大数据收集的授权，侦查机关利用公安大数据开展侦查要获得《中华人民共和国刑事诉讼法》（以下简称《刑事诉讼法》）的明确授权，强化对大数据侦查侵权行为的赔偿救济三条解决路径。[5]胡锦涛等认为公民个人信息多以网络数据的形式出现会加大公民个人信息被侵犯、泄露的风险。要发现刑事侦查工作中收集、存储、使用公民个人信息存在的不规范问题并分析其原因并加强刑事侦查中公民个人信息保护，应从完善法律、构建保护机制、加强监督以及权利救济等多角度进行综合发力。[6]何军认为数据侦查已成为普遍使用、优先使用的"常规侦查"行为。应将实质标准（个人信息权严重侵害是数据侦查行为强制性判断的实质标准）和形式标准（同意、关联性、数据量及其维度、挖掘强度则成为其形式标准）判断进行有机融合来认定数据侦查行为

---

〔1〕 参见彭俊磊：《大数据侦查的程序法治要义——以人权保障为基本视角》，载《人权研究》2019年第2期。

〔2〕 参见蒋瑾、王永全：《网络侦查与公民隐私权的权衡》，载《公安学刊（浙江警察学院学报）》2019年第1期。

〔3〕 参见欧顺芳：《经由大数据的警察执法与公民个人信息保护》，载《广西警察学院学报》2022年第3期。

〔4〕 参见张卓：《大数据侦查中的隐私权保护》，载《网络安全技术与应用》2022年第5期。

〔5〕 参见钟明曦、陈淑珍：《大数据侦查之法律困境与应对》，载《海峡法学》2022年第1期。

〔6〕 参见胡锦涛、马亚雄：《刑事侦查中的公民个人信息保护》，载《中国人民警察大学学报》2022年第3期。

的强度。[1]

（2）大数据侦查权与权利保障问题研究

数字信息时代，使得侦查权的权力性质或者权力的构成产生了新的变化，侦查权的扩张已经成为一个不争的事实，所以强调侦查权力的控制得到诸多学者的关注。裴炜认为鉴于社会信息化的总体趋势，要调和这些冲突，需要以信息革命引发的"权力—权利"二元互动关系变革为出发点，寻求犯罪控制与保障人权两项刑事司法基本价值之间的新平衡点，并对具体的程序规则进行修正。[2]而自正法等认为大数据侦查反向激励了警察广泛采集公民个人信息，侦查主体的个人私欲与大数据侦查"权力—科技"的双重欺骗性相互交织，会加速公民个人的地位式微，产生溢出效应。并提议将个人信息权纳入《刑事诉讼法》保障范畴，以免大数据侦查对个人信息造成侵犯。[3]面对大数据背景侦查权的扩张问题，胡铭等论证了大数据背景下侦查权的扩张虽然有其合理的地方，但是并不代表可以任其自由地扩张，而且大数据背景下的侦查权的扩张容易产生隐性扩张，而这些扩张带来了法律制度上的规制困境和公民权利保护的难题，并主张应当理性看待大数据时代侦查权的扩张，应将其纳入刑事诉讼法的现有体系，并按照其侦查措施的强制性程度分类进行规制。[4]张晶指出大数据侦查中之所以引起个人隐私权的隐患，主要原因在于大数据侦查定位的模糊以及侦查权控权的内卷化。[5]夏菲认为警务科技化发展缺乏相应的规范与监督，造成警察权力行使与公民权利保护失衡的局面。美国及欧洲国家通过立法规范与司法审查来细化使用规则和程序，以明确标准、司法授权、数据使用公开化等方式保障警察正当行使权力、保护公民合法权利。[6]卞建林等认为侦查权呈现扩张趋势会导致传统侦查程序规范对大数据侦查缺乏有

〔1〕　参见何军：《数据侦查行为的法律性质及规制路径研究》，载《中国人民公安大学学报（社会科学版）》2021 年第 1 期。

〔2〕　参见裴炜：《个人信息大数据与刑事正当程序的冲突及其调和》，载《法学研究》2018 年第 2 期。

〔3〕　参见自正法、刘小庆：《大数据侦查的本质属性及其溢出效应——基于福柯"规训"理论的分析》，载《西南民族大学学报（人文社会科学版）》2022 年第 6 期。

〔4〕　参见胡铭、张传玺：《大数据时代侦查权的扩张与规制》，载《法学论坛》2021 年第 3 期。

〔5〕　参见张晶：《大数据侦查中的信息隐私权保护》，载《北京航空航天大学学报（社会科学版）》2023 年第 6 期。

〔6〕　参见夏菲：《警务科技化进程中的公民权利保障》，载《华东政法大学学报》2019 年第 5 期。

效的法律控制，泛用大数据侦查存在侵犯公民基本权利等风险。而刑事程序合法性原则、侦查比例性原则、侦查不公开原则，可以调适大数据侦查的应用范围与适用限度，从而起到保障公民基本权利的作用。[1]颜飞等认为数字科学技术运用于刑事侦查时，隐私权面对大规模信息收集、挖掘和分析则会陷入危险状态。并通过梳理美国卡朋特案中隐私权保护面临的挑战、调适与不足提出我国侦查程序中隐私权保护应当坚持以隐私权为切入点，规范数字时代下侦查权力的扩张，并构建起侦查程序中收集使用个人信息的规范制度。[2]刘小庆认为大数据侦查下的真实面纱乃是"规训与惩罚"的权力逻辑，这使得侦查权力主体容易受到非理性因素的制约，而权力本身的"弥散性"特征又使公民个人信息权利遭受侵犯。提出在"以审判为中心"的背景下以"立法与司法"的组合拳来确保个人信息权得到全面保障。[3]

（3）大数据侦查数据来源与权利保障问题研究

众所周知，侦查机关的犯罪信息数据并不单单来源于自身，而通过其他渠道所收集来的数据信息也会侵犯到人的基本权利。高波认为侦查机关的侦查行为将目标指向第三方数据平台所持有的个人用户数据，取证模式也从自行取证发展到利用第三方数据平台的大数据侦查取证。这种取证模式带来个人数据隐私的担忧，放大了嫌疑人权利保障程度不足的疑虑，美国大数据侦查在实践中反思"第三方原则"的理论基础，适时进行理论与实践上的突破，在个人信息保护和数据利用之间寻求动态的利益平衡。这些经验对我国相关理论研究与实践具有一定的借鉴意义。[4]

（4）大数据侦查模式与权利保障问题研究

大数据侦查模式给侦查带来便利的同时，也产生了相关的负面效应。程雷首先肯定了大数据在侦查活动应用的正面作用，尤其是在犯罪预测以及犯罪侦破方面。但是也分析了大数据侦查对一些基本权利和法律价值构成挑战，

---

〔1〕参见卞建林、钱程：《大数据侦查的适用限度与程序规制》，载《贵州社会科学》2022年第3期。

〔2〕参见颜飞、刘文琦：《数字时代刑事侦查中的隐私权保护——以美国卡朋特案为中心的研究》，载《盛京法律评论》2021年第2期。

〔3〕参见刘小庆：《从"权力监督"到"权利制约"：大数据侦查法律规制的理性之维》，载《重庆大学学报（社会科学版）》2022年第2期。

〔4〕参见高波：《第三方平台数据的有序利用与大数据侦查的隐私权问题——以美国"第三方原则"为视角》，载《天津大学学报（社会科学版）》2022年第2期。

有必要对其进行法律控制。[1]杨婷认为在数据驱动型侦查模式下,数据信息的高度整合在提高信息获取能力、降低信息处理成本的同时,公民的个人隐私在挖掘各类数据信息实施侦查行为时会受到一定的威胁。[2]

(5) 大数据侦查行政权泛化与权利保障问题研究

黄攀认为大数据的广泛应用使公安职能泛化问题加剧、配套法律规范滞后或缺失、可能侵害公民的隐私权以及形成对大数据技术的过度依赖等。为有效应对挑战,必须清楚认识公安大数据作为工具的本质属性,树立科学的大数据理念,完善现行法律制度,规范技术应用与管理,使公安大数据成为警务现代化的有力支撑。[3]而基于行政权泛化的现象,张可认为大数据侦查主要体现在侦查机关的行政职能上,然而过于重视行政职能必然会忽略大数据侦查司法层面所存在的风险。提出大数据侦查的逻辑应当从行政走向司法。[4]

(6) 通过程序规制大数据侦查实现权利保障问题研究

大数据侦查改变了传统的侦查,给侦查带来了翻天覆地改变的同时,也带来一系列的问题。由此,国内有些学者也基于上述问题进行研究,转向如何通过程序来控制大数据侦查。侦查作为刑事诉讼程序的一个环节,那么大数据侦查虽然作为一种新兴的侦查方法,也同样应当受到刑事诉讼程序的有效规制。但是在我国现有的程序当中,对于大数据侦查的规制体系尚不完整。詹建红等人认为我国侦查权程序性控制的制度远景应该是建立合乎我国国情的司法审查模式,使侦查权的控制走向彻底的法治化和专业化。[5]

(7) 大数据侦查措施与权利保障问题研究

陈刚认为将强制性与任意性、秘密性与公开性作为判断基准,有助于从实质上分析其法律属性,助力于权利的保障。[6]胡铭等认为大数据侦查本质上应是一种强制性侦查措施,我国现有法律规定尚未将其纳入强制性侦查措

---

〔1〕 参见程雷:《大数据侦查的法律控制》,载《中国社会科学》2018 年第 11 期。

〔2〕 参见杨婷:《论大数据时代我国刑事侦查模式的转型》,载《法商研究》2018 年第 2 期。

〔3〕 参见黄攀:《机遇与挑战:公安大数据应用的反思与变革》,载《北京警察学院学报》2022 年第 3 期。

〔4〕 参见张可:《大数据侦查之程序控制:从行政逻辑迈向司法逻辑》,载《中国刑事法杂志》2019 年第 2 期。

〔5〕 参见詹建红、张威:《我国侦查权的程序性控制》,载《法学研究》2015 年第 3 期。

〔6〕 参见陈刚:《解释与规制:程序法定主义下的大数据侦查》,载《法学杂志》2020 年第 12 期。

施且缺乏有效监督。有必要以公民基本权利保护为核心构建大数据侦查的法律规制体系。[1]曹盛楠认为大数据侦查作为一种新的侦查手段，加剧了干预公民权利的风险，应坚持立法与司法并行，将大数据侦查措施纳入法定的侦查措施体系，根据对公民个人信息权的干预程度进行分类规制，完善程序运行规则。引入外部监督力量，强化技术权限管理，改善以内部自律为主的过程规制机制。[2]

（8）以技术规制实现权利保障的研究

以技术规制大数据侦查是当前学界研究的一个新思路。李亮认为要健全公安机关算法归责原则并强化公民实体权利和程序权利的保障。面对警务技术主义带来的诸多风险，要从数据正义的价值取向和健全技术标准角度去预防；消解公安执法正当程序的风险，要对警务数据采集和运用、警务算法的决策和适用范围加强程序控制。[3]胡铭等认为犯罪预测是警察部门进行犯罪预警与侦查的重要手段。但是犯罪预测中的黑数据现象、数据获取过度侵犯个人隐私、算法不透明导致的歧视偏见以及数据壁垒的存在会造成一定的风险。[4]

（三）国内外研究现状的评述

1. 内容偏向技术性、法学理论性不强

无论国内关于大数据侦查的研究还是国外关于大数据侦查的文献，其内容均为介绍和剖析大数据侦查技术的构成以及大数据技术在侦查领域的具体运用，但对于大数据侦查中涉及的理论问题，既存文献所涉不多，整体上体现出来的法学理论性也并不强。研究文献整体上的技术性掩盖了规范和大数据侦查实务操作中的问题。诚然，大数据侦查技术对于侦查领域中如何运用具有较高的要求和固定的方式，对这些大数据技术进行交代和介绍无可厚非，但如果研究文献仅仅是对这些大数据侦查技术进行介绍和陈述，则丧失了作为法学研究命题的研究深度和理论性。

---

〔1〕 参见胡铭、龚中航：《大数据侦查的基本定位与法律规制》，载《浙江社会科学》2019 年第12 期。

〔2〕 参见曹盛楠：《大数据侦查措施程序规制的困境与出路》，载《河南科技大学学报（社会科学版）》2022 年第 3 期。

〔3〕 参见李亮：《智慧警务的风险及其规制机制》，载《浙江警察学院学报》2022 年第 2 期。

〔4〕 参见胡铭、严敏姬：《大数据视野下犯罪预测的机遇、风险与规制——以英美德"预测警务"为例》，载《西南民族大学学报（人文社会科学版）》2021 年第 12 期。

比如，目前的研究成果对于大数据侦查的定性尚存分歧。大数据侦查是特别的技术侦查手段还是一般的侦查手段，其是对传统侦查手段的补充，还是别于传统侦查手段的独立侦查手段需要首先弄清楚，这决定了两者是并行还是一般与特殊的关系，对两者不同关系的认定将影响着大数据侦查中对于侦查相对人的权利保障如何进行。不过，目前对于大数据侦查的定性研究虽有一定探讨，但是对大数据侦查的定性尚无清晰的界定。其结果是，众说纷纭的定性观点导致对于大数据侦查中如何保障侦查相对人权利的讨论产生了一定的分歧，进而导致了大数据侦查具体的规则设置之讨论也存在差异，影响到侦查的实效。

2. 大数据侦查的相关理论讨论呈现分散式特点，未形成体系

既有文献在主要陈述和介绍大数据侦查技术运用的同时，对于大数据侦查技术的方方面面虽亦有涉及，但整体上呈现出分散式研讨状态，缺乏能将这些研究贯穿起来的"主线"和"命题"，各个研究主题各自为阵，彼此缺乏沟通与联系，各个主题不能实现联动，所以不能打造一个关于大数据侦查的知识体系。欲形成关于大数据侦查系统的知识体系，需要以一个共同的主题将既有文献内容串联起来，达到"纲举目张"之效果。在明确大数据侦查的定性后，以固定的定性来设计和安排整个大数据侦查的制度体系，形成关于大数据侦查的制度系统。

3. 以大数据侦查中的权利保障为主要内容的文献不多见

在既有的国内外研究文献中，以大数据侦查中的权利保障为研究主题的文献不甚多见。尽管存在着一定文献对于大数据侦查中所涉及的权利保障有所讨论，但其研讨内容和文字呈现出粗放化状态，比如重点关注大数据侦查中权利保障需要遵循哪些原则，如权利保留、法律授权、比例原则等。在大数据侦查权与公民权利边界、大数据侦查权运行的程序和具体操作、大数据侦查权运行中如何保障公民具体权利等具体问题现有文献涉及并不多，现有文献对于大数据侦查中的权利保障议题的讨论停留在宏观层次，有待进一步挖掘的细节，操作并不明朗。所以，深入讨论大数据侦查中的细节和技术问题，将这些细节问题讨论清楚，明晰这些大数据侦查的细节规则，进而形成一套完整的体系，对于大数据侦查中相对人权利的保障是非常有利的。这些涉及大数据侦查中的权利保障议题并不能够通过一些宏观性质的原则内容讨论便能够确定的，需要在程序细节上细加揣摩，设计合理的大数据侦查的程

序运作制度，方能将大数据侦查中的权利保障落到实处。原则性、宏观性的探讨只能为大数据侦查中的权利保障提供大方向、大原则的指导，不能为具体的程序展开提供细致的行为指南。所以，确立大数据侦查中的权利保障应当除了讨论一些宏观性质的指导性原则外，尚需要建立细致的程序和操作规则，以形成整个大数据侦查的宏观体系。本研究以大数据侦查中的权利保障为主题进行系统化、体系化，从宏观到细节，确立大数据侦查中权利保障的指导原则、确定细节性的程序规则，最终建立系统的大数据侦查的权利保障体系。

综上可见，既存文献对于大数据侦查的研究存在很多不足，整体上呈现出主题分散化、理论粗放化、不注重大数据侦查中的权利保障等问题。因此，在既有文献的研究基础上需要整合分散化的研究成果和结论、将理论基础的研讨细致化、对大数据侦查中的权利保障的探讨实现深刻化。如此，方能做好大数据侦查的基础理论建设，以大数据侦查中的权利保障为制度构建目标，来设计和安排大数据侦查中具体的程序与运作操作，最终完成大数据侦查完整的制度体系。这样一来，大数据侦查的基础理论、具体程序与制度操作以及大数据侦查中的权利保障——串联起来，最终构成了大数据侦查的理论体系和制度体系。

4. 大数据侦查的实证研究资料不充实，对大数据侦查的实务观察不够

诉讼法学乃是部门法学、应用法学，其生命在于将相关理论与制度运用于司法运作的实践，应当在实务运作中观察制度运行的现状、现象，进而提炼出一定的实务问题。针对这些实务问题，理论与制度可以进行一定的回应和反馈，对制度进行一定的修补和修正。通过观察实务问题，也能够对制度运行的背景和环境有大致的评估，斟酌制度的具体设计与安排是否符合本土环境与背景。如果在制度实施后，不运用实证研究的观察方法，制度运行便无法得到观察和反馈，最终制度可能因为不合本土环境而无法运作下去。

针对大数据侦查，目前的文献对其在实务运作中的观察和反馈极其有限，多数文献是空中楼阁式的理论阐释和展开，未有针对大数据侦查实际运行状态的切实观察、总结和提炼。在大数据侦查中，其权力启动的具体操作与程序是怎样的？在大数据侦查的实务运行中，其具体的程序操作和实际运行又是怎样的？大数据侦查与常规侦查手段是并用，还是大数据侦查优先于常规侦查手段适用？抑或常规侦查优先于大数据侦查而适用，大数据侦查作为常

规侦查手段的递补侦查手段？大数据侦查所运用的案件类型是怎样分布的？大数据侦查在锁定犯罪构成要件过程中实际又怎样发挥作用？这些对大数据侦查实务运行状态和现象的观察，在现存文献中均未有充分的描述和观察。笔者认为，欲对大数据侦查中的权利保障与保护进行真切、贴近实际的观察和研究，对大数据侦查实务运行的上述观察是必须进行的前提性工作，唯有如此，对大数据侦查中权利保障命题的研究才能植根于司法实践，针对真真切切的具体实务问题，展开对策性研究，而后在理论与规范层面对这些具体问题进行溯因性研究，对规范中的具体规则进行建设性的对策性修正和调整才最具有实益。但是，目前的文献内容显示，对大数据侦查的实务观察并不充分，现存文献所反映出来的实务现状和现象是远远不够的，需要对大数据侦查的实务运行现状作充分、全面、客观的进一步观察和了解。

四、研究方法与研究思路

（一）研究方法

关于大数据侦查权利保障的研究，本书主要采用了文献分析法、比较分析法、系统分析法、学科交叉研究法。

1. 文献分析法

文献分析法通过对文献进行收集、查阅进而观察和了解现有研究主题中所存在问题，本书中通过对现有的大数据侦查与权利的文献进行广泛的收集、并从大量的文献中进行问题分析，以便对大数据侦查的权利保障提供理论基础、研究思路、问题成因等。而具体到文献类别方面，国外的数据警务方面的权利研究为本书的主题提供了研究思路以及研究方法的借鉴。而国内的文献则可以寻找目前我国学术研究中的方向，通过文献分析发现不足进而为本书的研究提供一定的创新点。

2. 比较分析法

比较研究方法主要从横向、纵向两条分析进路展开。横向比较法是将我国目前大数据侦查中的权利保障同域外地区的大数据侦查进行比较，以发现我国大数据侦查中存在的权利保障漏洞或问题，进而完善我国大数据侦查中的权利保障问题。纵向比较法则是通过对我国大数据侦查的历史变革和司法实践状况进行比较，研究我国大数据侦查中权利保障在不同时期的状况以及我国大数据侦查权利保障的发展方向，为我国大数据侦查的权利保障未来发展打下坚实的基础并确定方向。因此，有必要借助历史研究法进行梳理，并结合相关的行为学基础理论及其他学科对行为的影响进行准确把握，不仅有助于界定大数据侦查的权利保障大概范围，还能把握未来大数据侦查中权利保障的发展脉络。

3. 系统分析法

大数据侦查作为侦查主体进行的法律实践行为，其必然与外部的社会大系统有着千丝万缕的联系，而且大数据侦查的事实依据也来源于社会当中。所以在系统分析方法中，对大数据侦查中的权利保障研究应当从系统的不同角度进行把握，在研究大数据侦查之时，以外部观察者的角度进行分析，是必不可少的研究视角。而内部参与者的视角也是大数据侦查中权利保障研究的重要视角。通过对系统当中不同的视角进行考察，将大数据侦查当中的权利保障问题放置于社会系统结构关系当中。另外本书运用系统分析方法研究渐进行为在大数据侦查中的运用特点，力求全方位、立体化、多视角地研究大数据侦查与权利保障在理论层面中的深层含义，所以立足于内部参与者的视角是解决大数据侦查与权利之间问题必不可少的环节之一。

4. 学科交叉研究法

研究大数据侦查与权利保障的问题不仅仅应当着眼于传统的大数据侦查的自身研究，如果仅仅局限在学科之内进行大数据侦查的研究，无异于"盲人摸象""闭门造车"，会严重地阻碍大数据侦查中权利保障的研究与发展，所以还应当在大数据侦查之上与其他学科进行融合，从而提升大数据侦查中权利保障的研究品质。这样才能不至于受到思维和眼界的局限性，固守于侦查学科内的局域，限制大数据侦查中权利保障的发展。

大数据侦查与权利之间的关系所涉及的学科众多，对大数据侦查学理进行研究，同样应当站在大数据侦查之上和大数据侦查之外进行研究，要主动引入其他学科的先进理论和有益经验为大数据侦查中权利保障的理论、制度、机制等的完善进行服务，特别是应当对刑事诉讼法学、法社会学、哲学等进行交叉研究。首先，因为大数据侦查是刑事诉讼的一个重要环节，刑事诉讼法学为其提供了基础理论和内容。其次，大数据侦查作为一种侦查领域技术应用产生的新名词，必然与数据学科有着千丝万缕的联系。最后，基于本书对于大数据侦查中权利层面的研究，是大数据侦查价值与权利价值之间的碰撞。分析其学理层面的原理，以及价值哲学、价值学等，所以学科交叉研究法是大数据侦查中权利保障研究的重要的方法之一。

（二）研究思路

1. 研究目标

在数据信息时代，大数据技术在侦查领域中的应用发挥着巨大的作用，以大数据为背景的侦查活动不仅在打击犯罪中取得了显著的成效，而且以预测性为主要的侦查功能还实现了犯罪治理促进社会秩序的维护，但是其所引发的权利保障问题也是学界关注的重点。本书从权利保障的视角对其进行研究，试图提升侦查学的基础理论的深度，并拓展侦查方法论的内容。具体上，针对现在大数据侦查当中所出现的各种问题进行分析，并从大数据侦查与权利互动的全过程进行研究。本书的研究目标是通过控制大数据侦查权力的扩张、规正大数据侦查功能异化、实现大数据侦查价值的归元三条路径来实现其中的权利保障，以实现规范化的大数据侦查，促进我国在法治建设以及权利保障体系的构建。

2. 研究思路及内容

本书拟以大数据侦查中权利保障作为问题展开研究，由序言、正文、结语构成，其中正文部分包括六个章节。本书的研究思路可以概括为"一个中心，一条主线，三条路径"。"一个中心"是指本书以"大数据侦查中的权利保障研究"为主旨。"一条主线"是指本书首先介绍大数据侦查的基本内涵和大数据侦查中权利保障的基础理论，接着探析大数据侦查实践中公民权利受到侵犯的现实性问题，最后针对具体的现实性问题提出具体的解决方案以保障公民权利。"三条路径"是指从大数据侦查权控制与权利保障、大数据侦查功能规正与权利保障、大数据侦查价值归元与权利保障三个视角出发，针对不同视角下的不同问题，以相应的法学理论为指导，分别提出具体解决方案以实现权利保障。

第一章为大数据侦查概论。大数据侦查开启了侦查活动的新纪元，大数据技术改变了传统侦查，所以其影响力不仅仅是改变了传统的侦查模式，而且对侦查思维、侦查原理、侦查价值等都有着深远的影响。大数据侦查的产生是刑事科学技术与侦查结合的产物，其在侦查实践当中的应用已经较为广泛，但是在学界当中大数据侦查的归属却产生了众多的歧异，其中包含了大数据的概念、特征、功能等。首先在大数据侦查概念当中，本书通过文献分析法，对大数据侦查的概念进行了分析与总结。并结合学界对于大数据证据的质疑，对其概念进行了再认识和再界定。其次在大数据侦查特征方面则结合了大数据技术与侦查两者的特征进行分析，其特征包含了预测性、有限性、渐进性、共时性以及全面性。最后对大数据侦查进行功能定位，包含了以犯罪原因关系分析实现的犯罪精准打击、以犯罪预测功能所实现的犯罪预防治理和以犯罪预防实现国家整体的安全。

第二章为大数据侦查中权利保障的基础理论。在大数据侦查中权利的保障理论是本书后续展开的支撑点，在本章节中以大数据侦查中权利保障的基础理论、原则以及其具体所涉及的权利类型为主要内容。以人为本是我国法治发展的根本要求，尤其是在依法治国方针的指引下，权利保障意味着人民至上，把人民的根本利益放在首位。权利保障的基础理论要以"人"为中心进行构建，所以本书中引用了权利本位、程序正义以及数字正义理论。而在权利保障的基础原则中则以比例原则、无罪推定、信息公平原则以及动态性调整原则进行构建。大数据侦查不仅涉及了传统类型的权利而且还涉及人的数字权利。所以本书在其所涉及的权利类型划分之时，以传统权利和新兴权利作为划分标准，实现大数据侦查中对权利的精准保障。

第三章为大数据侦查中权利保障的问题探析，研究大数据侦查中权利保障问题，必须有明确的问题导向。本章节中通过三个维度对大数据侦查中权利保障的问题进行了系统性的分析。第一个维度产生于权力与权利的二元互动当中，侦查活动其实质是侦查权与人民基本的权利之间的互动。只有将现有大数据侦查实践中侦查权与权利之间的问题进行深入分析才能发现权利保障的源头问题。第二个维度为大数据侦查的功能实现与权利保障之间的问题分析。以大数据的预测性为主要功能的侦查，主动侦查模式成了其主要的模式。而在主动侦查当中却缺乏相对应的合法性评价，不仅如此，作为主动侦查的手段——大数据侦查措施也引发了一系列权利保障的问题。第三个维度为大数据侦查中所实现的价值与权利之间的冲突问题。

第四章为本书解决大数据侦查中权利保障问题的第一个方法，即有效控制侦查权。大数据侦查不仅仅是一种新的侦查手段，其背后深层次是大数据技术与侦查权相结合，改变了侦查权力运行的基本逻辑。所以大数据侦查从技术发展层面是刑事司法技术的革新，而从法律规范层面上其更是一种技术与权力交融下的新的法律现象。私权利对抗公权力始终都处于劣势地位，在大数据侦查当中技术赋能于侦查权的后果便是在刑事诉讼当中，侦查权的不断扩张导致权利的地位更加趋于弱势，人们的基本权利在这种环境之下亟需强有力的保障。要抓住大数据侦查中权利保障所产生的问题，从权力与权利之间的互动角度进行切入是关键。首先，对于大数据侦查权的定位是控制的第一个要点，只有将侦查权的权力属性归为司法属性才能有效地实现规制。其次，权力与权利之间是此消彼长的关系，所以完善权利保障体系也是控制侦查权的手段之一。最后，权力运行必须有完备的监督体系，只有将权力放置于监督之下，才能防止侦查权滥用的局面。构建大数据侦查权的监督以检察监督为主，并以大数据为技术支撑实现以"以数据监督数据"，权利的监督离不开人民的监督，大数据技术的运用给人民监督提供了可能。

第五章为本书解决大数据侦查权利保障问题的第二个方法，即以规正大数据侦查的功能。对大数据侦查进行功能定位是实现权利保障的基础，而在规正大数据侦查的功能时，首先必须重新界定大数据侦查措施。基于目前无论实践中还是理论中都尚未明确大数据侦查措施的定位，大数据侦查措施的定位不明确导致了一系列权利保障问题，所以在实现大数据侦查的功能中，通过规正主动侦查中的大数据侦查措施是解决权利保障问题的关键，本书通过日本强制处分理论的界定方法，并借鉴了日本 GPS 的判例主旨，认为大数据侦查措施应当按照权利侵犯程度分为一般性与特殊性的侦查措施。而在大数据侦查措施正位之后，主动侦查所面临的困境是本章解决问题的重点。主动侦查模式是大数据侦查主要功能的体现，在主动侦查中，当前我国立案程序对大数据侦查的应对呈现疲态之势，如何通过理论以及体系构建完善的立案机制，也是大数据侦查当中权利保障的决定性因素。本书通过借助现有刑事诉讼法中主动立案与被动立案的规定，认为在大数据侦查中应当构建两种立案模式进而适配上文中大数据侦查措施的适用，为主动侦查模式构建有效的法律规范依据，进而使其拥有合法性。主动侦查以大数据技术实现有效的侦查，所以在规正的过程中，对于其技术的运用也需要进行进一步的探讨，在其中关于代码的规正、黑箱运算的规正都应当被纳入到规正体系当中。最后，侦查体制的规范化是实现权利保障的保障，只有构建专业的大数据侦查队伍才有实现权利保障的可能。

第六章为本书解决大数据侦查中权利保障问题的第三个方法，即以价值纠正将偏离方向的大数据侦查价值归位于正常实现权利的保障。在本章节中以大数据侦查正义价值的回归、大数据秩序价值的协调以及大数据侦查效益的优化三个维度实现对其价值偏向的纠正。在第一个维度中大数据侦查价值的正义性在于构建以人民的权利为大数据侦查的核心价值，提升侦查参与人在大数据侦查中的主体地位，保障其拥有足够的话语权进而满足权利诉求。在第二个维度中，侦查主体作为侦查决策的制定者与执行者，其决策能力与质量直接关联到侦查的"成败"。鉴于此，首先，应当从认知层面入手，根本性地颠覆"技术万能论"的片面观念，促使侦查主体树立技术辅助与人的判断相结合的正确理念。其次，法律规范应作为强化自主性的坚实基石，通过明确的法律框架与规范要求，为侦查主体的行为设定边界，实现其自主性的"硬性"加固。最后，构建一个包含责任追究机制在内的完整责任体系，利用制裁手段作为后盾，是确保侦查主体自主性有效实现不可或缺的一环。在第三个维度中，强调技术向善不仅是对科技伦理风险的主动规避，更是对大数据侦查正义价值的深度挖掘与提升。技术向善不仅是大数据侦查正义价值的内在诉求，也是推动其正义内涵不断丰富与发展的必由之路。

五、本书的尝试创新与不足

（一）对大数据侦查权力与权利的关系进行了系统性分析

大数据侦查与权利所产生的问题是一个伴生性的问题，而目前学界虽然从多个层面研究大数据侦查与权利之间所产生的问题，也提出了众多的解决路径。但是归根结底，侦查行为的依据来源于国家所赋予的权力——侦查权。所以不论是传统侦查抑或是大数据侦查，都会产生侦查权与权利互动的关系。而且在给侦查权赋予数据属性之后，侦查权的权力元素构成更加多元化，与权利之间所产生的关联更加得复杂化。所以从权利保障的角度，如何诠释侦查权现有的特点，一是要对侦查权的权力属性进行定性，二是要结合侦查权的数据属性进行分析与界定。而且在侦查权的一方，权利体系的变动也需要进行重新的构建，权利的元素也需要进行再一次的甄别。

（二）提出了大数据侦查措施的具体定位和分类依据

我国目前对于大数据侦查措施的定位仍然处于争论阶段，虽然多数学者将大数据侦查措施定性为强制侦查措施，但是如果其性质归属于强制性，会阻碍大数据侦查的发展，以预测性功能为主的主动侦查模式也会缺乏正当性与合法性。所以本书中笔者借鉴了日本的"强制处分"理论，认为大数据侦查措施应当根据权利干涉的程度划分类别，进而更好地适用于侦查实践当中。

（三）设计大数据侦查中权利保障的应然规则

大数据侦查中的权利保障问题必须最终落到规则设计层面才能具有实益。因此，本书最终的落脚点便放到大数据侦查中权利保障应然规则的构建上。在前文以权利保护与保障作为大数据侦查正当性证成的前提下，大数据侦查中权利保护与保障的应然规则便是将这些证成权利保障的基本原则规则化、实在化。

结合实证考察所得到的大数据侦查的实务状况及提炼所得到的问题，大数据侦查的规则完善便有了具体的方向和确定的规则设计。通过对案例进行类型化整理和分析，结合一些实证调研的指标，便可以得出实务运行中的问题，针对这些实务问题进行分析解读其成因后，本研究将通过制度规范层面的分析得出一定的共性原理和制度层面的一些特征特点，制度分析和规范分析从广义上讲亦属于实证分析的一部分，与实务调研结合起来才能构成一个完整的实证研究，才能真切地反映出实务问题，也才能有针对性地开展研究，进行回应性的制度安排。另外，也只有将司法实务运作中大数据侦查现状的观察、提炼、总结与理论层面、规范层面的分析结合起来，才能达到从实践中来、回到实践中去，理论联系实践，理论服务实践的研究目的。

（四）本书的不足点

首先，本书所提出的三条关于解决大数据侦查中权利保障的问题由于笔者的经验不足、理论功底不够深厚等原因并未能详尽所有的解决办法，尽管笔者已经努力地进行写作但是所提出的问题不一定精准，所给出的理由也不一定妥切。

其次，由于笔者外语水平有限，在本书的写作当中需要阅读大量的外文资料，由于只能通过翻译软件的帮助进行，对于原文的理解含义多少会出现一定的偏差，从而影响正文写作的质量。

最后，由于本书所论述的是大数据侦查中权利保障的问题，但是大数据侦查属于比较专业的技术领域的研究，而笔者没有掌握专业的大数据知识，在描述以及阐释基本术语之时必然会出现一定的偏差。

鉴于此，笔者会在今后的研究中进一步完善上述问题，继续对本书的写作内容进行打磨和完善。

大数据侦查概论

大数据侦查是刑事科学技术运用于侦查活动所形成的产物，开启了侦查活动的新纪元。同时，大数据侦查不仅改变了传统的侦查模式，而且对侦查权力、侦查思维、侦查原理、侦查功能、侦查价值等都产生了深远影响。面对当前学界对于大数据侦查概念的纷争，有必要对其概念进一步厘定，并对大数据侦查的特征以及功能定位进行分析与廓清。

第一节　大数据侦查概述

大数据侦查从诞生以来，其基本概念、属性以及与传统侦查、数字化侦查、信息化侦查、技术侦查等相关概念的关系等问题备受学界关注，学者们也基于以上问题进行了讨论。对大数据侦查的全面认识不仅要结合大数据的基本概念，还要充分融入侦查元素。

一、大数据侦查的概念

大数据侦查，简单地说就是将大数据技术运用到侦查过程中。虽然可以简单地对大数据侦查作这样的理解，但是并不意味着学术界和实务界对于大数据侦查持有共识性观点。对于大数据侦查的准确定义，既有研究往往在探讨大数据侦查的具体问题时提及。这种略过基础性概念，直接论述具体问题的研究范式，是在具体制度的研究和阐释中逐渐明确基础性概念的内涵，在大数据侦查具体制度的研究和论述中逐步明确基础性概念的基本范畴，扩展或限缩其外延。本书的研究方式与此不同，本书欲先对大数据侦查的概念作

阐释和交代，再对本书主题大数据侦查中的权利保障的相关理论和实务问题
作深入阐释和探讨。

（一）大数据侦查概念的文献分析

笔者以"大数据侦查"为"篇名"在"中国知网"上搜索共得到文献数
332 篇，既然篇名包含"大数据侦查"，则说明至少在作者看来，"大数据侦
查"的称谓与概念是合理适合的。其中，有 119 篇文献的篇名中"大数据"
与"侦查"是分开的，不构成"大数据侦查"一个整体性概念。若以"大数
据侦查"作为"篇关键"索引，则得到 888 篇文献。以上数据表明，大数据
概念未获得学界的共识性认可，至少在部分学者看来，"大数据侦查"不是一
个完整、合理、妥适的概念，仍对"大数据侦查"概念的使用持谨慎态度，
也未对"大数据侦查"概念达成共识。

在这些文献中，对大数据侦查概念的界定，代表性观点有以下几种：一
是认为大数据侦查包括了大数据侦查思维、大数据侦查模式、大数据侦查机
制和大数据侦查方法，而具体案件中的大数据侦查是指案件侦办过程中，侦
查主体运用大数据技术进行侦查的一切环节、程序和操作。[1]二是认为大数
据侦查乃是侦查机关为获取和认定犯罪的构成要件或要素，以大数据技术为
支撑和依托，在侦查活动中所采取的大数据分析措施和技术。[2]三是认为大
数据侦查是通过海量的数据收集和数据分析技术，预测犯罪的可能走向。[3]四
是认为大数据侦查乃是一种侦查模式，通过自动化收集信息，处理信息数据，
进而锁定犯罪线索和预测犯罪。[4]

总体而言，目前对于大数据侦查的认识和界定可以分为两种类型。一是
行为论，即认为大数据侦查指侦查机关在侦查活动中运用大数据的相关信息

---

[1] 参见王燃：《大数据侦查》，清华大学出版社 2017 年版，第 32-35 页。

[2] 参见王超强、刘启刚：《大数据侦查的理论基础与实践价值》，载《广西警察学院学报》2017
年第 4 期。

[3] 参见陈纯柱、黎盛夏：《大数据侦查在司法活动中的应用与制度构建》，载《重庆邮电大学
学报（社会科学版）》2018 年第 1 期。

[4] 参见赵峰：《大数据侦查模式之下相关性关系的证明浅议》，载《贵州警官职业学院学报》
2016 年第 6 期。

技术辅助或直接开展侦查的行为。[1]二是认为大数据侦查乃是一种侦查模式，该模式不同于传统侦查模式，在该模式下大数据技术会被频繁运用，不同于传统侦查模式下以"定案"和"找人"为主要目标和要素的侦查模式。[2]显而易见的是，行为论的大数据侦查观点更为细致，其关注的是具体的侦查行为，因此制度设计和安排的重心便在于如何规范具体侦查行为。第二种类型模式论相较于行为论，乃是更为宏观层面的一种提炼和认识，理论性和综合性更强一些。这两种模式的认识各有其优势和弊端，宏观的认识有利于准确地辨明大数据侦查的性质属性等，但可能并不直接适用于具体制度的建构和完善。与此相反，行为论的观点与认识可以直接适用于具体的制度构建与侦查行为的展开。笔者认为，应当将以上两种观点相结合来确定大数据侦查之概念，形成对于大数据侦查立体准确的认识。

（二）对大数据侦查概念的质疑

1. 大数据侦查仅仅是语词上的修饰，无实在性内容

大数据侦查虽广为侦查机关使用，但若仔细分析大数据的形式、类型、侦查的目的等，不难发现大数据侦查仅仅具有语词和表述上的新颖性，其在本质上无外乎是将信息收集与信息挖掘替换为"大数据侦查"的"新瓶装老酒"而已，在内容上并没有实在的新内容。[3]大数据侦查指向大数据时代，侦查机关依托现代信息技术与平台，对海量数据进行收集、利用和有效的分析，涵盖所有运用大数据技术进行侦查的理念和行为，侦查者运用大数据侦查的最终目的在于从海量数据中确定和预测认定犯罪的要件与可能的犯罪发展倾向。[4]大数据侦查与传统的侦查具有相同的确定犯罪线索、锁定犯罪嫌疑人的目的，只是技术手段上运用了新型的技术手段而已。换言之，大数据侦查仅在语词上构成一个新颖词汇，内容上没有迥异于传统侦查模式的新内

---

〔1〕 除前文列举文献外，持行为论大数据侦查观念的文献还可以参见彭知辉：《"大数据侦查"质疑：关于大数据与侦查关系的思考》，载《中国人民公安大学学报（社会科学版）》2018年第4期。

〔2〕 除前文列举文献外，持模式论大数据侦查观念的相关文献还可以参见蒋涛：《大数据侦查带来的法律思考》，载《江苏警官学院学报》2018年第5期。

〔3〕 参见彭知辉：《"大数据侦查"质疑：关于大数据与侦查关系的思考》，载《中国人民公安大学学报（社会科学版）》2018年第4期。

〔4〕 参见李蕤：《大数据背景下侵财犯罪的发展演变与侦查策略探析——以北京市为样本》，载《中国人民公安大学学报（社会科学版）》2014年第4期。

核，因而很难构成一个新的学术术语。如果过分执迷于大数据侦查中的新侦查方式和技术，可能导致大数据技术与侦查两者关系混淆，本末倒置。大数据技术仅是手段而已，不应颠覆传统侦查理论的既有理念和理论体系。

2. 大数据侦查并未颠覆传统侦查模式

大数据侦查之所以被称为新型侦查模式，原因在于大数据侦查被认为有一套不同于传统侦查模式的侦查套路。但是，大数据侦查与传统侦查模式有多大区别，是否构成与传统侦查模式迥异而具备变革性质的侦查模式尚存疑虑。

支持大数据侦查构成新型侦查模式的理由主要在于，大数据侦查的运作依据大数据平台还原犯罪过程与事实，侦查活动围绕数据展开对案情的分析、追踪案件事实，一切侦查活动的展开以数据为最终依据，[1]因而构成与传统侦查模式迥异的变革性侦查模式。不过，此观点存在以下两点疑问：

其一，依照现行的大数据侦查行为的划分，被动性侦查指向已经发生的犯罪行为，其以回溯和还原犯罪事实为终极目的。这与传统侦查模式还原案件事实的目的完全相同，只是动用了大数据的技术手段而已，与传统侦查模式不存在本质区别。与被动性侦查不同，大数据侦查模式是主动性侦查，即针对犯罪预备而实施的预测性侦查活动，要求通过一定的大数据侦查与干预活动，"促使犯罪嫌疑人以侦查人员设定的时间、地点、方式实施犯罪活动"。[2]但是，不以还原案件事实和犯罪过程的侦查活动，是否构成"侦查"还有待商榷，所谓"预测型侦查"难称为侦查。

其二，即便是被动性侦查或事后侦查也摆脱不了"找人""定事"的框架和模式。在犯罪事实发生后，大数据侦查虽然以数据为起点，围绕着数据展开侦查活动，但是其最终目的和最终落脚为"找人""定事"，即找到犯罪嫌疑人，确定案件事实。所以，被动性侦查与传统性侦查是不存在本质性差别的，其仅仅是运用大数据技术来"找人""定事"而已。问题的关键在于数字化侦查和信息化侦查发展到大数据侦查阶段后，是否足以与一般性侦查模式相区别而构成单独的侦查模式，在实现"数据化"后，侦查理论与侦查

---

〔1〕 参见何军：《大数据与侦查模式变革研究》，载《中国人民公安大学学报（社会科学版）》2015 年第 1 期。

〔2〕 参见杨郁娟：《论主动型侦查与被动型侦查》，载《铁道警官高等专科学校学报》2011 年第 1 期。

模式是否发生了质的变化。前文部分文献的介绍和阐释的主要观点是，大数据侦查仅仅运用了大数据技术，并不能使侦查模式实现革命性变革。除此之外，即便大数据侦查在现代侦查程序与操作中普遍适用，但始终无法替代传统侦查而成为侦查活动中的主流侦查方式。所以，大数据侦查的出现与发展并不构成对于大数据侦查的革命性变革，无论大数据侦查发展到何种程度，始终无法完全取代"找人""定事"的传统侦查模式。

（三）大数据侦查概念的再认识与再界定

大数据侦查固然蕴含着"新"的意思和"新"的侦查方法，但是如何认识其给传统侦查理论和行为带来的冲击和变化，是否构成一个新概念，进而构成新型侦查模式，需要结合既有文献内容对大数据侦查概念进行再认识并再界定。大数据侦查的概念厘定应在充分析解既有文献基础之上，结合其与传统侦查的异同，以及对传统侦查模式与理论重塑的基础上展开。总之，下述理路可加深对大数据侦查的理解：一是依据大数据侦查的属性、特征、方式，明晰其与传统侦查之异同；二是梳理大数据侦查的方式与目的之间的互构关系；三是厘清大数据侦查中主动侦查性质、功用及优劣势；四是明确大数据侦查的技术应用范围。

大数据侦查在与传统侦查理论和模式进行比对时，确有显现出其特殊性和新颖性的一面。与传统侦查理论和模式不同的是，大数据侦查不以"案"和"人"为开展侦查的起点和要素，而从数据出发，通过数据收集和分析技术还原案件事实，确定犯罪嫌疑人。不过，虽然大数据侦查具有新的侦查模式和方法，但由于其最终目的还在于"定事"和"找人"，所以其本质上与传统侦查不应有目的论的区别。此外，不以确定犯罪为要件的预测型侦查（或称主动侦查）在本质上是对犯罪的事先预测和干预，虽然不同于传统侦查，但已是大数据时代不可避免的侦查形式，应当被认为是构成大数据侦查的一种类型。

大数据侦查既是新型侦查模式，又是新型侦查行为。同时，由于法定机关才有权展开锁定犯罪的侦查行为，所以必须依循法定授权、法定程序和操作进行，以保障侦查相对人和不特定人群的合法权益。综上，笔者将大数据侦查的概念界定如下：大数据侦查是侦查机关依法定授权和程序，运用大数据技术收集、查询、比对、挖掘数据，将侦查经验、法律逻辑及刑事证据规则等必要内容，运用大数据技术实现直观的可视化，将有限的侦查资源予以合理配置，及时高效发现犯罪线索、证据信息、抓捕犯罪嫌疑人的侦查措施与方法，不仅包括回溯型侦查，也包括预测型侦查。最后还要强调的是，大数据侦查的概念应当包含非常广泛的内容，如人工智能、大数据挖掘、算法分析，等等。同时，大数据侦查的技术范围也并非一成不变，而是随着新兴大数据技术与侦查的不断融合而逐步开拓。

二、大数据侦查相关概念的辨析

大数据侦查一词已经在理论与实践中得到广泛使用，与此同时，技术侦查以及"信息化侦查""数字化侦查"等更具时代特点的又一批新兴概念与大数据侦查频繁交互出现在刑事司法的各环节中。但在使用过程中并未清晰体现出各自的区别，存在混用问题。因此，辨明大数据侦查与"信息化侦查""数字化侦查"以及技术侦查之间的关系是大数据侦查中权利保障研究的基础性内容，有助于在明晰大数据侦查本质的同时更为全面准确地把握大数据侦查中涉及的权利侵犯与保障问题。

（一）大数据侦查与"信息化侦查""数字化侦查"

大数据侦查可追溯到早期的"信息化侦查""数字化侦查"。仅从汉语的构词来看，"信息化侦查""数字化侦查"中的"信息化""数字化"构成的是定语，"信息化侦查""数字化侦查"是指向新形式或方法的侦查，与传统的侦查不存在质的区别。

信息化侦查与数字化侦查实为大数据侦查的前身，信息化侦查是将各种信息技术应用于侦查，为侦查机关的侦查活动提供全方位支持。[1]数字化侦查则是通过信息技术搭建的工作平台，运用大数据技术开展侦查工作。[2]可见，无论信息化侦查还是数字化侦查都是偏重技术性，而非摒弃侦查的本来特质。后来，有观点认为，"数字化侦查是信息化侦查的高级形态"，[3]或者

---

〔1〕　参见牛纪刚：《浅谈公安刑侦工作信息化》，载《公安研究》2000 年第 1 期。

〔2〕　参见李双其：《试论数字化侦查》，载《中国刑警学院学报》2003 年第 3 期。

〔3〕　参见李双其：《论信息化侦查方法》，载《中国人民公安大学学报（社会科学版）》2010 年第 4 期。

反之，信息化侦查是数字化侦查的高级阶段。[1]事实上，无论数字化侦查还是信息化侦查都离不开现代的信息处理技术，任何信息反映到网络世界里就转变为算法数字来反映这些信息，所以数字化和信息化应当是同步发展，交叠发展的，两者并不存在本质性区别。

（二）大数据侦查与技术侦查

技术侦查相较于大数据侦查而言更早出现在司法理论与实践视野，对技术侦查的界定也存在不同见解，但达成普遍共识的是技术侦查是一种特殊且重要的侦查措施。如认为技术侦查是法定侦查机关为打击和防控犯罪而依法秘密对特定对象运用特定技术获取相关线索和信息的侦查措施，[2]虽然强调了技术侦查的秘密性，但其未必是技术侦查的普遍特征。而且秘密性的成立需要有相对的主体，相对哪一主体具有秘密性是需要明确的内容。也有观点认为技术侦查是公安机关和人民检察院从侦查需要出发，依照法定程序，运用技术设备收集证据或查获嫌疑人的措施。审视以上对技术侦查的界定，其所强调关键之处在于侦查过程中对技术手段或设备的适用，但却对技术侦查主体与技术侦查所要实现的目标进行了限制性罗列。因此，技术侦查可以理解为侦查主体为实现侦查目标，依法运用技术手段而采取的侦查措施。

大数据侦查作为以大数据技术和数据为重要支撑的侦查措施与方法，与技术侦查之间既相互区别也相互联系。相互区别之处在于，其一，虽然当前大数据侦查与数据侦查各自的概念都存在一定争议，但是二者间的首要区别在于，技术侦查已经于2012年《刑事诉讼法》修正之后正式成为我国刑事司法中的法定概念，而大数据侦查的概念虽频繁使用但不具有明确法定性。其二，技术侦查则因其法定性而在实施主体、适用程序以及适用范围方面都与大数据侦查存在明显区分。具体而言，有权依法进行技术侦查的主体一般只有公安机关，而进行大数据侦查的主体则无法律层面的明确限制，享有部分案件侦查权的检察机关与检查委员会都可以实施；以记录、行踪、通信等监控为代表性的技术侦查措施在实施过程中更倾向于静态性，无需对所获取数据进行动态深度挖掘与反复分析，而大数据侦查则往往与数据的深度挖掘和

---

[1] 参见郝宏奎：《论数字化时代侦查活动的演进》，载《铁道警察学院学报》2014年第1期。
[2] 参见许志：《技术侦查概念的界定及辨析》，载《中国刑警学院学报》2022年第2期。

分析不可分割；技术侦查的适用范围由《刑事诉讼法》予以严格规定为危害国家安全犯罪、恐怖活动犯罪、黑社会性质的组织犯罪等具有严重社会危害性的犯罪案件，而大数据侦查则尚未有明确规定。其三，技术侦查与大数据侦查在各自的优势与意义方面也存在差异。技术侦查突出技术手段、技术设备的作用，而大数据侦查则更加注重大量、全面的数据信息所能发挥的作用，同时，技术侦查只适用已经立案侦查的犯罪嫌疑人，而且大数据侦查因其预测性特点使其承受对象不限于犯罪嫌疑人，而具有治安防范的优势。

　　大数据侦查与技术侦查之间也存在或显或隐的联系。第一，在实践中，大数据侦查与技术侦查往往相互配合、相互补充，共同作用于案件侦破。因为在信息化与数字化社会的发展进程中，人类的生产生活已经向数字虚拟空间转移，许多犯罪也因此具有危害性难以预测和其他更为复杂的特点，技术侦查与大数据技术二者的结合则有助于提高破案侦查效率，及时保障案件相关主体的合法权利。第二，大数据侦查与技术侦查在虚拟空间的数据收集方面具有一定的重叠性。当在部分案件侦查过程中以时间为主线进行数据信息收集时，大数据侦查不仅能够"把握现在""预测未来"，也能够"回溯过往"，收集案件发生全过程的数据并根据既有数据进行预测。而技术侦查也能够以其优势实现对当下数据与未来数据的及时收集。

三、侦查原理的数据化特点辨析

　　在大数据技术应用的背景之下，侦查中的诸多原理也显现出向数据化变动的特点。大数据技术给侦查学的基本原理赋予了新的内涵，特别是侦查活动进入数据化时代以来，面对侦查实践还应对数据化的传统侦查原理进行新的解析。

（一）数据化下的物质交换原理

　　物质交换原理是传统的侦查原理之一，物质交换原理发生于人们的日常生活中，即所谓的触物留痕现象。20世纪初，由法国埃德蒙·洛卡德在《犯罪侦查学教程》中首次阐明。从侦查学的角度对物质交换原理进行解析可得知，犯罪的过程中犯罪人与犯罪现场之间不可避免地进行接触，而在接触中便完成了物质交换。

　　进入数据化时代后，物质交换原理的应用也未止步。那么对于数据化时代借助网络媒介等实现的犯罪而言，在既没有实体的按压、触摸及外力作用，也没有物体表面形成改变的情况下，物质交换原理如何适应当前犯罪的侦查。为此，可以从不同数据信息间的交换转移作为切入点，也就是犯罪行为人的犯罪行为通过信息转移发生了所谓的"触物留痕"。深入到具体层面上，犯罪行为人与受害人之间通过网络系统的媒介实现了信息的转移交换与数据接触，并在网络空间中留下了各种电子痕迹信息。而这种遗留下的电子痕迹信息就相当于传统物理空间犯罪中犯罪行为人所形成的足迹、指纹等，所以说物质交换原理的适用只是从现实空间变为了虚拟空间，这并不妨碍物质交换原理在大数据侦查中的实践应用。

而且在虚拟空间中所产生的物质交换，其所呈现出的稳定性更加优于传统物理空间中的物质交换。在传统的物理空间中，犯罪行为人可以通过各种反侦查的手段对自己在犯罪现场所遗留的痕迹进行破坏，而且即使犯罪行为并没有犯罪痕迹的破坏、销毁，其所遗留下的各种犯罪信息也会随着时间的推移发生变化，如果侦查人员没有及时地发现并收集，就可能错过最佳时机。但是虚拟空间，犯罪行为人所遗留下的犯罪痕迹呈现出了极强的稳定性与不可篡改性的特点，其所实施的犯罪行为会留存于网络空间中，而且即使犯罪行为人对数据信息进行篡改与销毁，也可以通过技术手段进行复原。

（二）数据化下的同一认定原理

同一认定理论最初形成于 20 世纪 20 年代的苏联。"同一"是事物现象与自身相同、相等或一样的范畴。同一认定原理的概念是指，通过了解客体特征的人或具有专门知识的人借助自身识别力以及科学技术方法等对于侦查客体的特征进行比对，然后确定是否为同一个，解决客体物质与案件之间是否存在特殊联系的原理。

而在数字信息时代，由于犯罪发生场域的变化，传统的同一认定的客体大多出现于虚拟空间中，如何对犯罪行为人在虚拟空间所遗留下的各种犯罪线索进行同一性认定，成了当前侦查人员面临的难题。在数据化的世界中人们的行动轨迹、输入内容其实也就是人们留下的电子脚印、电子签名等。因此，在数据信息时代，同一认定理论的外延应扩大，还有数据信息进行数据吻合性比对后应结合其他可印证信息来进行同一认定。

（三）数据化之下的因果关系原理

相关性关系是大数据思维特征，而这种思维特征也影响着侦查思维的逻辑。在传统侦查活动中，侦查人员在面对犯罪事实发现时，往往是先预设一个假设，然后通过收集相关犯罪信息去验证这个假设是否成立，即在侦查过程中，侦查人员的每一次行为都是建立在因果关系的逻辑之上的。

但是在大数据侦查中，侦查人员往往利用大数据技术对相关数据进行相关关系判断，进而来收集犯罪信息，那么相关关系与因果关系是否有联系成了重要的讨论课题。相关关系是因果关系数据化所衍生出的一种形态，论两者的关系应当是因果关系包括相关关系，相关关系属于因果关系的一部分。在理念上，大数据侦查虽然强调"相关关系"，但其根本理念与传统侦查的核心理念同为"因果关系"。在存在多个变量的前提下，相关关系表示一个变量发生变化可能引起其他变量变化，但这不意味着彼此之间存在着必然联系；因果关系表示变量之间存在着原因和结果上的必然逻辑关系。在大数据侦查领域，相关关系被用以筛选案件线索，暂时解决因案件复杂性、随机性而致的不能确定因果关系的难题，并为后续寻找因果关系奠定基础。任何一件刑事案件都要求存在确实充分的证据证明犯罪嫌疑人和犯罪事实之间存在逻辑明确的因果关系而非相关关系。因此，大数据侦查因为其自身特点，适用相关关系的理念有利于快速筛选、分析线索；但在本质理念上，大数据侦查与传统侦查无异，均以因果关系为核心理念，唯有如此方能实现刑事侦查的根本目的。在空间上，大数据侦查只是传统侦查在虚拟空间侦查能力上的强化和补充。传统侦查的范围涵盖实体空间和虚拟空间，而大数据侦查只能在虚拟空间进行，但并非所有犯罪都会在虚拟空间留痕。虽然新型非接触性犯罪出现侦查活动只能从数据空间入手，但在全面收集证据后，最终向实体空间落地抓捕犯罪嫌疑人。在技术上，大数据侦查为传统侦查提供技术支持。大数据侦查主要以数据引导侦查，传统侦查主要以信息引导侦查。数据是信息的基础，侦查机关可以通过大数据技术掌握足够的数据并进行筛选，但侦查的根本目的是剔除无效数据，收集有效数据，并处理形成有限且固定的犯罪真实信息。

第二节　大数据侦查的基本特征

新兴大数据技术的应用使得侦查活动在犯罪应对、处理的过程中呈现出了新的特征。

一、大数据侦查的共时性与预测性

随着大数据侦查的发展，大数据侦查与犯罪发生的时间差被不断缩小，大数据侦查也随着本身科学化的影响呈现出了新的特征，即共时性。

（一）共时性体现为侦查行为与犯罪行为发生的时间具有同时性

在传统的犯罪侦查当中，侦查活动在时间上与犯罪呈现出先后顺序，即犯罪在先发生，立案侦查在后。在这种被动的侦查模式之下，大数据侦查往往落后于犯罪行为的发生节点，具有严重的滞后性，限制着犯罪侦破的时间。在传统的侦查活动当中，侦查主体为了实现更好的侦查效益，其目标便是在案发后尽快破案，尽可能缩短案件发生与侦破之间的时间。所以如何能将侦查与犯罪事件之间的时间缩短，甚至将大数据侦查的时间点提前到犯罪预备甚至犯罪未然状态将大大提高侦查效益。随着科技的发展，侦查利用科技手段便可以尽可能地缩短这个时间差，在犯罪预测方面还可以制造出逆时间差——即大数据侦查的时间早于犯罪发生的时间。大规模视频设备的运用为大规模监控的运用提供条件，在此背景下使侦查活动与犯罪之间的时间差缩短，有时甚至在某些时段当中呈现出了同时启动的关系。如在各个公共区域所安装的视频监控及其所形成的监控网络，便使得犯罪主体的行为处于侦查主体的监控之中，监控系统收集的画面和内容与犯罪分子的行为具有一致性。尽管以往的侦查措施也会采取监控的方法，并将其运用于秘密侦查过程中或与技术侦查相融合，但其往往适用于已经被确定为犯罪嫌疑人的特定侦查对象。立体化的监控网络则使对犯罪分子的监控提前，有助于帮助大数据侦查主体判断犯罪嫌疑人，以此形成新的大数据侦查模式。虽然侦查主体行为的隐性开展与犯罪行为的实际实施实现了相对的同步性与共时性，但也对既成的部分刑事诉讼程序与规定提出了新的挑战。同时也对大数据侦查提出新的要求，大数据侦查作为侦查活动的引导，如何在第一时间将行之有效的大数据侦查制定出来，使侦查活动尽快实现破案。在侦查与犯罪的共时性的催生之下，大数据侦查至少要保持在与犯罪的同时性基础上。

（二）大数据侦查的预测性

大数据侦查的预测性特征可以说是其共时性发展的延续，虽然按照严格的程序规定，预测侦查行为都发生立案之前，应当严格排除在侦查活动之外，但是随着犯罪研究以及大数据侦查的研究，预测侦查所提供的数据只要在合规的前提下使用，就能为后续的侦查活动提供大量的实证性研究依据。所以大数据侦查的预测性也应当成为大数据侦查的重要特征之一。

侦查预测的方法，需要侦查主体通过已知的犯罪情报，借助分析与综合、相关与比较、归纳和演绎等一系列的逻辑思维手段和科学研究方法来鉴定评价案件情报内容，推断未知，预测未来。[1]而随着大数据技术应用到侦查活动当中，大数据侦查的预测性体现得更为明显，侦查主体能够深入挖掘与分析出隐藏在各种动态数据背后具有侦查价值的相关性数理关系，为案件侦查预测提供不可或缺的技术基础。大数据侦查的预测也体现在大数据侦查者通过情报数据收集并加以有效的分析才能使得大数据侦查真正的、富有预测性的价值。

首先，大数据侦查的预测性体现在对立案之前的犯罪情报信息的收集分析当中。大数据侦查者利用时间、地形、气候及周围环境因素对犯罪发生的可能性进行预测，将预测分析与后续的侦查活动进行有机结合。大数据侦查者通过借助犯罪预测系统对所收集到的数据，进行研判分析出犯罪热点地区，公安机关从而能够更加合理地分配和调动人力资源来应对该地区潜在犯罪高发的风险，提前做好布控。

其次，大数据侦查的预测性还体现在对数据使用范围的横向聚拢和纵向深化。[2]网络电信犯罪因拥有隐蔽性和智能性的优势而变得日益猖獗，对该类犯罪行为进行预测将是未来的重要研究方向，侦查机关利用数据分析和建模技术来预防及应对犯罪比以往任何时候都重要。尤其在刑法当中对于恐怖犯罪等入刑要求的前提之下，利用移动设备和定位技术收集现代城市数据，

[1]　参见李亚建：《侦查预测方法论》，载《人民公安》1994 年第 3 期。
[2]　参见魏东等：《基于特征选择及机器学习的犯罪预测方法综述》，载《科学技术与工程》2021年第 28 期。

精准预测犯罪轨迹，为侦查活动打击犯罪分析研究提供新视角。

最后，大数据侦查的预测性还体现在侦查主体能够根据侦查情势的发展，及时有效地修正和调整大数据侦查。在网络时代，大数据侦查具体到网络空间实施的各类犯罪，大数据侦查主体主要通过对犯罪分子依托网络空间进行犯罪时在网络中留下的痕迹、所采取的方式等信息的数据化，帮助侦查主体展开和运用具体的行为分析方法，使侦查主体根据其所分析出的新规律与具体细节和特点，调整互联网犯罪的相关行为。

二、大数据侦查的全面性

大数据技术对侦查活动的影响是全面性的，不论是在证据收集层面上抑或是在犯罪案件的侦查能力上，都实现了全面性的覆盖。大数据技术应用下的侦查活动实现了对犯罪控制的全面性。

（一）体现为证据信息收集上的全面性

在传统侦查中，侦查机关在收集犯罪信息之时，总是通过收集和发现犯罪的局部信息，进而以"顺藤摸瓜"思维展开推理尽可能地还原犯罪事实真相。而大数据侦查在犯罪信息收集方面的全面性体现出了与传统侦查中的不同，使单一样本到全部样本的犯罪信息收集成为可能。

大数据侦查的全面性体现在证据收集的能力上。在传统侦查当中，对于案件当中的证据侦查主体只能通过案发现场进行收集，而往往犯罪现场所残留的证据线索或者证据都会遭到多种因素的破坏，比如犯罪行为人为了掩盖犯罪事实会对犯罪现场进行破坏；由于一些自然因素的影响，证据及证据线索也会遭到破坏；等等。在传统的侦查当中，侦查主体在证据收集能力上受到极大限制，而且在传统的证据证明要件因果关系当中，存在一种线性思维，因为人们没有办法掌握和某一类事物相关的全部信息，[1]这也是影响行为证据全面性的重要因素。往往在犯罪发生初始阶段，只能掌握少部分证据。但是随着大数据技术的应用，使得侦查人员对于案件实现全方面的证据收集提供了可能。结构化数据、非结构化数据、半结构化数据以及异构化数据等数据的搜集、处理以及仓库构建等提供的技术方法的支撑，为大数据侦查的全

---

[1] 参见段虹、徐苗苗：《论大数据分析与认知模式的重构》，载《哲学研究》2016年第2期。

面收集奠定了基础，大数据侦查思维也从抽样思维转向整体思维。[1]

（二）大数据侦查的全面性体现在对案件侦查的数量上

大数据侦查的全面性还体现在对案件侦查数量上的质变。以小案侦查为例：在小案实行全面侦查的行为层面上。我国视频监控基础建设为小案的全面大数据侦查提供了基础，而小案全面大数据侦查主要体现在以下三个层面的大数据侦查对于侦查效率的提升。其一，通过对小案的全面大数据侦查实现发案率的有效抑制。具体表现为通过对小型犯罪案件采取全面大数据侦查的方式，把握该类案件的规律和特点并采取及时的预防措施，从而降低该类案件的发生率。这有助于在一定程度上减少这一类案件对经费与警力的需求。以盗窃案为例，在现实多发的盗窃案件中，作案的连续性是主要行为特点，而在作案方式方面则也普遍呈现出一定的规律性与习惯性，最终可以通过相似案件的对比，形成系列案件。所以在实践中，大数据侦查主体也针对盗窃案件制定了串并案侦查的方法，实现"抓一个，破一伙；破一起，带一串"的效果。其二，通过对小案的全面大数据侦查实现案件侦破周期的缩短。对各类小型犯罪案件而言，及时把握案件发生的时间段，是顺利侦破案件的关键。因此，对小案的尽快侦破也是小案全面大数据侦查的应有之义。具体而言，对小案展开全面的大数据侦查便意味着侦破小案效率的提高，而这也必然意味着侦破周期的相对缩短。其三，是通过对小案的全面大数据侦查实现对侦查的模式优化。小案的侦破能力和水平在一定程度上代表着大数据侦查主体自身的大数据侦查能力，通过对小案的全面大数据侦查有助于提高大数据侦查主体的整体水平，并将其在小案侦破中积累的经验运用于其他案件的大数据侦查中，实现侦查模式的优化。

三、大数据侦查的有限性

大数据侦查所具备的特征表明了侦查主体在制定方案和实施行为的过程当中，都会受到各种因素的影响从而呈现出大数据侦查的特征表象。根据有限理性行为理论，侦查主体作为大数据侦查法定的制定和执行者在进行法律

---

[1]　参见薛亚龙、刘如意：《动态性数据预测引导侦查方法研究》，载《山东警察学院学报》2020年第3期。

实践的过程中，是不能完全地制定和实施行为的，所以大数据侦查的特征中也呈现出有限性。

（一）大数据侦查决策的有限性

决策是侦查的思维中枢，决策对于侦查行为的成败起到了关键性的作用，大数据侦查的优势在于可以辅助侦查主体做出有效的侦查决策，但是侦查决策在大数据的加持之下，也会受到各种因素的制约，呈现出决策的有限性。

1. 数据信息收集会受到制约

在进行大数据侦查时，侦查机关首先要拥有海量的数据信息作为决策研判的基础。而侦查部门中的各部门、各层级之间所存在数据壁垒，数据之间不能有效关联，一些相关性很强的数据资源无法纳入犯罪预测信息和情报数据库。这就使侦查决策所需要的数据信息资源受到了限制，侦查决策缺乏足够的研判情报，从而造成了侦查决策的有限性。而且侦查主体容易陷入"唯数据论""唯科技论"的怪圈中，在决策过程中容易进入简单依赖数据研判，就可以轻信所产生的事实结果，造成侦查决策方向的偏误。

2. 侦查机构的协调机制制约

大数据侦查的有限性也体现在大数据侦查之后侦查活动所能调动的司法资源层面。侦查主体在执行行为的过程当中，能够有效地利用侦查资源极为关键。例如，跨地域的电信网络诈骗犯罪就需要各地间的侦查机关进行合成作战，只有在各方侦查机关的有效配合之下，才能快速掌握犯罪线索。而各方的侦查机关并不能做到完美配合，此时的大数据侦查也会受到限制。

（二）大数据技术作为侦查工具的有限性

大数据技术作为一种刑事科学技术被应用于侦查中，作为这一种侦查工具必然有其技术层面所带来的缺陷，而这种缺陷必然会导致大数据侦查在利用技术层面的有限性。

1. 大数据侦查中技术的应用并非可以实现完全的"技术中立"

大数据技术作为一种侦查工具，其理想状态是没有思想与价值判断能力的，所以其应当是具有技术中立性。但是在侦查实践中，大数据技术却并没有保证其所具备的技术中立性，究其原因在于大数据技术中会嵌入人的思想与价值判断，导致了大数据侦查的有限性。

2. 大数据技术无法实现完美的合理性

大数据技术必然有其技术所带来的弊端，而这种弊端必然会使得仅仅依靠技术的侦查行为实现合理性。大数据侦查作为侦查主体所实施的行为，是一种法律规范的适用行为，而法律规范性要求侦查行为既能符合形式层面的合法又要满足实质性的合法，合理性在于可以平衡地兼顾两者。大数据侦查中一味追求完全符合客观真实的犯罪事实真相，缺乏实质合法的要求之下则可能导致大数据侦查的方向出现偏差，从而影响整个侦查活动的效果。

（三）大数据侦查权利保障方面的有限性

大数据侦查权利保障方面的有限性体现为其并非能够兼顾所有与侦查所有相关人的基本权利。

1. 大数据侦查对犯罪嫌疑人权利保障的有限性

在犯罪嫌疑人中便显现出其有限性。大数据侦查在收集犯罪嫌疑人的相关犯罪数据信息时，便可能在多个侦查环节中产生权利侵犯的情形，如在大数据侦查措施的使用层面上、大数据侦查的行为是否完全能够符合刑事诉讼程序性的要求以及在数据分析处理时是否可有数据歧视以及算法偏见等。此类的大数据侦查都会体现出其在保障犯罪嫌疑人基本权利时的有限性。

2. 大数据侦查会涉及与犯罪无关人员的基本权利

大数据侦查不仅仅会侵犯犯罪嫌疑人的基本权利，而且还会涉及与犯罪无关人员的相关基本权利。众所周知，大数据侦查技术在收集犯罪数据信息之时，会从海量的数据中进行收集和筛选，这必然会导致大量与犯罪无关的个人信息被集成到侦查机关的数据筛选过程中，而这些信息没有有效地进行处理，一旦泄露或者被不法人员使用必然会侵犯与犯罪无关人员的基本权利。并且海量数据的收集和搜索会导致公民的个人信息安全处于不可控的风险当中。[1]

四、大数据侦查的渐进性

面对市场经济发展要素的不断变化与发展，时代发展内容也随之变更，

---

〔1〕 参见张全印：《机遇与挑战：人工智能带来的刑事风险与刑法应对》，载《中国刑警学院学报》2018 年第 6 期。

这对大数据侦查技术提出了新的发展要求，大数据侦查的渐进性本质特点则是对此的最佳回应。

（一）大数据侦查技术渐进性的内涵要求

所谓渐进性，是指大数据侦查技术之发展随着数据要素、发展背景的不断变更而改变，并呈现逐渐稳步上升之趋势。一方面，大数据侦查技术的渐进性是渐进行为之特征。渐进行为由林德布洛姆提出，其主要思想体现在行为时要注重行为的过程，通过循序渐进的原则对行为进行不断地修补改进，达到最终的行为目的。渐进行为所强调之过程对于大数据侦查技术具有很强的发展要求。另一方面，大数据侦查技术的渐进性是时代发展之具体化要求。中国特色社会主义法治要求无论是社会还是法治发展都是不断上升发展的，这样的时代要求下，大数据侦查技术必须呈现不断前进、稳步发展的渐进式发展态势，才可以符合时代发展步伐与法治化要求等。

（二）大数据侦查技术渐进性的发展要求

关于侦查技术中的渐进性要求，必须依照侦查过程与侦查情势等要素作出具体化定义。侦查过程与侦查情势的发展变化具有渐进性。渐进行为与严格的刑事侦查程序的匹配度高。侦查主体必须严格按照刑事诉讼法的规定和技术规程进行侦查活动，所以在侦查活动开展的每一个环节都不能颠倒法定程序的规定，应遵照渐进性原则有步骤地进行。侦查技术中对于过程与发展情势之要求并不是一成不变的，其变化与发展要符合具体化要求，例如渐进性的发展要求与时代的发展脉络等；换言之，侦查技术渐进性必须要基于科学化发展规划与法治化时代发展步伐，无论是侦查过程中的环节，还是侦查情势的变更，都必须符合科学化、民主化、法治化等时代要求，确保大数据侦查技术渐进性的合理有效。

第三节　大数据侦查的功能定位

大数据侦查发挥着重要的功能价值，大数据侦查的功能主要集中在以效率为主的犯罪打击功能、以预测为主的犯罪预防功能以及以效益实现营造的犯罪治理功能。

一、以效率为主的犯罪打击功能

侦查活动最主要的功能便是通过犯罪侦查实现对犯罪行为人的惩治，在当前犯罪活动场域从物理空间转移到虚拟空间的背景下，网络相关的犯罪发生要求侦查机关必须实现高效的侦查，才能有效地保障人们的利益不受到损失。所以通过大数据侦查的技术优势，可以实现高效的犯罪打击目的。

（一）以犯罪原因关系分析实现的犯罪精准打击

社会中个体及整体的收入与经济水平也在很大程度上影响犯罪行为发生的可能性。对部分犯罪分子而言，正是其个人不良的经济状况与他人优越的经济状况形成明显对比，当个人又难以及时提高或者有效弥补这一差距经济情况时，心理失衡便会增强犯罪的动机，造成行为失范。同时，由于经济的起伏也会影响个体合法行为的成本与收益。如果犯罪回报要高于合法行为，从事合法行为的机会越少，在追求效用最大化的理性人会选择违法犯罪行为。[1]

大数据侦查所实现的侦查效益可以最大程度挽回人民群众因犯罪所遭受的相关经济损失，也体现主动侦查模式的功能实效。例如在 2019 年我国公安部与网信、工信等部门以及互联网企业密切协作，通过使用大数据预警系统取得了非常卓著的效果。"96110"反诈专线不仅仅可以主动发现预警线索还能劝阻受害人避免继续受骗，挽回直接经济损失 56.1 亿元。[2]网络犯罪的特性就是受害人的经济损失难以进行有效的追回，而通过犯罪的精准预防可以将犯罪扼杀于摇篮当中，避免受害人的经济损失进一步扩大，从而保障人民的财产安全。

犯罪成因具有广泛性和客观性，包括政治方面，如政府改革过程中出现的各种问题所引发的矛盾纠纷等；文化方面，如西方各种思潮对我国的文化入侵、极端宗教思想的影响等；社会方面，疫情防控常态下，民众对于各种不确定所产生的担忧、恐惧以及经济压力过大等原因产生的心理压力、矛盾

---

〔1〕 参见吴乐：《流动的犯罪形态：机会结构下违法犯罪类型变化研究》，华东政法大学 2020 年博士学位论文。

〔2〕 参见《2019 年公安机关破获电信网络诈骗案 20 万起》，载 http://it.people.com.cn/n1/2020/0119/c1009-31554889.html，最后访问日期：2022 年 6 月 12 日。

纠纷，造成社会层面的治安防控和犯罪控制压力增加。因此，对于犯罪原因的分析，主要还是基于客观物质运动规律的发展变化，这种认识也是相对客观的，成为大数据侦查的客观事实性来源。

（二）以数据挖掘实现案件隐藏犯罪信息的收集

大数据侦查的犯罪打击功能还体现在其可以通过犯罪数据的挖掘发现其他犯罪事实信息，通过点线面的思路不断地扩张侦查成果。其原理在于大数据的分析技术将海量的数据资料，通过对较低价值密度的数据利用相关性关系进行深入挖掘，筛查出其背后所蕴含的隐藏犯罪关系。大数据技术可以深挖现有犯罪案件背后的隐藏信息，对各类犯罪的侦破都起到关键性的作用。

侦查机关通过数据挖掘实现了案件隐藏犯罪信息的收集，在"小案"侦破方面取得了重大进展。从"小案"发展的现状来看，"小案"发案数量庞大，日益成为影响人民安全的犯罪类型案件。小案侦破的困境在于取证难、深挖余罪难以及案件串并难等，[1]数字化警务的优势，精准投放警力，确保各类案件都有相关的负责人，保证人随案走。与此同时，建立可视化分析模型，发挥数字优势，实现全域覆盖，实时共享，以达到矛盾处理及时、预测精准的效果；开展不同形式的数字化侦查，每种形式不同的数字对地域性、团伙性、流窜性侵财犯罪案件进行全面梳理，广泛收集各类资源信息，积极开展网上作战，进行信息碰撞、轨迹追踪和案件串并。物联网技术在丰富现场痕迹、扩展侦查视野、提高追赃能力、实现精准打击方面具有极大可行性，其无线射频识别技术、传感网技术、云计算技术等核心技术可广泛应用于多发性侵财案件。

（三）以数据分析挖掘实现对类型犯罪针对性的打击

在我国当前犯罪形势下，非接触性犯罪成了主流的犯罪类型之一，而大数据侦查在打击非接触性犯罪领域取得了重大的成果，本书特以大数据侦查非接触性犯罪的打击成果为例来描述其在犯罪打击方面的作用。

非接触性犯罪不是我国刑法中所规定的一种犯罪类型，而是侦查机关通过实践对一些犯罪形态、犯罪发生空间进行总结，形成对一部分类似犯罪的总体概称。相较于传统的犯罪，其发生的空间主要集中在物理空间，所以大部分传

---

[1] 参见田博博：《侵财类"小案"治理模式的构建与运行》，载《山西警察学院学报》2022年第3期。

统类型的犯罪都以接触性犯罪为主，而非接触性犯罪的犯罪类型形式繁多且以犯罪行为人与受害人未发生直接身体接触为其主要的特点。[1]非接触性犯罪的普遍特点在于受害人众多，而且与犯罪相关数据信息交错复杂，侦查机关往往需要花费庞大的人力、物力去收集相关的犯罪信息，而且非接触性犯罪由于其发生于虚拟空间，导致了受害人因犯罪所遭受的损失也难以有效追回。

侦查机关利用大数据的相关技术可以有效地解决非接触性犯罪侦破所面临的困境。在侦查学原理中，物质交换原理所指的是"触物留痕"，即当犯罪分子接触到犯罪现场物体时，其必然会留下痕迹。而虽然非接触性犯罪的场域发生在虚拟空间，但是物质交换原理具有普适性。当犯罪分子通过移动互联网络实施犯罪行为，其犯罪的主观意图便会依靠网络空间中的数据交换，与此同时，相关的行为资料、行为信息也将会被完整地记录下来。说明了即使发生在虚拟的网络空间，犯罪分子所实施的行为也会被完整地留存。大数据侦查正是基于此特点，可以针对犯罪分子所留存下的信息数据进行分析，从而实现非接触性犯罪的有效打击。

传销犯罪属于非接触性犯罪的范围之内，侦查机关在利用大数据技术对传销犯罪打击之时，可以对其经营模式进行重点关注，利用大数据关联分析技术做出知识图谱，完整地还原其组织构架及运营模式，发现和确定其传销犯罪行为的存在，主动打击，将犯罪行为控制在实施过程中，最大限度地控制犯罪危害的蔓延，尽最大可能减少人民群众的受害和损失。[2]

二、以预测为主的犯罪预防功能

大数据的特性便在于其"预测性"，侦查机关通过犯罪预测可以实现宏观上的犯罪预测以及微观上的侦查预测。在宏观预测上，主要是指犯罪的趋势预测，犯罪趋势的预测可以有效使国家、侦查机关对犯罪实现宏观层面的把握，制定相关的犯罪应对政策。而微观层面上的侦查预测，则主要是针对现有侦查实践中所面临的犯罪，通过犯罪预测有效地控制犯罪抑或是预防犯罪。

---

〔1〕　参见邱雅娴、聂永刚：《大数据背景下非接触性犯罪的成因及治理》，载《学术探索》2019年第4期。

〔2〕　参见刘启刚、马凯：《大数据在非接触性犯罪治理中的应用》，载《中国刑事警察》2018年第5期。

（一）预测犯罪趋势

大数据侦查的研究离不开对我国法治发展以及犯罪形势的分析和预测，我国法治发展以及犯罪形势决定了大数据侦查的整体方向。在大数据侦查的制定方面更是要总结近几年我国犯罪形势，才能更好地明确大数据侦查的具体内容和方针。笔者结合相关资料，总结了我国从 2017 年到 2020 年的犯罪发展形势，试图对我国未来的犯罪发展形势进行预测。

2017 年我国的犯罪结构类型开始发生变化，由于公安机关的重点打击，传统的暴力、财产犯罪下降的同时，以网络为犯罪媒介，以非接触性方式为主的犯罪开始增多。而且其中电信诈骗犯罪的手段、方式呈现出多样的特点。[1] 2018 年随着网络犯罪的变化，网络犯罪开始向传统犯罪蔓延，呈现出相结合的态势。而且盗抢骗等多发性犯罪的防控形势依然严峻。[2] 2019 年随着我国对于严重暴力犯罪的持续打击，犯罪形势主要呈现出向涉财犯罪转变的态势，而且随着网络的发展，犯罪变化日新月异。下半年随着疫情的出现，违法犯罪又呈现出新的特点。[3] 2020 年随着疫情防控的常态化，历经长达四十多年的社会发展，当前这一时期犯罪类型与形态也呈现出新的特点。总体而言，当前的暴力犯罪得到有效控制，犯罪率明显下降，但依托于各种手段和场域的侵财类犯罪却不断增加，这在诈骗犯罪中的体现尤为明显。[4] 基于以上对于我国犯罪现状的分析与预测，也为大数据侦查在应对犯罪方面提供基本方向。总体上，各个时期的社会都难以承受犯罪所造成的严重损害，当前也不例外。因此我们对犯罪的控制与打击也开始将预防置于更加重要的位置，如注重及时化解社会中的小型矛盾纠纷，防止其不断发酵。

（二）实现犯罪预测

犯罪趋势的分析是犯罪预防的基础，而大数据侦查的犯罪预防则更能具

---

〔1〕 参见靳高风等：《中国犯罪形势分析与预测（2017—2018）》，载《中国人民公安大学学报（社会科学版）》2018 年第 2 期。

〔2〕 参见靳高风等：《中国犯罪形势分析与预测（2018—2019）》，载《中国人民公安大学学报（社会科学版）》2019 年第 3 期。

〔3〕 参见靳高风等：《疫情防控背景下中国犯罪形势变化与趋势——2019—2020 年中国犯罪形势分析与预测》，载《中国人民公安大学学报（社会科学版）》2020 年第 3 期。

〔4〕 参见吴乐：《流动的犯罪形态：机会结构下违法犯罪类型变化研究》，华东政法大学 2020 年博士学位论文。

体性地体现其利用大数据相关技术的特点。犯罪预测的目的在于将犯罪控制在未然或者犯罪预备阶段，从而消除犯罪可能带来的危害。

侦查机关实现有效的犯罪预测，主要是将犯罪活动规律作为预测的前提基础和重心，通过分析犯罪行为所关联的数据信息，借助条件概率、时间序列分析、核密度分析等作为基础性的原理，并将知识工程、深度学习等技术手段融入与犯罪预测的应用路径当中。[1] 而在具体的侦查实践应用当中，如犯罪"热点"预测、特定人群犯罪概率预测、犯罪行为的自动识别、犯罪线索的识别等已经成为侦查机关实现犯罪预测的主要方法。

三、以效益实现营造的社会治理功能

大数据侦查所实现的侦查效益可以有效地促进国家整体对于犯罪治理目标的实现，从而有效地维护社会秩序的稳定。

（一）可以有效地震慑犯罪分子

高效的犯罪打击以及有效的犯罪预防在充分实现侦查效益的同时，也会起到震慑犯罪分子的作用，这也是国家通过侦查机关打击犯罪的目的之一。首先，大数据侦查的效能可以对犯罪分子的思维产生震慑作用，即侦查机关通过媒体、互联网等平台的侦查成果宣传可以弱化犯罪分子的犯罪欲望，使得犯罪分子在精神层面惧怕惩罚，从而放弃犯罪的意图。其次，大数据侦查的效能所体现的震慑效果还体现在犯罪分子的行为中。众所周知，我国的天网以及金盾工程使得侦查机关对犯罪行为全景式的监控成为可能。犯罪分子所实施的任何犯罪行为都处于侦查机关的监控之下，使得犯罪行为无处遁形，犯罪分子往往基于此考量，会在犯罪预备阶段便放弃犯罪实施。

（二）可以有效地降低犯罪发生率

犯罪是社会发展的伴生物，消灭犯罪从理论上是不可能实现的目标，所以将犯罪控制在一定的程度，维护良好的社会秩序也是国家犯罪治理的目的。大量的实证研究表明有针对性的防控效果更好，如社区警务、问题导向警务、

---

[1] 参见胡向阳、丁寒：《人工智能犯罪预测》，载《中国刑警学院学报》2020 年第 6 期。

热点警务和智能警务等警务策略能有效减少犯罪的发生。[1]其中利用犯罪热点便可以有效地降低犯罪率。热点警务倡导的是一种先发预警式、指引性的和锁定目标的干预方式，它试图以一种更加集中和策略性的方式将警力资源运用在那些犯罪或失序问题聚集的地点上。[2]犯罪热点的利用可以使侦查机关的注意力和有限的资源放在产生高犯罪的问题场所或者区域，犯罪问题可以有效减少。

小结：大数据侦查的概念、特征、功能是研究其权利保障问题的源头，大数据技术与侦查的融合孕育了大数据侦查，大数据侦查基本概念的界定、特征的分析以及其功能的定位表明大数据技术使得侦查活动得到实质性的改变。

---

〔1〕 参见柳林等：《犯罪防控警务策略及其时空效益评估研究进展》，载《地球信息科学学报》2021年第1期。

〔2〕 参见吴玲：《美国热点警务模式：经验、教训和启示》，载《三峡大学学报（人文社会科学版）》2014年第3期。

大数据侦查中权利保障的基础理论

大数据侦查与权利保障属于伴生性关系，即大数据侦查自诞生以来便会伴随着权利保障问题的产生。大数据侦查的一切行为都应当以人为核心，以人的权利为根本。以人为本不仅仅是我国法治发展的根本要求，也是刑事诉讼当中一项基本的原则，权利保障意味着人民至上，把人民的根本利益放在首位。在大数据侦查权利保障基础理论构建中，以人本理论为基础，以程序性基础理论作为形式保障并加以数字正义实现实质保障。在基础原则构建中，将比例原则、无罪推定原则、信息公平原则以及动态调整原则融合以实现有效的支撑。而在权利的类型划分中，本书将权利划分为传统型与新兴权利两大类型以实现全方位的权利保障。

第一节　大数据侦查中权利保障的基本理论

随着我国法治社会的发展，以人民为中心的法治思想渗透于国家法治建设的各个环节当中。以人民为中心就是坚持保障人民的各项基本利益，维护人民的基本权利保障也成了法治社会建设的本质要求。在大数据侦查中围绕"人"构建的权利保障也成了重点，在权利保障的基本理论中应当包含权利本位理论、程序正义理论以及数字正义理论。

一、人本理论

人本理论，即"以人为本"理论，以人为价值和尺度进行理论认知，要求尊重和保障权利，要求为人的合理现实需要而进行的权利活动，是一种控制权力、保障权利的重要理论。在大数据侦查中，人本理论对于实现人的权利具有重要的意义，强调人本理论就是要强调人在侦查活动中的重要性，以人为中心实现人们在大数据侦查中权利诉求，并予以保障。

（一）人本理论的基本内涵

人本理论起源于古希腊文化，发展于启蒙运动，后经完善和发展，成为德国古典哲学的代表者费尔巴哈的思想精髓。费尔巴哈的人本理论主要有四个方面的内容：a. 人的地位高于自然，人以其结构和教育为自然赋予意识和理智的印记，并可以将自然改造得更加合理；[1]b. 人的社会属性决定着人的本质，理性是人类社会的产物；[2]c. 宗教具有属人的本质，所谓的"神"只是人的本质的虚幻反映；[3]d. 认为"理性主义"使人片面化，批判笛卡儿的思维至上论和黑格尔的绝对精神论，认为思维是人的本质的必然结果和属性，"人应是理性的尺度"。[4]费尔巴哈的人本理论强调人和自然是哲学的中心点，使人摆脱了宗教神学和理性主义的羁绊和束缚。马克思人本理论是马克思主义思想理论建立和发展的贯穿线索，是对费尔巴哈人本思想的扬弃和超越：a. 人的本质在于人是现实的历史的，是一切社会关系的总和，区别于费尔巴哈所讲的"一般的抽象的人"，人的社会历史性的基础在于人的客观物质创造活动；b. 人的主体地位的实现只能通过社会生产力的发展扬弃私有制而非"爱的宗教"，从而使人得以真正解放、自由而全面地发展；c. 将费尔巴哈"人类的实践"社会化，将现实的消费的实践发展为生产的革命的实践，提出社会实践理论，即人是社会实践的主体，实践和理论具有辩证关系。[5]时至今日，人本理论的内涵更加丰富，在各个学科领域均有不同的具体内涵，

〔1〕 参见［德］路德维希·费尔巴哈：《费尔巴哈哲学著作选集（下卷）》，荣震华等译，商务印书馆1984年版，第674页。

〔2〕 参见［德］路德维希·费尔巴哈：《费尔巴哈哲学著作选集（下卷）》，荣震华等译，商务印书馆1984年版，第173页。

〔3〕 参见［德］路德维希·费尔巴哈：《费尔巴哈哲学著作选集（下卷）》，荣震华等译，商务印书馆1984年版，第181-185页。

〔4〕 参见［德］路德维希·费尔巴哈：《费尔巴哈哲学著作选集（下卷）》，荣震华等译，商务印书馆1984年版，第181-182页。

〔5〕 参见《马克思恩格斯全集》（第3卷），人民出版社1974年版，第306页。

但其核心始终是"以人为本",以人为价值和尺度进行理论认知。[1]

（二）人本理论的控权要求

在侦查法学领域，人本理论作为一种控制权力而实现权利保障的法学理论，包含两个方面的内涵和要求。

1. 人本理论要求大数据侦查应当为人的合理需要而产生和发展

大数据侦查产生和发展是为了人，为人的生产生活创造一个安全稳定的社会环境。作为人的现实需要的产物，大数据侦查的根本推动力来源于人的社会物质生产活动。在大数据时代，公民有获得安全稳定的社会环境的需要，侦查机关有提高治安管理水平和打击刑事犯罪效能的需要。基于这些需要的存在，同时借助于迅速发展的现代科技，信息实现了高度共享和高速流通，促使侦查活动进行了全面性的变革，大数据侦查应运而生。不可否认，现代科技的发展同样是以人的需要为动力。人的需要是大数据侦查产生的动力与源泉，离开了人的需要，大数据侦查便没有存在的可能和必要。但是，并非所有人对大数据侦查的需要都是无限的，大数据侦查的发展应以满足人的合理需要为前提。作为一把双刃剑，大数据侦查在极大提高侦查机关的侦查能力的同时，伴随着侵犯公民隐私权、数据权等权利的危机。公民愿意将部分个人信息让渡给侦查机关予以利用，是因为公民推定这种让渡可以换来社会稳定、自身安全，也推定侦查机关将合理合法地利用这些信息；同时，公民希望保留部分个人信息供自己独享，是因为公民在存在隐私的生活中拥有自主决定权，可以实现自由和个性。[2]然而如果侦查机关索取无度，容易滥用所掌握的权力，不仅将公民自愿让渡的信息予以利用，还将涉及公民隐私的信息、数据等掌控起来，使公民在侦查机关面前成了"透明人"。这些过度收集的个人信息并不是侦查机关办案的真正合理需要，也不是公民根据自身需要愿意让渡的权利内容，显然有违人本理论的基本要求。人本理论要求侦查机关利用大数据侦查的权力应当受到控制，应当根据人的合理需要决定大数据侦查的发展和走向，而不应不受限制地利用手中的侦查权，肆意扩大侦查

---

〔1〕 参见刘卉：《人本法律观：中国法治的理论传承与实践要求》，载《检察日报》2009 年 10 月 19 日，第 3 版。

〔2〕 参见董淑芬、李志祥：《大数据时代信息共享与隐私保护的冲突与平衡》，载《南京社会科学》2021 年第 5 期。

活动，侵入公民个人的信息空间。[1]

2. 人本理论要求大数据侦查应当尊重和保障人权

尊重和保障人权强调人的主体地位，是人本理论的应有之义。所谓“人权”是指人作为人，作为平等的价值主体所应当享有的权利，[2]包括人的先天既存的权利和后天能够实现的权利。人是把生命与权利融为一体的动物，只有摆脱奴役和束缚的独立的人才是真正社会化的人，受制于他人的人只是工具性的非人。可以说，人权是人作为人所不可或缺的权利。[3]我国1982年《中华人民共和国宪法》（以下简称为《宪法》）自制定之时，便以“公民的基本权利”来表现法律意义上的人权。2004年的《宪法修正案》将“尊重和保障人权”这一纲领性人权原则入宪，提倡“以人为本”的价值理念，要求国家权力应当被用于人权保障，使人权成为国家权力运行的指导性价值。大数据侦查权如果为人权而设，为人权而运作，可避免恶政，因为人权的主流精神是抵抗国家权力走向恶政。据此，人权应当是侦查权这一国家权力的正当性基础，大数据侦查应当为保障人权而存在，大数据侦查权的设立和运行应当有利于保障人权。[4]因此，人本理论所内涵的“尊重和保障人权”要求在成为宪法规范后，既为行使大数据侦查权设置了“无害于人”的道德要求，也为控制大数据侦查权的恣意性设置了强制性义务。当前，习近平总书记强调，“人权保障没有最好，只有更好”，不仅要“在更高水平上保障中国人民的人权”[5]，还要“保证人人享有发展机遇、享有发展成果”[6]。这明确了我国人权的主体具有复合性，既包括享有集体人权的人民整体，也包括享有个体人权的每个人。这避免了在进行大数据侦查过程中以保障人民集体权利为由否定个人权利的情形，也避免了过度强调个人人权而减损集体权利的情形。换言之，人本理论所内涵的“尊重和保障人权”要求在进行大数据侦查

---

〔1〕 参见董少平、黄侃：《大数据侦查与公民隐私权保护的冲突与平衡》，载《中南民族大学学报（人文社会科学版）》2022年第4期。

〔2〕 参见张文显：《法理学》，法律出版社2007年版，第318页。

〔3〕 参见张文显：《法理学》，高等教育出版社2018年版，第345页。

〔4〕 焦洪昌：《“国家尊重和保障人权”的宪法分析》，载《中国法学》2004年第3期。

〔5〕 中共中央党史和文献研究院编：《习近平关于尊重和保障人权论述摘编》，中央文献出版社2021年版，第51页。

〔6〕 中共中央党史和文献研究院编：《习近平关于尊重和保障人权论述摘编》，中央文献出版社2021年版，第92页。

的各个环节，侦查权力的行使不是恣意的，而应当合乎人性、尊重人格、保障人权，且同时不得侵害集体人权和个人人权。

二、程序性基础理论

人本理论是大数据侦查中权利保障的逻辑起点，而程序性理论则通过国家的实在法进行程序规定，让权利的保障步入法治轨道中。公平正义的重心在于程序正义，而程序正义又继承了权利本位的精神彰显了人民的法治主体地位，突出了"以人民为中心"的法治立场。在大数据侦查中程序正义的评价标准体现为主客观的统一，是结合了中国传统法律文化与当代法治实践、情理法深度融合的表现。在侦查中，权利的保障需要通过法定程序进行进一步的确认，而且在程序的保障当中还需要注入正义的正当性评价标准。

（一）程序正义理论的基本内容

所谓的程序正义（procedural justice）强调的是过程的理性与正当性，程序正义与现代的法治紧密地交织在一起，法治在一定程度上而言就是"程序之治"，其所指的是实体法的内容必须要通过一定的程序过程加以实现。程序正义理论除兼顾程序的形式性之外还包含在程序中的一种理性实现，而这种理性为何？有学者指出"程序正义的核心意旨在于限制公权以保障人权，而情感是人权的一个重要法理基础。而人之所以能为人，除需具备认知分析的理性能力之外，还需具备情感基础。"[1]所以程序正义的实现，离不开理性元素，而理性原则同时也离不开人类情感的共通。

不论是人类感情抑或是基于其所产生的理性指向了程序正义当中的正义一词，程序正义中正义所强调的是法律程序所包含着的内在道德性，但是这种所谓的内在道德性却也存在弊端，即这种正义的主张实现的程序结果是抽象的，是一种先验的、静态的和普遍适用的理想结果。而如何达成这种理想的结果，则离不开程序的作用，程序作为刑事诉讼的手段和工具来实现所谓的正义，所以程序正义不仅仅具有一些内在的道德标准，也具有形式化的工具性特点。

在刑事诉讼中，程序形式化的工具性特点发挥着多种作用，以其工具性

---

[1] 刘立明：《"感受到公平正义"的法治意蕴》，载《江苏社会科学》2020 年第 5 期。

的程序发挥了维护形式正义的作用，也可谓程序的独立价值。但是程序的独立价值在一定程度上遭到了批判，程序工具主义学说否定了法律程序的独立价值，不承认程序正义的自主性意义，将程序视为实现理想结果的手段，将程序正义看作实现实体正义的保障，甚至将程序性权利等同于维护实体性权利的工具。而这种否认程序独立性价值观点的弊端也造成了"重实体轻程序"的情形。在侦查中如果坚持程序工具主义虽然有助于实现某种"理想"结果的程序，但是其所实现的价值是有缺陷的，甚至缺乏正当性，侦查人员只要做出了"正确"、"合法"或"合理"的结果，那么，他们即便违反法定的诉讼程序，或者遵循不公正的程序，也是可以容忍的，甚至是不需要加以谴责和否定的。[1]

所以程序正义一方面要注重对于实体结果的追求，另一方面在追求正当性价值层面，其所指的便是既不能为了实体结果而忽略程序自身独立价值所带来的作用，也不能过于强调程序的独立价值，而使得实体结果大打折扣。"努力让人民群众在每一个司法案件中感受到公平正义"无疑包含感受到的程序正义与结果正义，程序正义的终极目标是实现在程序过程中的公正结果与公正程序。

尽管传统程序正义理论应用于大数据技术的方式发生了重大变化，技术正当程序、程序性数据正当程序、算法正当程序等概念频频出现，但程序正义的核心价值理念并没有改变。[2]所以即使在不断技术更新的大数据侦查中程序正义也应当发挥上文中所陈述的两个层面的影响。一方面在大数据侦查缺乏程序性规制的背景之下，要发挥刑事诉讼程序的独立性价值对大数据侦查实现规制作用。另一方面程序正义中的正义也要体现在大数据侦查中，要保证在侦查中运用大数据技术的"中立性"，排除因算法所带的非理性因素影响到大数据侦查的公正性。

（二）程序正当理论

程序正当理论作为宪法和程序法存在发展的重要理论基础，是以自然正

---

[1] 参见陈瑞华：《论程序正义的自主性价值——程序正义对裁判结果的塑造作用》，载《江淮论坛》2022 年第 1 期。

[2] 参见周尚君、罗有成：《数字正义论：理论内涵与实践机制》，载《社会科学》2022 年第 6 期。

义为价值渊源的，后经美国所提出的正当程序原则完善其内涵，更具有实用
性和可预期性。

1. 自然正义是程序正当的价值渊源

自然正义（Natural Justice），同人类假定的"自然法"（Natural Law）紧
密相关，甚至与"自然法"通用。[1]自然法是有关人的本性和品性，以人类
某些不证自明的真理为基础的、不成文的基本原则体系，它体现了正义的最
低限度的程序要求。自然法学者认为，在国家制定的法规之外，还有性质和
适用范围更加普遍的行为规范，它根据理性人的需要而存在，并通过人的理
性而认识，是个别行为规则（或实证法）的源泉和正当性检验标准。[2]在自
然法学发展历程中，追求正义贯穿始终，且正义与作为载体的法律密不可分。

自然正义是英国法治的核心概念和基本原则，并于 1215 年写入《英国大
宪章》。自然正义包涵两项基本原则：a. 避免偏见原则，即任何人不能作为自
己案件的法官（Memo Judex in Parte Sua），或者说法官不得对案件存在偏见或
利益；b. 公平听证原则，即任何一方的诉词都要被听取（Audi Alteram Par-
tem），每个人有为自己辩护和防御的权利。这两项原则均与程序的正当性相
关，前者要求程序主持者法官中立且具有明显的外观表现形式，后者要求各
方的意见被充分发表和平等倾听，以及各方享有程序告知的权利。但这两项
程序性要求并不足以使人们接受由此而产生的实体结果。为此，英国在 1932
年提出两项新的原则，要求裁判结果以法律的形式充分说明理由：不论程序
性质如何，争议各方都有知晓裁决理由的权利；如果官员的报告草案需要公
众质询，那么争议各方有权获得报告副本。

美国法以英国普通法为基础，将英国抽象的自然正义原则加以融入，所
提"正当法律程序"正是该原则适用价值的升华。1787 年美国《权利法案》
正式提出"正当法律程序"一词以取代《英国大宪章》中的"国家法律"一
词。[3]这是美国 1791 年《宪法修正案》第 5 条和第 14 条"正当程序条款"
（Due Process Clauses）的起源。后经美国最高法院在众多判例中的灵活解释，

---

〔1〕　参见［美］博登海默：《法理学：法律哲学与法律方法》，邓正来译，中国政法大学出版社
2004 年版，第 271 页。

〔2〕　参见唐汇西、戴建华：《行政法上自然正义理论初探——以英美法为考察对象》，载《行政
法学研究》2010 年第 1 期。

〔3〕　参见周佑勇：《行政法的正当程序原则》，载《中国社会科学》2004 年第 4 期。

正当程序原则获得强大生命力和统治力。正当程序包括程序性正当程序（Procedural Due Process）和实质性正当程序（Substantive Due Process）。程序性正当程序是正当程序的最低标准，要求公民的权利义务受决定影响时，决定者应举行告知和听证的义务，即赋予公民个人知情和申辩的权利和机会。实质性正当程序要求国会制定的法律应当正义，否则法院将宣告其无效。在美国，正当程序不仅是现有程序规则的正当性检验标准，而且是新程序之"母体"。这得益于"正当程序"不是一个具有特定内容的技术概念，较少限定的内涵使其能够灵活吸收具有影响力的价值标准，[1]从而使美国的一切法律程序包含于正当程序之中，一切法律程序的执行以正当程序为依据。[2]美国的正当程序不局限于诉讼领域，经修正案第 14 条规定，其适用范围扩展到了行政领域，因此，只有具备正当程序要求的行政程序、司法程序才具有正当性，充分体现正当程序原则的抽象价值光辉。

美国的正当程序原则与英国的自然正义原则相似，但也有区别。前者仅适用于国家行为，且源于美国宪法和法律的具体规定，现实可操作性更强，可以直接适用；而后者可适用于国家行为和私人行为，但以自然法为法理依据，只有案件审查在穷尽其他原则仍无法保证正当性时，才适用自然正义原则。但这并不否定自然正义作为程序正当的价值渊源。自然正义要求法律授权给权力机关时，即使法律未具体规定相关的正当程序，国家权力机关仍有遵守正当程序的义务。美国的正当程序也具有此功能，他为预防和克服国家权力可能利用特殊程序实施的专制、侵权行为而设，保障公民权利免受不正当程序的侵害。因此，当前尚无关于大数据侦查的明确具体的程序法律规范，如果侦查机关滥用大数据侦查权、越权侦查，依据自然正义或正当程序的要求，该侦查行为无效。目前，正当程序作为一项宪法和程序法的基本原则，被世界各国广泛采用，有必要从程序性正当程序和实体性正当程序的分别性要求，来研究大数据侦查功能的规正和公民权利的保障。

2. 程序性正当程序的规正要求

程序性正当程序是程序正当的外在价值，是指当公民的正当利益受到国家行为影响时，个人应被允许平等参与该程序，其辩解和质疑应获尊重，必

---

[1] See Griffin V. Illionois, 351 U. S. 12（1956）pp. 20-21.

[2] 参见陈驰：《正当行政程序之价值基础》，载《现代法学》2005 年第 2 期。

要时设置听证会。在大数据侦查中，这种正当性要求或最低限度的正义标准主要表现在三个方面，对国家权力的规正至关重要。

（1）程序性正当程序要求规正侦查机关的意见交涉义务

正当程序具有高度制度化，侦查机关利用大数据进行侦查时，与公民个人之间往往存在着利益冲突。对于这些可能侵犯公民利益的侦查活动，侦查机关应当告知公民相关的事实和权利，尤其是公民的程序性权利。程序是为了沟通意见并使意见达成一致的。因此，公民也应当有权在侦查程序中知晓可能侵犯到自身权利的情形，应当享有充分表达自身意见以及与侦查机关平等对话的权利。程序中的利益对立并不排斥权力机关和公民个人协商对话的可能。因此，作为高度制度化的程序，正当程序要求建立制度性的告知、披露制度，使交涉过程制度化。

（2）程序性正当程序要求规正侦查权力的程序监督

近代西方思想家根据"社会契约论""人民主权论"等理论提出了"以权力制约权力"和"以权利制约权力"两种监督模式，但这两种模式只关注实体与结果的控制，而忽视程序与过程的制约。而程序正当理论将原来的二元监督模式转变为三元监督模式，即增加"以程序制约权力"的方式，增强了权力制约的可操作性、全面性和有效性。"以程序制约权力"模式通过程序预设、程序中立、程序参与、程序公开、程序自治等直观可见可参与的形式来实现权力的严格规正。作为一种刚柔相济的监督模式，"以程序制约权力"模式不仅避免了"以权利制约权力"监督模式的软弱性和难操作性，也克服了"以权力制约权力"监督模式的刚性和滞后性。[1]谈及程序制约，应当明确侦查程序的内涵，即侦查机关实施侦查行为的步骤、方式、顺序和时限的总称。侦查程序不是次要的，不应当被视为"可省略的繁琐手续"，而是保障侦查合理合法，不侵犯公民生命、自由和财产的关键。在侦查中，不存在对于程序规定的渴望和需求，侦查机关往往把程序限制视为效率的阻碍。正当程序的确限制了侦查活动的自由，而且遵循程序规则往往需要耗费更多的侦查资源。侦查权行使本身的目的性，使侦查机关希望快速侦破案件、完成侦查任务，加之在大数据技术应用的加持下，程序的约束力产生了动摇。[2]但是，国家权力随

---

〔1〕 参见陈驰：《正当行政程序之价值基础》，载《现代法学》2005 年第 2 期。

〔2〕 参见胡铭、张传玺：《大数据时代侦查权的扩张与规制》，载《法学论坛》2021 年第 3 期。

时具有膨胀的可能，只有尊重程序，以程序制约权力，发挥预设程序监督权力的作用，公民才会容忍权力，公民的实体权利才不会受到大数据侦查机关的恣意侵害。

（3）程序性正当程序要求规正侦查体制的司法化

当前学术界关于侦查程序的性质存在"行政程序说"、"司法程序说"和"行政程序司法程序双重性质"三种学说。无论哪种学说都有其理论支持者和存在合理性。侦查是公诉案件刑事诉讼程序的重要环节，需要收集确实、充分的证据，查明犯罪事实和查获罪犯，从而为提起公诉奠定基础。但是大数据侦查的隐秘性、实时性和广泛性使其更容易侵犯罪犯的人权和公民个人的权利。作为我国刑事诉讼法发展的基本理念，正当程序要求侦查程序应当依照法定时间、步骤、方式开展。因此，侦查体制实现司法化，侦查程序严格按照司法程序开展，更能够规范大数据侦查权力的行使，更能够充分保障人权和公民权利。

3. 实质性正当程序的规正要求

"实质性正当程序"这一概念是美国经 1856 年的"怀尼哈默诉人民案"确立的[1]。在该案中，法院认为州法律相关条款侵犯了公民拥有烈酒的财产权，不符合正当程序条款的要求，从而产生了实质性正当程序。自此，法院以违反实质性正当程序为由，频繁推翻国会和州立法，对依国家权力所作决定予以有力制约。

实质性正当程序要求规正侦查措施的合法性审查。实质性正当程序是与美国独特的司法审查制度相结合的，赋予法院自由阐释的权力，通过正当程序使正义的评判更具有可操作性和可预期性。虽然法官作为价值判断主体的正当性存疑，但实质性正当程序为自然正义原则赋予了新时代的活力[2]。当前，我国不存在司法审查制度，法院无权宣布各项立法因违宪而无效。鉴于实质性正当程序的积极作用，应当健全宪法解释程序机制和宪法监督机制[3]。既可以保护宪法所尊重和保障的人权，又保护公民隐私权等宪法未列举的权利，

---

〔1〕 See Wynehamer V. People, 13 N. Y. 378 (1856).

〔2〕 参见 ［美］詹姆斯·安修：《美国宪法判例与解释》，黎建飞译，中国政法大学出版社 1999 年版，第 148—151 页。

〔3〕 马玉丽、郭曰君：《实质性正当程序的理论演变及其法律适用》，载《江西社会科学》2014 年第 12 期。

对大数据侦查的相关措施进行合法性审查，可以保障公民的上述权利。

三、数字正义理论

数字信息时代的发展挑战着正义的内涵与范畴，正义的内涵与范畴在人类社会数千年的演进与发展过程中，会随着社会的进步而不断丰富壮大。在当前时代中，我们应当正确认知正义与时代的关系，重新对正义进行新的定义。大数据侦查中权利保障的正义性不仅仅局限于权利本位以及程序正义，数据正义也是其实现权利保障的基本理论之一。作为大数据技术背景下的侦查模式，将数据正义融入侦查中，对侦查主体进行权利保障有着重要的引导作用。

（一）数字正义理论的基本内容

数字正义理论是数字信息社会发展所孕育的新的时代产物，数字正义理论的提出也符合了当前数据信息时代对于新的正义的理解要求。"数字正义是传统正义理论在网络信息时代的转型升级，是数字社会对公平正义的更高需求。"[1]在数字信息社会中，数字正义的实现应当渗入社会的每个角落当中，与数字正义相关的概念数据正义、算法正义、代码正义也出现在人们的视野当中。[2]数字正义的提出是针对社会中大数据和算法的嵌入过程中所诱发的诸多不正义，数字正义所针对的诸多不正义从表面形式上是针对机器所处理的数据所产生的不正义，而从内在本质上分析针对的还是操作机器背后的人。

基于数字正义的作用有学者认为"数字正义是一个关于法律作用以及促使个人参与处理以及解决纠纷的理论，与法学理论关注和解决的问题并不相同，数字正义理论能够解决的问题范围其实更为广泛。数字正义旨在厘清科学技术如何产生出各种类型的纠纷，并且致力于如何利用技术来解决和预防这些纠纷的产生。"[3]而有的学者认为广义上的数字正义，既包括对因机器人、人工智能体和算法应用产生的算法歧视、算法霸权、人权受损等社会问

---

〔1〕卞建林：《立足数字正义要求，深化数字司法建设》，载《北京航空航天大学学报（社会科学版）》2022年第2期。

〔2〕参见马长山：《智能互联网时代的法律变革》，载《法学研究》2018年第4期。

〔3〕参见［美］伊森·凯什、［以色列］奥娜·拉比诺维奇·艾尼：《数字正义：当纠纷解决遇见互联网科技》，赵蕾等译，法律出版社2019年版，第4页。

题的规范指引，也包括对大数据技术是否符合人类社会正义要求的价值评判。数字正义指向的内容十分广泛，但它首先是一个关乎人类自身的价值定位问题，它的目标仍是根本性的社会正义。将数字正义定义为大数据技术应用，尤其是算法应用满足人权、正义、法治价值的一种理想状态。[1]

在数字正义的实现路径中必须通过使用科技来增强"接近"和实现"正义"。接近正义的途径可以通过在线补救和预防机制的广泛运用和有能力处理大量纠纷的算法扩宽，这些算法不仅采用了简洁易用的语言，可以为每个用户量身定做"接近"正义的过程。当算法在质量监控之下，以公平方式影响各方当事人，正义方能实现。作为最新发展趋势，旨在预防纠纷的数据运用还需要公平对待与各利益相关者之间的关系，尊重个人隐私、遵守法律对个人信息使用的限制性规定。

（二）大数据侦查与数字正义

在大数据浪潮下，促进发展的数据正义成为亟待被研讨的理论焦点，因为在大数据社会，没有数据便不能作出决策，不能采取行动，没有数据正义就无法实现社会的公正发展。[2]数据正义在大数据侦查中同样有着不可比拟的重要性，在数字化的侦查中，没有数字正义的融入，侦查中的正义便将无法实现，所以其也应当成为大数据侦查中权利保障的基础。

算法并不是无边界的，用算法来处理人类特有的一些活动，植入太多的计算机逻辑，就"有可能使这些活动丧失最根本的人性"；在算法决策之外保留必要的平行选项，维护人类的自主性、个人的选择性，无疑是数字正义的根本要求。[3]

1. 在大数据侦查中数字正义在于强调技术的扩张必须是有限的

大数据侦查中要坚决抵制以数据为中心的一元性的价值模式，究其原因在于以数据为中心的一元价值模式，容易导致侦查机关产生绝对的数据控制，进而垄断数据话语权。侦查机关不能以大数据技术的应用为借口而肆意地扩

---

〔1〕 参见周尚君、罗有成：《数字正义论：理论内涵与实践机制》，载《社会科学》2022年第6期。

〔2〕 参见单勇：《犯罪之技术治理的价值权衡：以数据正义为视角》，载《法制与社会发展》2020年第5期。

〔3〕 参见马长山：《算法治理的正义尺度》，载《人民论坛·学术前沿》2022年第10期。

张技术使用的范围，技术应用中数据控制应当保持一定的理性。防止大数据侦查技术的扩张离不开法律规范的制度建构，故应以数据正义为相关法律规范的立法理念，为大数据侦查运行划定法治边界，以法律来控制技术的有限扩张。

2. 在大数据侦查中数字正义在于强调对数字侦查权的控制

在大数据侦查中，必须要注重大数据技术与侦查权力结合之后所产生的变化，即防止权力产生异化以及如何进行有效的制约。数据正义呼唤大数据侦查从技术的应用回归人本导向和权利本位，以构建完备的数字权利来对数字侦查权进行有效的控制。

第二节　大数据侦查中权利保障的基础原则

在大数据侦查中不论是权力的行使抑或是权利的干预都要坚守比例性的原则，权力的行使应当遵循适当性，而权利的干预则需要遵循最低限度。而无罪推定原则要求侦查主体在侦查活动中，避免有罪推定的倾向，维护犯罪嫌疑人的基本权利。信息公平原则则建立在大数据侦查中，以实现信息公平为目标为权利保障提供动能。动态调整型原则是以发展性的眼光审视了大数据技术与权利发展的特征，即大数据技术会随着其发展不断扩大内涵，而权利也会伴随着社会发展不断扩充与壮大。所以要求在大数据侦查中，一方面要提升大数据技术应用的规范，另一方面则是要求侦查机关关注社会中公众对于权利利益的诉求，实现更好的权利保障。

一、比例原则

比例原则所表现的是一种适度、均衡的理念，在侦查活动中可以有效调节侦查目的与侦查手段之间的关系。其核心要义在于防范侦查权的滥用，进而避免侦查权行使中以公共利益之名对公民权利造成过度不利的影响。

（一）比例原则的规范作用辨析

比例原则在侦查中发挥着举足轻重的作用，有学者指出"比例原则具有实体规范与方法规范的双重面向。"[1]一方面比例原则可以作为实体规范出现在成文法中，成文法对其进行直接规定，即在法律规定中直接规定了侦查行为应当遵守一定的比例原则，这种规定对于侦查主体具有直接性的规范效力。而另一方面比例原则作为方法规范则是通过不成文法进行解释，在侦查中则是指导侦查主体的法律适用。而纵观与侦查相关的法律规范比例原则并没有进行明确的规定，所以在侦查中比例原则更多的是以方法规范的形式出现在侦查主体法律适用的过程当中。而这也导致了比例原则在侦查中缺乏相应的强制约束力，比例原则的适用更加取决于侦查主体个人，影响比例原则适用的同一性。

比例原则从其构成来看，还包含着必要性原则、适当性原则以及狭义比例原则等子原则。[2]而三个子原则在侦查中所发挥的作用都对于侦查权的行使发挥着层层过滤审查的作用，遏制侦查权滥用所造成的公民权利的不利影响。必要性原则作为比例原则的子原则之一，它要求实现正当目的的手段具有必要性，对当事人造成的损害最小。[3]适当性原则就是选择最妥当之手段的过程。适当性原则要求手段和目的之间要保持一种恰当、合理的匹配关系。[4]均衡性原则要求公权力行为手段增进的公共利益与其造成的损害成比例，故均衡性原则又称为狭义比例原则。[5]

（二）比例原则为侦查主体提供一种权衡方法

从比例原则的本质进行分析，其是一种权衡方法——即权衡所有利益及价值冲突。放置于侦查中，即要求侦查主体依据比例原则进行利益的均衡以及价值的冲突。在侦查实践中，侦查主体在运用比例原则时，需要根据其所包含的子原则，针对不同情况进行相应的处理和对待。

那么比例原则如何为侦查主体提供一种价值权衡方法，首先侦查主体应当分析某个正当目的究竟有没有必要运用某个最小损害性手段予以实现。而在这个权衡的过程中这其实是一个有关手段正当性的程度判断问题，意在提

---

[1] 参见张兰兰：《作为权衡方法的比例原则》，载《法制与社会发展》2022年第3期。
[2] 参见陈新民：《德国公法学基础理论（下）》，山东人民出版社2001年版，第368页。
[3] 参见刘权：《论必要性原则的客观化》，载《中国法学》2016年第5期。
[4] 参见陈新民：《德国公法学基础理论（下）》，山东人民出版社2001年版，第369页。
[5] 参见刘权：《均衡性原则的具体化》，载《法学家》2017年第2期。

醒侦查主体时刻注意，即便最小损害性手段确有净收益，还应对成本与可能实现的公共利益之间的比例关系提出要求，以确保手段能够经受更高程度的正当性检验。换言之，如果某个手段所需要的成本过高，而就此获得的净收益却太低，则尽管该手段具有正当性，也会被侦查主体认为是比例失调的非理性之举。在大数据侦查中比例原则对于权力保障产生了积极的作用。判断一项侦查措施是否侵犯信息隐私权时，可以引入比例原则，按照比例原则的位阶顺序进行全阶适用。首先，判定侦查机关采用大数据侦查的目的，这里所说的"目的"应当是明确、具体和特定的具有正当性的目的，而非泛泛所指；其次，审查侦查机关采取的大数据侦查手段是否有助于目的的实现，是否是在穷尽所有手段之后的最优选择以及对公民信息隐私权侵害是否最小，采取这一手段带来的公共利益与对公民信息隐私权利的伤害是否成比例。按照这一顺序逐一展开研判，中间任何一个环节出现问题，则可能存在侵犯隐私信息的风险。

二、无罪推定原则

无罪推定原则是一项保障犯罪嫌疑人基本权利的原则，也是指导侦查主体行为的规范性原则。针对犯罪嫌疑人，无罪推定原则使其获得了一项特殊的诉讼权利——即犯罪嫌疑人不受侦查机关任意定罪的权利。无罪推定原则要求侦查主体坚持犯罪嫌疑人未经法院审判不能定罪的主张。

（一）无罪推定原则有利于侦查正当程序的实现

无罪推定原则在于保障刑事诉讼各阶段的独立性，我国刑事诉讼结构的构建主要是诉讼阶段论，以刑事诉讼阶段论的观点来看，每个诉讼阶段都是一个相对独立的过程，而我国的现状则是侦查活动范围膨胀，在侦查环节已经将案件进行了全面的调查与定性，将其他刑事诉讼阶段的任务提前完成。基于此，事实上侦查活动对于犯罪事实的过度认定无疑破坏了检察机关与审判机关的独立性，而无罪推定原则在于强化刑事诉讼各机关之间配合、制约，防止重打击犯罪、轻保障人权的思维。

（二）无罪推定原则在于规制侦查主体的有罪推定思维倾向

无罪推定原则可以适用于刑事诉讼的任何一个环节，在侦查活动中，无罪推定原则对于侦查主体的规范作用主要体现在正当权力确认的同时必须实现权利有效保障。侦查活动作为一种发现犯罪事实的司法实践活动，侦查主体在实际侦办案件过程中，如果有罪推定思维倾向严重，那么必然会出现权力的过度行使，而忽视权利的有效保障。而这种有罪推定思维则会进一步扩散，影响在大数据侦查中的行为规范性，损害侦查行为的合法性评价。大数据侦查与无罪推定原则对于犯罪的处理方式呈现出相反的运行逻辑，究其原因在于大数据侦查主要以预测为核心功能，旨在将犯罪扼杀在萌芽状态，来实现其对犯罪的有效控制。这就导致了针对大数据侦查中的犯罪预测及其所运用的算法、模型都是建立在"有罪推定"的决策思维之上。

侦查主体虽然有发现案件事实的责任，但是"有罪或无罪"并不是在侦查阶段判断的。所以这种有罪推定的思维实则是侦查主体错误适用刑事诉讼程序的职能，定罪的职能并不属于侦查主体。无罪推定精神体现了立法对刑事诉讼的整体性要求，也是对侦查主体的明确要求。在侦查的全过程当中，要求侦查主体必须坚持在既定的规范之内进行行为。在侦查阶段贯彻无罪推定原则从犯罪嫌疑人的角度，无疑是给予了其一项对抗公权力进而保障自身基本权利的手段，防止自己的诉讼权利受到非法的侵害和威胁。无罪推定原则的逐步贯彻落实，大大改善了犯罪嫌疑人的诉讼地位，提高了其防御能力，并促使侦查主体更加规范地行使侦查权。

三、信息公平原则

在数字时代信息资源突显了其重要的社会价值，信息权利的获得程度已成为社会进步和文明的标志之一。信息权利的实现也是社会和谐发展与进步所追求的基本价值目标。在大数据侦查中，侦查主体所掌握的信息与权利主体所掌握的信息存在着不对等的现象，而且受制于侦查神秘主义的影响，公安机关侦查信息公开游离于立法公开、行政公开和司法公开之外，形成独立的第四领域。[1]信息公平原则的提出致力于解决在大数据侦查与权利之间构建主体之间的信息公平实现，改善侦查中权利主体在信息掌握层面的弱势地位，还可以起到理论支撑与价值指导的作用。

---

〔1〕 参见崔凯：《论新时代公安机关侦查信息公开的立法策略》，载《法商研究》2018 年第 6 期。

（一）信息公平原则的原理

"信息公平原则生成的社会动因在于社会主体由于其自身差异以及智能技术的稀缺性，本应该属于各社会团体和个人享有的数字红利，却因为不同社会主体间的信息公平失衡成为了一种社会常态。"[1]而这种社会层面的现象也会传递于侦查的活动中，社会主体之间所享有的信息存在的不平等的状态映射为侦查主体与其他主体间的所能掌握信息的失衡。

信息公平原则的目的指的是建立一种实现信息公平制度，保障公民合法获取、使用和传播信息并获得收益的权利，这是消弭数字鸿沟维护信息权利进而实现公民经济、社会地位平等的保障。信息公平原则在于实现侦查各主体间信息的平等，在侦查中信息权利平等是指侦查各主体之间信息的平等。究其实质，信息公平原则脱胎于刑事诉讼过程中的"平等武装"原则，平等武装原则旨在保障控辩双方的权利义务的平等性，以实现对处于弱势群体的犯罪嫌疑人、被告人基本诉讼权益的保障，弥合控辩双方力量不对等的鸿沟。在此基础上，在审查起诉和审判阶段，犯罪嫌疑人、被告人的权利已基本得到有效保障，而在侦查阶段，基于该阶段的封闭性和侦查行为的秘密性，往往对于犯罪嫌疑人的基本诉讼权利难以得到及时而有效的保障。加之，数字时代，大数据侦查的广泛运用，其实施的跨域性、秘密性、广泛性、共时性等特点，[2]进一步加大了对公民个人信息权益乃至隐私权益侵犯的可能性，导致侦查机关与犯罪嫌疑人之间的力量差距进一步加大，甚至导致平等武装原则的失效。因此，笔者提出信息公平原则，对数字时代的平等武装原则进行优化，用以进一步保障犯罪嫌疑人的数字辩护权，实现侦查机关与犯罪嫌疑人权力与权利的相对平等。信息公平原则的核心内涵为最大限度保障侦查机关与犯罪嫌疑人之间信息获取的相对平等性，进而规范侦查机关的大数据侦查行为，保障犯罪嫌疑人的数字辩护权。

（二）信息公平原则之目的（其一）：规范侦查机关信息处理行为

在大数据侦查中，信息失衡的现象比比皆是，而构建信息公开原则的目

---

[1]　参见宋保振：《数字时代信息公平失衡的类型化规制》，载《法治研究》2021年第6期。

[2]　参见裴炜：《数据侦查的程序法规制——基于侦查行为相关性的考察》，载《法律科学（西北政法大学学报）》2019年第6期。

的之一便是规范侦查机关对于信息处理的行为。大规模的数据侦查行为极可能会引发与公民基本权利的冲突，所以建立在信息收集利用背景之上，也需要通过一定的特殊原则对侦查主体进行有效的规制。信息公平原则着眼于大数据本身，强调对数据背后所表征内容信息进行保护。大数据侦查的启动必须存在三个要素，即数据、算法与算力。[1]而大数据主要通过全数据或接近全数据才能发挥其效能，信息的有效程度也通过算法分析程度和算力计算程度得以决定。因此，规范大数据侦查的信息处理行为必然需要通过对数据、算法和算力三要素进行协同规制，才能够实现信息公平原则之旨归。

因此，针对数据，需要明确大数据侦查行为的数据获取边界，即侵犯公民个人信息权益的边界。从公民个人信息权益的分类来看，分为一般信息、敏感信息和隐私信息。而当侦查机关获取一般信息时，其基本无需犯罪嫌疑人同意或部门审批。但当侦查机关获取敏感信息时，由于其侵犯公民个人信息权益较为严重，应当纳入保护范畴，需要征得犯罪嫌疑人同意或经过严格的审批程序。当侦查机关获取个人隐私信息时，此时信息指涉隐私权，属于严重侵犯个人信息权益和隐私权的行为，因此，需要更高程度的审批程序，并限制其情境的适用。从另一方面来说，算法对侦查信息的获取也起到决定性的作用，不同的算法应用决定着侦查措施的强度，因此，从侦查行为的规制角度，对于侦查措施的规范也具有非常重要的意义。将大数据侦查措施类型化，根据数据碰撞、数据检索等不同的类型，配置相应的审批流程、操作规范和监督程序，以推进侦查行为的规范化、透明化也是实践信息公平原则的重要途径。

（三）信息公平原则之目的（其二）：保障犯罪嫌疑人数字辩护权

提炼信息公平原则的重要目的还在于保障犯罪嫌疑人的数字辩护权。[2]数字辩护权是新时代数字人权的重要内容。数字时代的数字辩护权聚焦犯罪嫌疑人与侦查机关之间相对公平的数字信息公平实践能力，即通过有效的数据，产出有效的信息，对有效信息进行有效的质疑，进而最大限度实现控辩平等的能力。在此过程中，由于侦查机关处于强势地位，而犯罪嫌疑人处于

---

〔1〕 参见徐惠、李晓东：《大数据证据之证据属性证成研究》，载《中国人民公安大学学报（社会科学版）》2020 年第 1 期。

〔2〕 参见裴炜：《刑事侦查程序的数字化转型》，载《地方立法研究》2022 年第 4 期。

弱势地位，所以对于犯罪嫌疑人数字辩护权的保障多以侦查机关的作为责任来实现。在此基础上，赋予犯罪嫌疑人相应的请求权。

首先，赋予犯罪嫌疑人数据公开请求权，由于大数据侦查的资料为数据，所以侦查机关所分析的信息的真实性在很大程度上是由数据本身所决定的。犯罪嫌疑人获取相应的数据则意味着其具有通过数据分析证明信息有效性的可能性，因而赋予犯罪嫌疑人数据公开请求权也就成为保障其数字辩护权的前提。其次，赋予犯罪嫌疑人算法解释请求权。算法对于信息的析出起到决定性的作用，而算法设计和选择适用是专业性的事项，犯罪嫌疑人必然无需承担算法选择合法性与合理性的举证责任，而这种专业性的解释事项则落入侦查机关的职责范畴之内，若无法合理解释其有效性与合法性，则侦查机关将承担举证不能的不利后果。最后，赋予犯罪嫌疑人的删除请求权。由于数据不同于传统物品，其具有可重复利用性和累积增值性。因此，对于犯罪嫌疑人来说，其数据一旦存入侦查机关数据库则很难被删除，往往极易被侦查人员重复利用，并可能由于算法歧视的存在，在今后的生活中更容易受到不平等的对待或犯罪的追溯。从这个意义上，保障犯罪嫌疑人的数据删除请求权至关重要。为此，一方面，可以通过赋予侦查机关在一定期限后自动删除相关数据的作为义务。另一方面，可以通过赋予犯罪嫌疑人在侦查终止、侦查终结或犯罪执行完毕后一段时期内数据删除请求权，保证其未来生活的发展权。

四、动态性调整原则

本书中构建动态性调整原则主要是基于权利会随着社会的发展，其范围与边界不会保持固定形式，所以在大数据侦查中权利的保障应遵循"动态调整原则"。人民权利的保障也是社会实现正义的过程，而社会正义的实现也并非一帆风顺，阿马蒂亚·森强调正义论的终点不是实现理想中的正义社会，而是使具体、现实中的社会不断趋向正义。[1]所以在大数据侦查中权利的保障也是一个朝着理想前进的过程，通过在过程中不断地动态性调整，才能逐渐向社会正义靠拢。

---

〔1〕　参见张三萍、金阳：《阿马蒂亚·森正义论探析》，载《浙江社会科学》2016 年第 2 期。

（一）大数据侦查的技术发展呈现动态性

大数据侦查的技术呈现出动态性的发展特征，是权利保障中坚持动态性调整的原因之一。大数据侦查的技术内涵不断扩展是社会发展的产物，也体现了科技进步发展中的客观性。大数据的特征发展便客观地反映了这一特点，从最初的 3V 到当前的 12V，其所具备的特征伴随着大数据技术的发展在逐渐地扩展，而在未来其特征还会随着科技进步不断地扩展。大数据技术发展的动态性无疑增大了大数据侦查的规制难度。

一方面，技术发展的动态性为大数据侦查塑造了一个难以预测和难以规制的形象。从技术风险角度来看，科技发展必然伴随着技术风险，大数据技术尤其明显。所谓技术中立的说法其实是不正确的，技术从来都是被赋予了人的思想和意识，从而实现技术的创造和发展，进而可以得到技术具有目的性的观点。但同时，数字时代，技术的发展速率又急剧提升，基于人们认识技术、体现技术的时间越来越短，因而造成技术的发展超前于人类的预知，因而存在着人类不可认知的技术风险。在此，如何规制技术风险是大数据侦查亟待解决的难题。另一方面，随着技术的发展，技术标准也在不断变化，旧的技术标准被推翻，新的技术标准建立，必然会造成大数据侦查的技术内涵、技术标准以及技术合规出现变化，进而造成侦查制度的稳定性和可预测性目的落空。从这个意义来看，对于大数据侦查来说，如何构建既具有相对稳定、可预测性，又能够防范技术风险、保障技术安全的制度体系，成为大数据侦查所需要解决的重要课题。在此思想指导下，大数据侦查契合技术本身的动态性，实现自身的动态调整性，似乎是可行的选择。

（二）数字权利发展的动态性

在数字信息时代，权利的发展也显出了动态性的发展。隐私权的发展便是权利动态性调整的一个缩影，其中论隐私合理期待理论，该理论确立于美国最高法院 1967 年审判的 Katz v. United States 案，其要件包括：权利人已经表现出对其隐私的主观期待，社会承认该种隐私期待合理。[1]经过完善，美国确立了隐私合理期待的排除规则：公共暴露理论、风险承担理论、权利人

---

〔1〕 参见高圣平：《比较法视野下人格权的发展——以美国隐私权为例》，载《法商研究》2012年第1期。

同意、非法信息理论、搜查对象快速移转理论等，即当权利人将自身置于公共场所，将自己的隐私对外披露，同意第三人获取其隐私，侦查机关获取其违法信息，搜查对象具有快速转移性而需立即采取措施进行搜索时，权利人不享有隐私的合理期待。隐私的合理期待理论扩展了个人隐私的范围，确定了公共场所存在的隐私保护，有利于规范公权力，减少隐私权受到侵犯。

不仅仅原有的传统基本权利在数字化的影响之下，在原有权利基本的范畴上也具备了数字化的新特点，例如虚拟空间权利便是在原有的住所权的基础上通过数字化所衍生出来的新形态的权利。此时，衍生出一系列的数字空间权、数字隐私权、数字安宁权等概念。比如有学者就对朋友圈是否属于个人隐私空间就产生争议，并认为朋友圈属于个人相对私密的空间，并不具有完全的公开属性，因而应当纳入数字安宁权的保护范畴。[1]同时，随着《中华人民共和国个人信息保护法》（以下简称《个人信息保护法》）、《中华人民共和国数据安全法》（以下简称《数据安全法》）等颁布，赋予了个人信息新的权利属性，作为人格权的一种，其赋予了个体知情同意权、删除权、更正权等一系列权利。而对于数据的流通和使用，目前学界也出现了分歧，围绕数据权属展开了激烈的争论，数据属于平台还是个人，[2]数据属于财产权还是用益物权。[3]同时，在数字社会中，不同人群对数据信息权益的保护也不相同，由此也产生了一系列数字平等权等权利。因此，数字权利发展的多样性，导致大数据侦查需要考量的数字权利保护呈现多样性。

（三）基于技术与权利互动之下的动态性调整

在大数据侦查中权利的保障应当是基于两者进行动态性调整，大数据侦查在其技术体系不断扩展与进步的过程中，应当主动地意识到新的技术应用所带来的权利风险，并具体地评估风险，从而控制风险的程度。在大数据侦查外部，权利的动态性发展并不会与其技术的发展具有同步性或者一致性，所以侦查机关必须时刻关注社会层面上的权利所产生的变动与调整，才能实

---

〔1〕 参见梁坤：《论初查中收集电子数据的法律规制——兼与龙宗智、谢登科商榷》，载《中国刑事法杂志》2020 年第 1 期。

〔2〕 参见丁晓东：《数据到底属于谁？——从网络爬虫看平台数据权属与数据保护》，载《华东政法大学学报》2019 年第 5 期。

〔3〕 参见申卫星：《论数据用益权》，载《中国社会科学》2020 年第 11 期。

现两者在互动之下的动态性调整。

究其实质，技术是把双刃剑，技术发展一方面提升了侦查机关追溯犯罪的能力，大数据侦查便是因此而产生；另一方面，技术发展也为人权保护带来了新的命题，因而需要以技术治理为核心，实现追溯犯罪与保障人权的平衡，在这个过程中，同样需要明确追溯犯罪同样是保障人权的一部分，而且这种权利在以秩序为本位的公共安全面前是第一位的。因此，需要在保障犯罪追溯的前提下实现对人权的保障。进一步而言，需要明确技术治理与治理技术之间关系。技术治理在于借助技术，解决社会中存在的诸多问题，而治理技术则为规避技术产生的诸多风险的技术，是符合一定标准的技术或防范风险的技术，进而构筑其技术风险的防火墙。

在实现技术与权利互动的动态调整过程中，亦应有某些特质需要秉持。大数据侦查面向相对于公权力机关而言居于弱势地位的私主体，其客体是已经立案的涉嫌犯罪案件。侦查机关为收集犯罪证据、揭示案件真相，可能会产生国家利益和个人利益的矛盾，但这种矛盾未必会一直是矛盾。现代民主与法治理论中，权利本位是现代法治国家的根本价值，社会利益的真正主体和最终享受者是公民，国家和社会只是为了更好地实现公民个人的权利，因此国家利益和社会利益必须能够和最终需要还原成为公民个人的利益。故大数据侦查过程中，无论技术怎样变化，保护公民个人权益仍然是其发展进步的应然面向。因此，技术与权利互动下的动态调整亦非片面、纯粹的变化，而是动中有静，在更新变动的过程中亦有权利面向的基本任务和要求的坚守，这样才能满足当前法治国家的基本要求。

从这个角度而言，实现技术应用与权利保障的动态平衡，需要经历三个阶段。首先是技术治理阶段，即寻找能够解决社会问题的技术，如大数据侦查中，能够对侦破案件具有帮助的技术手段，质言之，需要满足侦查的合目的性和有效性。其次是治理技术阶段，需要明确技术所具有的风险，其中主要包括大数据侦查中可能产生的侵权风险，进而制定相应的技术标准、实施程序或赋予相应的防御性权利，以实现对技术风险的规避和公民权利的保障。最后是治理技术的再治理阶段。由于技术本身具有风险性，而且事物发展过程中本身存在极大的不确定性，因而治理技术本身也会存在一定的风险性，如隐私计算、区块链技术，其在实施的过程中可能会面临兼容性、量子计算等技术发展所产生的新的风险。因此，必然需要对治理技术所产生的风险再治理。经历三个阶段的反思与再反思，大数据侦查也能够进一步在技术与权利的互动之下实现动态平衡，也能够进一步保障人的主体性与技术的辅助性，重新使得侦查过程回到价值理性的正轨之上。

第三节 大数据侦查中权利分类的基本原理

在大数据侦查当中所涉及的权利是本书研究的核心问题，所以对于大数据侦查所涉及的权利的基本类型需要进行进一步的明确。在本节中大数据侦查中基本权利类型分为传统类型的基本权利和新兴类型的基本权利两大类。而传统类型的基本权利当中又划分为传统类型权利及其衍生类型的权利。

一、大数据侦查中权利的来源

大数据侦查中权利究竟来源于哪里，是目前大数据侦查中权利保障基本理论构建的逻辑起点。在大数据侦查中，权利是否仅仅来源于法律权利或者权利来源的范围更加广阔（是否涉及自然权利）。大数据侦查中权利来源的确认有助于本书中权利基础理论框架的构建，所以有必要明确其权利的来源。确定大数据侦查的权利范围界限，还需要立足于我国权利研究理论的发展及大数据侦查的实践当中。

（一）我国权利理论中的权利溯源

在权利的理论的研究过程当中，西方的权利研究对我国学者产生了极大的影响，自然权利与法定权利构成了权利理论研究的两条主线，而在我国的权利研究当中也对于自然权利与法定权利进行了持久的探讨。

1. 自然权利

自然权利产生于自然法当中，康德认为现代国家的原理深植于自然状态下人人平等的自然权利。[1]自然权利构建了人类权利的正当性基础，关于洛克的自然权利学说，还需指出的是，自然权利与"自然状态下的权利"不能直接画等号，一切基于理性的权利都是自然权利，"自然状态下的权利"仅是某一特殊状况下的自然权利。在政治社会中，自然权利的原则并未发生改变，

---

[1] 参见龚群：《康德的自然权利说》，载《伦理学研究》2020 年第 5 期。

改变的只是权利的具体形式，即使是那些由于政治社会的建立才存在的公民权利，自然权利也始终是它们之正当性的基础。[1]自然权利虽然对于权利的发展起到了至关重要的作用，但是其弊端也十分明显。自然权利的形成建立在自然法的基础之上，继承了自然法的特征。自然权利从根本上说是一种理想的、先验的，其内容极不确定，在逻辑上存在许多含糊不清、难以证明的命题，而且也无法用经验的方法来测量与判断。尤其在大数据侦查中，权利的保障并非能够建立在自然权利之上，还需要通过立法进行保障，本书将在后续进行详述。

2. 法定权利

法定权利指的是权利通过法律进行规定，在客观上是一种具体的权利，从权利主体的角度进行分析，权利通过法律进行规定使得人们的权利主张得以有效的实现，所以法定权利也是"实然权利"。而从自然权利过渡为法定权利却并非一蹴而就，人们的权利实现需要一个曲折复杂的过程，权利实现法定受到了各方面因素的影响。权利实现受制于经济发展规律，其具有历史的必然性是任何国家无法超越的。[2]所以权利的发展必然受到国家特定历史时期经济发展的制约，是任何权利的法定化都无法摆脱的规律。而伴随着信息时代的到来，随着我国国家经济的发展为新兴权利提供了强力的物质基础，所以新兴权利的法定化也应当逐渐走上法定化的道路。

（二）大数据侦查实践中的权利溯源

如上所述，伴随着数据信息时代的到来，数据改变了传统权利的"外观"，同时也孕育了诸多新的个人权利，而这些权利并没有被法律规范及时地规定到与侦查相关的制定法当中，从而造成了侦查主体在进行侦查时，缺乏明确的法律依据。而依据前文对于权力来源的分析，在大数据侦查中，权利的来源不仅仅来源于法定权力，也来源于"自然权利"——即以数据信息社会为背景所产生的与侦查行为相关的新兴权利。新兴权利应当得到侦查的保障，而且其保障也具有正当性与合法性，新兴权利作为自然权利的重要组成部分，应当被视作天赋人权，它是不证自明的逻辑起点。在这一前提下，个人被赋予优先于社会和国家的地位，应当得到普遍认同。所以在大数据侦查

---

〔1〕 参见刘晓洲：《论自然权利的证成及来自历史主义的挑战》，载《江汉论坛》2017年第3期。

〔2〕 参见郝铁川：《权利实现的差序格局》，载《中国社会科学》2002年第5期。

实践当中所涉及新兴权利也应成为其权利来源的一部分。

大数据侦查中的权利应当包含自然权利与法定权利，而且两者之间也存在的一定的逻辑生成关系，有学者形象地将两者的关系描述为"自然权利是元权利或根权利，相对于法定权利来说，就像树根与树干的关系，法定权利植根于自然权利的价值秩序中。"[1]总体来说，二者的关系是"体"和"用"的关系。"体"是根本性、第一性、本质性，而"用"是派生性、第二性和非本质性，"体"是"用"的根源，"用"是"体"的表现。法定权利脱离了自然权利就如无根之木，而自然权利脱离了法定权利则缺乏实现的基础。所以在大数据侦查中确立权利的来源及其范围应当包含着现有的法定权利和自然权利。

二、大数据侦查中的传统权利及其衍生权利

传统权利及其衍生权利是大数据侦查中权利保障研究的主要内容，首先在大数据侦查打击犯罪的范围之内包括了接触性的犯罪和非接触性犯罪两大类，在接触性的犯罪中大多都是发生在物理空间之内的传统类型犯罪，那么在侦查的过程中必然会涉及诸多传统型的权利，而在非接触性的犯罪侦查中，则涉及传统权利数据化之后所形成的衍生性质的权利。

（一）大数据侦查中的传统权利

在大数据侦查中所涉及的传统权利主要以法定权利为主，其中在大数据侦查实践中以下所陈述的权利面临的困境最为明显。

1. 隐私权

随着大数据技术的不断发展，特别是美国国家安全局的"棱镜计划"的曝光，引发世界范围内对个人隐私权的担忧。欧盟通过不断扩张隐私权的范围将公民的多项数据纳入法律保护。德国则发展出了"信息自决权"保护公民个人隐私。《中华人民共和国民法典》（以下简称《民法典》）第1032条对隐私权和隐私作出了界定，依照法律条文的界定，隐私是自然人享有的，其不愿为他人知晓的私密空间、私密活动和私密信息。与此相对应，隐私权

---

〔1〕 参见韩振文：《中国特色人权理论的法理重述——从自然权利到马克思主义"类本质"权利》，载《法治现代化研究》2021年第1期。

指的是自然人所享有的隐匿信息和利益不受非法侵犯的权利。《民法典》第1033条规定了侵害隐私权的方式。在大数据时代，自然人的隐私权表现和转变为蕴含个人信息和隐匿利益的一系列数据。在大数据时代，由于通过这些隐私数据可以获得一定的经济利益，受此经济利益驱动，涉及自然人个人信息的很多数据被无端泄露，损害到当事人的隐私权之现象不时发生。在大数据时代，隐私权的数据化使得隐私权范围呈现扩大化倾向，凡可以转化为云端数据的一些个人信息和隐匿利益均可以转化为隐私权的扩展内容，这在一定程度上加剧了隐私泄露的风险，加上获取非法经济利益的刺激和驱动，不法者侵犯自然人隐私权的现象便时有发生。

2. 个人信息权

个人信息权不同于隐私权，其是与特定个人相互关联，反映个体特征的具有可识别性的符号系统，其包含了个人身份、家庭、工作等信息。从当下的大数据技术发展的态势来看，互联网、区块链、物联网等新型数据信息收集和处理技术层出不穷，凭借这些大数据技术的发展，包含各种信息的数据不断地成为这些新数据的内容。在这些数据之中，无疑包含诸如政府信息、公共利益等内容的应当公开的一些数据。但是，海量数据中间一样包含着大量涉及自然人个人信息的内容，比如公民在医院就医所留下的关于其疾病治疗和病症等数据，这些个人信息是否构成当事人的隐私值得作一番探讨。隐秘信息与个人信息是否构成隐私，应当满足隐匿性与当事人不愿公开两个要件。当事人是否愿意公开则是该个人信息是否构成隐私的首要要件，即该个人信息即便属于当事人的隐秘信息，当事人如果愿意公开，便不构成其个人隐私。

(二) 大数据侦查传统权利之下的衍生权利

在大数据侦查中，随着侦查实践从物理空间逐渐向虚拟空间进行转换，以及侦查节点的提前等现象的发生，侦查所涉及的个人权利也会随之发生转变，而在这些侦查场域所涉及的权利，也成了大数据侦查中权利来源的一个重要组成部分。

1. 虚拟空间权

如脱离物理空间的搜查行为会涉及个人网络空间的隐私权，网络空间权虽然脱离了物理空间，但是仍然属于人的意志所需要控制的范围之内。我国

《宪法》第 39 条规定了公民住宅不受侵犯的权利，其中有关于住宅自由权的两项权利内容中也包含了住宅隐私权和住宅选择权。虽然，这两项原则没有在《宪法》中予以明确规定，但是基于法理应当将其理解为衍生性质的基本权利。由此可知，私人能够支配的空间场所，不论其支配空间是否具有形态（有形或虚拟），都应该判断其属于私人空间的范畴之内，强调有形和无形的空间支配权对住宅空间具有重要的意义。[1]虚拟空间权利的保障有别于传统意义上的住所权利保障，在保障公民的住所不受侵扰的权利时，应当将虚拟空间的权利涵盖其中。究其原因，随着科技的发展，侦查主体不仅对公民的私有领域（物理空间）进行侦查，而且还扩展到了虚拟空间当中。在上文的论述中，也探讨了相关侦查决策的规范性问题，侦查主体对私有空间的数据进行勘验调查时，必须对于此类侦查措施的性质进行明确，才能规制初查中违法的侦查活动。

2. 数据财产权

在大数据侦查进行犯罪打击时，如果侦查机关没有按照法律法规规定收集电子数据信息，这很有可能使得公民数据财产权被侵犯。大数据的收集使用"两级搜查模式"。侦查机关对大数据存储介质的查封只是一种侦查手段，目的是通过搜查存储介质，寻找其中的相关数据。这种先扣押后搜查的方式很可能侵犯公民的财产权。在进行大数据犯罪打击时，侦查人员获得电子数据以及扣押电子设备，其本身可能有一定的价值，甚至可能会关联到其他财产。尤其是当今社会扫码支付已经普及。如果侦查机关扣押犯罪嫌疑人的手机，手机上的支付宝、微信，以及与财产相关的其他 APP 可能会发生泄露，一旦支付密码被泄露，那么犯罪嫌疑人的财产可能面临被盗的风险，由此引发一系列的经济财产损失。

三、大数据侦查中的新兴类型基本权利

在大数据侦查中，新兴权利类型的划分对于权利保障的整体性、全面性都有极其重要的意义，新兴权利的提出不仅仅可以满足在数字信息时代中人的新的利益保障诉求，也可以进一步实现权利保障范围的覆盖。虽然目前我国对于新兴权利的研究还处于理论阶段，但是在大数据侦查中，新兴权利保

---

〔1〕　参见王利明：《隐私权概念的再界定》，载《法学家》2012 年第 1 期。

障问题的提出，对于大数据侦查法治化的发展具有实质性的意义。

（一）新兴权利何之为"新"的证立理由

新兴权利何之为"新"目前是学术界研究的热点话题之一，学界对于新兴权利是否可以称之为"新"，展开了激烈的争论。其中持否定论的学者从领域命题与情境命题的角度对于新兴权利的证立进行了批判，认为权利的动态性，只需要将权利扩展到新的领域或情境，因此无须再对新兴权利的存在进行论证与主张。[1]而多数学者从肯定的观点对新兴权利何之为"新"进行了充分了论证，也为本书中大数据侦查中新兴权利的范围划分成立提供了论据。有学者认为"新兴权利相对于旧权利必须被证立为是新的，且有理由去确立它，旧权利无法满足新的权利需求，有理由确立新兴权利，只有证立有必要突破旧权利，新兴权利才有意义。"[2]在社会的发展中新兴的权利是一种新的利益需求，而这种利益需要是现有权利无法满足的。有学者认为在现代社会中，社会主体基于社会发展需要所提出的新兴权利主张，已展现了"权利的时代"人们权利意识的觉醒，人们用权利话语维护自己的利益和选择，这是法治建设的必然结果。[3]也有学者认为新兴权利的证立来自社会价值的支撑，价值的社会依赖性决定了其现实化需要通过一定形式进行表达，而权利为社会新的价值利益表达提供了可能。[4]

基于以上的论证，笔者赞成新兴权利肯定论的观点，并认为大数据侦查所涉及的新兴类型的基本权利中大多数权利的形态都属于自然权利，其不同于传统类型权利的衍生，具有独立的权利基础与价值。

（二）大数据侦查可能涉及的新兴权利

新兴权利来自不断发展的社会中人们新的利益价值诉求，而时至今日，"随着网络化、数字化、智能化的深入发展，人们渐渐认识到，数据和信息已

---

〔1〕 参见陈景辉：《权利可能新兴吗？——新兴权利的两个命题及其批判》，载《法制与社会发展》2021 年第 3 期。

〔2〕 参见刘叶深：《为新兴权利辩护》，载《法制与社会发展》2021 年第 5 期。

〔3〕 王方玉：《自然、法律与社会：新兴权利证成的三种法哲学路径——兼驳新兴权利否定论》，载《求是学刊》2022 年第 3 期。

〔4〕 朱振：《认真对待理由——关于新兴权利之分类、证成与功能的分析》，载《求是学刊》2020 年第 2 期。

经不再是传统法律框架中的权利客体，而是一种新兴的权利形态。"〔1〕所以数据权成了公民应有且必需的权利。〔2〕数据权利标志着人类数字时代的到来，当前正在步入第四代人权。数据权利成了当前社会中最为显赫的权利。所以在大数据侦查中，所涉及的新兴权利基本以构建在数据权利的基础之上为主。

由于所涉及新兴权利众多并不能详尽所有，所以笔者将可能发生在大数据侦查中的新兴权利进行论述。

1. 数字遗忘权

数字遗忘权最早由维克托在其著作《删除：大数据取舍之道》中提出，但并未给出明确定义。数字遗忘权是否可以成为一种新兴权利就要衡量其是否具有新的独立的权利基础与价值。人类正在进入一个没有遗忘的时代，数字遗忘权在于赋予个人信息主体可以删除关涉自己的个人信息的权利，其强调在于"删除"，而并非"遗忘"，本质上属于信息自决权的范畴。〔3〕数字遗忘权保障的是在数字信息时代人们对于个人信息的控制权利，强化数字遗忘权无疑可以解决当前由于数据不平衡所导致的数据鸿沟的出现。

而从数据遗忘权的立法研究来看，在欧盟被遗忘权已经成为一项法定权利。但是在我国遗忘权还属于理论界讨论的一项应然权利。被遗忘权赋予了数据主体删除个人信息的权利，保护了数据主体的信息自主权，扩大了数据主体信息自主的范围和强度。〔4〕

2. 知情同意权

知情同意权是指数据主体享有知悉数据收集人、控制人的身份和数据处理的目的、用途、规则的权利，并在此基础上享有同意或拒绝他人对其个人数据的处理和使用等。知情权是同意权的基础，知情权的享有和保障需要课以数据收集人和控制人告知数据主体的义务，《中华人民共和国个人信息保护法》（以下简称《个人信息保护法》）第 13 条、第 14 条、第 44 条，等等，欧盟 2018 年生效的《一般数据保护条例》，我国《深圳经济特区数据条例》第 10 条第 3 项、第 14 条和第 16 条，我国台湾地区 2010 年"个人资料保护

---

〔1〕 参见马长山：《数字时代的人权保护境遇及其应对》，载《求是学刊》2020 年第 4 期。

〔2〕 参见李良荣：《世界数据化的广度深度限度》，载《人民论坛》2013 年第 15 期。

〔3〕 参见郑文明：《个人信息保护与数字遗忘权》，载《新闻与传播研究》2014 年第 5 期。

〔4〕 参见段卫利：《新兴权利的证成标准分析——以被遗忘权为例》，载《河南大学学报（社会科学版）》2022 年第 4 期。

法"均明确了数据收集人、控制人的告知义务以及征得数据主体同意的义务。同时，数据收集人、控制人履行告知义务时应当提供明确真实的信息，包括数据控制者（处理者）的身份信息与联系方式，数据保护官的详细联系方式，处理个人数据的种类和范围、目的和方式，存储个人数据的期限等。[1]此外，就数据主体的同意方式而言，鉴于数据收集、控制的隐蔽性等特点，数据主体往往无法知悉其个人数据被秘密采集，以及被采集的程度和使用情况，所以各国和地区倾向于要求数据主体自由作出明示的同意，包括书面声明、签署协议等清楚的积极的同意行为，而且数据主体可以随时撤销同意。

3. 数据修改权

数据修改权又称数据更正权，是指数据主体享有或授权他人修改其个人数据的权利，尤其当发现数据错误或缺失时，以维护数据的真实性和准确性。在大数据时代，数据主体虽然产生数据，但数据被采集后，真正掌控者成为政府或企业，因此数据主体很难修改或更正自己的数据。同时，个人数据是对数据主体属性和行为活动的描述和外在表达，数据失真、滞后或残缺将使数据主体的描述和表达失实，有损声誉。若要保障数据主体的修改权，一方面需要赋予数据主体补充、更正不准确、不完整的个人数据的权利；另一方面应当为数据控制人和处理人设定责任要求，禁止其对个人数据篡改、歪曲。[2]

4. 数据删除权

数据删除权，是指数据主体有权要求数据收集人、控制人删除对其不利或无实际意义的数据。共享数据主要有两种，一种是政府企业收集和利用的个人数据，这是被动的、事务性的共享数据；另一种是用户自己利用社交媒体传播的数据，这是积极的、表达性的共享数据。[3]删除权赋予数据主体删除前种数据的权利，主要基于对数据主体人格、身份的保护，删除后种数据的权利，则旨在数据主体更为有效控制其个人数据。[4]数据主体行使删除权

---

〔1〕 参见欧盟《一般数据保护条例》第13条，我国《深圳经济特区数据条例》第10条第3项、第14条。

〔2〕 参见我国《个人信息保护法》第46条，欧盟《一般数据保护条例》第16条，我国《深圳经济特区数据条例》第24条。

〔3〕 See Graux, Hans, et al. , "The Right to Be Forgotten in the Internet Era", ICRI *Research* Paper, No. 11, 2012.

〔4〕 See Meg Leta Ambrose, Jef Ausloos, "The Right to Be Forgotten Across the Pond", *Journal of Information Policy*, Vol. 3, 2012.

的情形主要有：收集或处理个人数据的目的已实现或已无必要，非法处理个人数据，法定或约定的存储期限届满，自然人撤回同意且要求删除等。[1]删除权在本质上为数据消失设定了时间节点，从纵向限制个人数据的无限流转和处理，保障个人可通过删除不利数据而及时保护自身权益。

　　小结：大数据侦查中的权利来源应当是自然权利与法定权利的结合体。而在其权利保障中应当坚持人本理论为逻辑起点，以人本理论为主旨构建权利保障体系。而在具体的权利保障原则当中，比例原则以及无罪推定原则都成了侦查主体在侦查实践中的具体行为准则。大数据侦查所涉及的权利类型应当建立传统权利的基础之上，并从现有的大数据侦查实践中所面临的现实权利问题进行分类。

---

〔1〕　参见我国《个人信息保护法》第 47 条，欧盟《一般数据保护条例》第 17 条，我国《深圳经济特区数据条例》第 25 条。

大数据侦查中的权利保障问题探析

　　大数据侦查不仅仅是一种新的侦查手段，其背后深层次内涵是大数据技术与侦查权相结合，改变了侦查权力运行的基本逻辑。大数据侦查从技术发展层面来看是刑事司法技术的革新，而在法律规范层面之上其更是一种技术与权力交融之下的新的法律现象。私权利对抗公权力始终都处于劣势地位，在大数据侦查当中技术赋能于侦查权的后果便是在刑事诉讼当中，侦查权的不断扩张导致私权利主体的地位更加趋于弱势，人们的基本权利在这种环境之下亟需强有力的保障。要抓住大数据侦查中权利保障所产生的问题，从权力与权利之间的互动角度进行切入是关键；从大数据侦查的功能与权利保障之间的关系进行问题剖析是重要的支撑点；而从大数据侦查价值与权利的问题分析则是权利保障的根本所在。所以在本章当中，笔者基于以上三个维度对大数据侦查中权利保障的问题进行分析，进而为下文的问题解决进行铺垫。

第一节　大数据侦查权力扩张所产生的权利保障问题

　　在大数据侦查中，侦查行为的行使以国家赋予的侦查权作为背书，其实质是一种侦查权力运行的过程。在宏观层面上，侦查活动是以侦查权与私权利所形成的二元互动关系。但是目前由于我国公安机关特殊的体制结构（既肩负行政职能又承担司法职能）的影响之下，侦查权的属性定位尚未明确，而在侦查权力属性不明确之下，必然会带来侦查权行使的不规范。在"依法侦查"中，侦查主体究竟是依据什么属性的"法"进行侦查，还需要进一步的明确。而在另一方面，不完善的权利体系也导致了大数据侦查中各方利益保障的困难。此外，权力的行使需要进行强力有效的监督，我国目前对于侦查监督的效果亦不容乐观。在侦查监督不力的前提之下，面临大数据侦查监督方面的问题更是捉襟见肘。

一、大数据侦查权力的扩张

权力天生便具有扩张性，所以权力的运行应当有明确的权力边界进行规制。信息技术革命改变了权力的传统形态，权力以一种新的姿态呈现在人类的面前，而以"算力即权力"的权力形态新现象，也造成公民在抗衡国家权力之时更隐微，权利更是处处遭受着多元化的技术权力的侵蚀。[1]权力形态的变化使得权力的范围得到了扩张，原先权力所形成的固有权力边界已被技术权力侵蚀殆尽。而且在侦查领域当中，侦查权力边界不清晰的问题留存已久（传统侦查权力属性尚未明确），而加之技术权力对侦查权进行形态转变，使得大数据侦查权力边界更加得模糊不清。

（一）传统侦查中的权力扩张

在我国的刑事司法活动当中，"侦查中心主义"一直是严重影响侦查行为规范性的"顽疾"。侦查中心主义虽然保证了我国对于犯罪行为的打击力度，保障刑事程序进行的流畅性以及尽可能最大程度地实现刑事追诉的成功，但侦查中心主义构造带来一系列负面效果，甚至背离了我国诉讼程序的设计初衷。侦查是诉讼的第一步，查明案件事实的职能始终是侦查活动的本质。

"侦查中心主义"诉讼制度的影响力贯穿我国刑事诉讼始终，从立案、侦查，到检方审查起诉，到法院受理，最终经过审判作出判决。换言之，侦查结果的影响可以渗透到刑事诉讼每个环节当中，并且其中任何一个环节都是围绕着侦查所建构的案件事实而进行的。那么这种影响自然会导致，一旦侦查环节出现问题，在刑事诉讼当中后续的每一个环节都可能会因为"侦查中心主义"的诉讼构造而出现问题，并且很难纠错。例如，过去受侦查中心主义的影响，在审判环节有时出现"庭审形式化"的情形，通过侦查案卷移送制度，法官庭前阅卷或庭后阅卷进行书面审理，侦查卷宗对于审判结论具有绝对优势地位和决定意义，法庭审判成为对侦查结论的形式审查和确认过程。

---

〔1〕　参见郑戈：《算法的法律与法律的算法》，载《中国法律评论》2018 年第 2 期。

甚至出现了裁判所作出的结论仅仅是为了对侦查所得出的结论进行进一步的认定，导致了侦查主体才是"幕后"真正的裁判者。[1]刑事诉讼结构当中，侦查主体受到了来自其他环节隐形的"支持"，更是"放纵"了侦查主体的行为，导致了侦查行为规范性问题的产生。

1. "侦查中心主义"的病灶在于侦查权无限扩张

侦查权的膨胀导致侦查中心主义难以得到有效遏制。那么为什么我国的侦查可以成为刑事诉讼的重心，究其原因在于我国的侦查终结所实行的标准基本上与起诉标准以及定罪标准大致相同。为改变这一现状，虽然经过一定的努力，但是我国诉讼结构现状仍然是以侦查主义为中心的诉讼结构，其重心还是未得到实质的转变。有学者形象地将我国的刑诉结构比作一个"吃饭的过程"，"侦查把'饭''煮熟'，而检察院将把'饭'送上，对于侦查机关煮好的'饭'，法院还能不吃。"[2]侦查活动完成整个诉讼过程当中的实质任务，导致了刑事诉讼过程就像做饭端饭吃饭的流水式模式，导致了侦查环节成了公检法中最重要的一个环节，在各机关之间重配合、轻制约，重打击犯罪、轻保障人权的思维影响之下，侦查行为必定会在一开始便产生偏移，在过程当中检察机关与审判机关更是对行为偏移的方向发挥了推波助澜的作用。其中高达 99.7% 的定罪率直接鲜明地反映这个现象。[3]

2. 审判机关沦为侦查的"服务机关"

"侦查中心主义"严重影响了审判机关独立行使审判权。审判机关审判权缺乏独立性，弱化了通过裁判权制约侦查权的作用，进而助长了侦查主体在行为思维上的偏离。我国刑事诉讼结构的构建主要是诉讼阶段论，每个诉讼阶段都是一个相对独立的过程，而我国的现状则是侦查活动范围膨胀，完成了大部分诉讼阶段中的任务。有的学者鲜明地指出了这种制度所存在的设计缺陷在于侦查环节作为刑事诉讼的开端，已经将案件进行了全面、实质调查，并作出结论，虽然审查起诉与审判活动可以起到一定的质检作用，但是效果甚微。

"侦查中心主义"还有一种以案卷笔录中心主义的审判方式，这种审判方

---

〔1〕 参见杨亮：《侦审关系论》，中国人民公安大学 2017 年博士学位论文。
〔2〕 参见张建伟：《审判中心主义的实质内涵与实现途径》，载《中外法学》2015 年第 4 期。
〔3〕 参见陈瑞华：《论量刑建议》，载《政法论坛》2011 年第 2 期。

式导致了法院的审判活动成了侦查机关案卷材料的审查和确认的过程，导致审判活动被架空。[1]尤其在非法证据的认定过程中，审判机关虽然起到了一定的"质检"作用，但是在侦查当中由于已经全面、实质地进行了案件调查，导致了各种证据原则上是不受挑战的。[2]而这种情况下，审判机关面对一些有疑点的案件当中，由于审判权的保障出现了问题，审判机关在抉择上往往面临着巨大的压力，来自侦查机关、控诉机关，以及政法委部门的政治压力。这导致法院往往不得不采取折中的处理方式，以"疑罪从挂""存疑从轻"的案件处理方式进行勉强应对。这种以侦查中心的诉讼构造严重地阻碍我国司法活动的发展。而这种诉讼构造也直接影响了侦查行为的方向，造成了侦查行为规范性问题的产生。

侦查权缺乏必要的限制，必然会造成侦查人员行为的恣意性。面对上述侦查中心主义所带来的侦查行为合法性的危机，我国也进行了一些改革，我国从 1996 年就开始着手解决侦查中心主义所造成的审判流于形式的问题，通过对《刑事诉讼法》进行修正，强化庭审中心主义以及增强对侦查权力的控制，但这些修正所带来的附随效应还需要在长期的实践中考察，如何对侦查权进行必要限制，长效改善庭审流于形式的局面应始终受到学界和实务界的共同关注。

如何应对"侦查中心主义"所带来的影响，主要的解决方法还是以转移整体刑事诉讼的结构，将中心转移到以审判为中心的环节之上。而以审判为中心不仅仅是对于庭审实质化的重心转移，实质上更是对于侦查权的控制以及对于刑事诉讼的整体结构的调整。"审判中心主义"其中包含着丰富的内涵，对于刑事司法变革的价值和意义也要大得多，对于侦查行为的合法性方向引导具有重要的意义。

（二）大数据侦查权力属性不明晰导致权力扩张

权力属性定位不明确会传递到整个权力运行的过程当中，而侦查权的权力属性不明确不仅仅导致了传统侦查活动当中的法规范性缺失，而且其还会影响大数据侦查当中侦查权的运行。侦查权的属性定位可谓研究大数据侦查中权力保障的关键，只有把握侦查权的权力属性才能有效厘清权力界限进而

---

〔1〕　参见陈瑞华：《论侦查中心主义》，载《政法论坛》2017 年第 2 期。
〔2〕　参见陈瑞华：《论侦查中心主义》，载《政法论坛》2017 年第 2 期。

保障权利。而目前我国对于侦查权的属性定位却未加以明确，学界对其属性定位也争论不休。而针对侦查权权力属性的归属以及判断标准学界也进行了激烈的争论。

侦查权的权力属性，决定了大数据侦查引导的侦查活动的规范性评价。由于我国公安机关拥有行政执法与刑事侦查两大职权，这导致了对于侦查权的定位较为模糊。在学界中围绕着侦查权权力属性究竟属于哪一类权力至今尚无定论。

1. 侦查权属性的界定的纷争

侦查权的权力属性是侦查学研究的重点，而其属性之争也是大数据侦查研究的难点之一。当前，学界对其属性之争在于侦查权属于行政权还是司法权。1996 年《刑事诉讼法》修改之前，相关研究者普遍将侦查权的属性定位为司法权。1996 年《刑事诉讼法》修改以后，他们又认为"侦查权本质上是行政权"或"侦查权性质上是行政权，但带有一定的司法化倾向"，而后这种观点又演化为侦查权属于行政权或其两种属性兼备，即侦查权兼具行政权和司法权的双重属性。[1]

侦查权属于司法权的论点在于侦查权具有司法属性。一些学者认为，侦查权具备国家司法权的性质。赞成这种观点的学者多从侦查权的"立法规定""实际运作过程""为起诉和审判做准备""侦查权具有不可诉性"等维度论证得出此结论。[2]例如，侦查权具备司法权属性是由侦查权的发动方式决定，侦查程序以被动的方式为主的特性符合刑事审判的不告不理原则。[3]侦查活动的主要内容表现为调查、揭露事实真相，控制、保全犯罪嫌疑人和证据，它隶属于司法活动，因而，侦查职能是司法职能的重要组成部分。此外，侦查主体属于司法主体或准司法主体，侦查权均被视为司法权的表现。[4]还有学者认为，侦查权属于司法权的重要组成部分的原因还有三种。一是侦查是刑事诉讼的重要环节（公诉案件在全部刑事案件中占比较大）。二是司法权隶属于裁判权的观点存在逻辑缺陷。三是侦查活动的特殊性无法掩盖侦查权的

---

〔1〕 参见廖明：《侦查权的性质与配置研究述评》，载《山东警察学院学报》2011 年第 1 期。

〔2〕 参见张军：《论侦查权的概念及性质》，载《吉林公安高等专科学校学报》2006 年第 5 期。

〔3〕 参见张玉镶主编：《刑事侦查学》，北京大学出版社 2014 年版，第 13 页。

〔4〕 参见宫万路、杜水源：《论侦查权的概念》，载《江苏公安专科学校学报》2001 年第 1 期。

司法属性。[1]另有学者指出，从追究被告人刑事责任，启动国家刑罚权的控告职能角度而言，侦查权本质上隶属于公诉权。究其原因，一是两者的行为趋势相似，目的皆是惩罚犯罪分子；二是两者都是国家授权并告知对方的对抗。[2]但也有学者指出，公诉主体虽参加诉讼，其不是诉讼法律关系中具有决定权的一方，因而其不是司法权的主体。[3]还有学者指出，在中国现行的体系下，检察权被界定为司法权，但就其权力性质来说，应该属于广义上的行政权。因为对公诉权性质认识的不同，使得这些学者对侦查权的性质的界定也有所不同。

侦查权属于行政权说的论点在于"侦查权从本质上分析应当属于行政权，因为侦查权与行政权都侧重于管理，而且都追求权力自身利益"。[4]持"行政权本质说"的学者多从不同的视角定位侦查权的属性，这可分为三种不同的观点。其一，有些学者基于侦查权的执行主体为警察，而警察属于行政人员而认为侦查权应当属于行政权，而且在刑事诉讼当中警察往往担负着"执行"的职责，更是行政权才具有的特点。[5]公安部门因为其属于行政机关的管理序列，就可以据此判断其所关联的行为应当具有行政性，那么自然而然这些工作当中也包含着刑事案件的侦查。所以侦查权的本质属性应当是行政权，并没有司法权的属性。[6]这种观点主要是从公安机关的管理结构并结合侦查权的执行主体的属性对侦查权属性的判断，认为侦查权属于行政权。其二，有些学者通过对比行政权与司法权的不同特性，归纳两者的属性差别，进而认定行政权包含侦查权。其三，有些学者通过分析侦查权的特点来阐释其具有较强的"行政性"。例如，有学者批驳了侦查权属于司法权的观点，认为其是在传统注释法学研究视域下对国家现行法相关表述的一种认同。从法律意识角度讲，默认"公检法"三机关这样的表述，也就默认了它们在刑事诉讼活动中是国家统一刑事司法任务的履行者，忽视了它们的差别，忽视了它们在程序结构中占据的不同地位，也忽视了司法活动具有的鲜明特征。这

---

[1]　参见张孝刚：《侦查权性质论纲》，载《公安研究》2007年第11期。
[2]　参见徐美君：《试论侦查权的重组》，载《政治与法律》2000年第5期。
[3]　参见但伟、姜涛：《论侦查权的性质》，载《国家检察官学院学报》2003年第5期。
[4]　参见张崇波：《侦查权的法律控制研究》，复旦大学2014年博士学位论文。
[5]　参见徐美君：《侦查权的运行与控制》，法律出版社2009年版，第39-43页。
[6]　参见何明凤、蔡家华：《我国侦查权性质探析》，载《新余学院学报》2015年第4期。

些学者通过阐释行政权与司法权的差别，并结合侦查权独有的特点，归纳了行政权包含或者基本包含侦查权的观点。他们认为，行政权具有主动行使性、效率优先性、职能倾向性，其本质是执行，注重结果的实质性。然而，司法权则具有中立性、公正优先性、被动适用性，本质上是"判断"，注重过程的形式性。[1]

侦查权的双重属性权说的论点在于侦查行为是一种准司法行为，兼具行政和司法属性。一些学者认为，单纯的行政权说或者是司法权说都不能完整地归纳侦查权的属性，所以侦查权的性质属于双重属性说。因为我国的公安机关承担着司法与行政的两大职能，所以按照公安机关的管理权限来说，既有行政权又有司法权。[2]一些学者从权力的基础特征进行了分析，认为行政权和司法权的核心特征是"扩张性"和"内敛性"。侦查权是以"执行"为主要特征的行政权兼具司法权。侦查权处于刑事诉讼过程，是专司刑事侦查的权力，为司法审判收集裁判证据、奠定裁判基础，而之所以与司法权连接紧密，是因为实施司法判断需要借助行政力量才能完成。[3]一些学者指出，侦查权从本质属性的角度来看，应当属于行政权，但是其还具有国家赋予的司法权限职能，而侦查权的发展方向主要是如何解决非司法化。[4]

还有一些学者认为，在刑事司法程序中，侦查权的特殊地位和功能决定了其具有行政性与司法性。一方面，侦查权的行政性特征是因为侦查权与犯罪行为之间相联系。犯罪行为是一种反社会行为，对社会造成了非常大的危害，侦查行为作为刑事司法程序的首要环节，与犯罪行为密切相关。侦查权的核心功能在于打击犯罪，阻止其造成扩大化的严重后果。侦查权的这个功能具有排除危险性，保证公共安全的作用，而这与行政权的功能不谋而合。另外，侦查权的司法性特征与公诉权、审判权密切相关。虽然，侦查权的行使有其自身独立的目的，即为了查证犯罪嫌疑人的犯罪嫌疑，以确定是否要提起公诉，但一旦查明犯罪嫌疑人可能的犯罪事实并提起诉讼，侦查无疑就在客观上具有为了审判做准备的性质。为了保障审判权的公正行使，侦查权本身也必须具有司法权公正、独立的部分特征。侦查权的独立、公正是审判

---

[1] 参见毕惜茜：《论我国侦查权的性质》，载《江西公安专科学校学报》2004 年第 2 期。

[2] 参见张玉镶主编：《刑事侦查学》，北京大学出版社 2014 年版，第 12—13 页。

[3] 参见樊崇义、刘辰：《侦查权属性与侦查监督展望》，载《人民检察》2016 年第 Z1 期。

[4] 参见黄豹：《侦查权力论》，中国社会科学出版社 2011 年版，第 52—53 页。

权独立、公正的必要前提。[1]

通过以上的侦查权权力属性的争论，侦查权力属性不论是在理论层面抑或是在实践层面，都没有明确的定论。

2. 侦查权与行政权的边界关系不明确

侦查权与行政权两者权力边界关系不明确也反映了侦查权力边界的不明晰，而这种现象也导致了侦查权力无法得到有效的控制。在传统的侦查中，两者权力边界关系不明确容易导致权力的相互交换适用，而在大数据侦查权力的运行中，此种情况容易导致本应当属于司法属性的侦查权产生了行政逻辑泛化，引发司法风险。而且侦查机关在行政化管理机制的影响之下，侦查主体容易将"业绩""考核"等功利性的目标与侦查目标进行挂钩，也导致了权利保障的失位。

（1）传统侦查权与行政权边界关系不明确所产生的问题

在传统侦查中，侦查权的权力属性不明确，容易产生权力行使不稳定的现象。侦查主体进行的侦查行为容易出现规范性问题。既有侦查主体利用行政权代替侦查权的，还有利用侦查权替代行政权的现象。这种情形之下，都是违背侦查规范的。

a. 行政权替代侦查权

侦查主体在行为之时，出现了利用行政权代替侦查权的现象。那么导致侦查行为当中出现类似规范性问题的原因是侦查主体为了摆脱侦查程序中的各种限制，在收集证据时会优先使用行政手段。侦查主体不仅保证刑事案件的破案率，而且还会采取合法手段巧妙地避免在侦查程序中收集的证据被非法证据规则排除，这极大地保护了侦查机关所掌握的证据，为后续破案率提供了有效的证据保障。

b. 侦查权替代行政权的现象

在侦查行为中，也出现了侦查主体利用侦查权替代行政权的现象。侦查主体通常会提前介入到行政执法中，而这样做的目的是侦查主体可以将本来具备刑事立案标准的案件，在不用立案的情况下，便可以进行实质的侦查行为，这样不仅可以更好地查明案件事实，还可以避免侦查期限对查案过程限制。这种现象不仅出现在侦查主体办案过程中，而且在公安机关中也出现了

---

〔1〕　参见谢佑平、万毅：《刑事侦查制度原理》，中国人民公安大学出版社 2003 年版，第 167 页。

侦查活动参与者不符合法定身份的现象。公安机关的执法人员为了避免成为行政诉讼的对象会借助侦查手段对一般的治安案件进行处理。

（2）大数据侦查当中权力属性不明确所产生的权利保障问题

侦查权权力属性的不明确会传递到整个侦查活动的运行当中，实践中的大数据侦查存在行政逻辑过剩的问题。[1]大数据侦查当中权力属性的不明确从而导致运行过程中出现行政逻辑泛化的根本原因在于我国在法律规范层面并没有提供足够的司法逻辑运行依据。大数据侦查权作为侦查权的一部分，虽然其在各个方面都拥有区别于传统侦查的特点，但是其行为背后的权力运行却不能违背侦查权运行的一般规律。有学者指出侦查权运行中要遵循以审判为中心、程序法治、公权制约、权利保障等刑事司法的一般规律。[2]而在当前侦查权权力属性不明确的背景下，侦查权究竟应当如何定性，以及侦查权应当按照怎样的一般规律运行，都成了当前大数据侦查与权利保障必须面对的问题。而如果在大数据侦查的运行过程，行政逻辑高于司法逻辑便会带来一系列相应的司法风险，而这种司法风险带来最直接的问题便是如何有效地保障权利。

（3）侦查机关行政考核机制对权利保障的影响

规训与惩罚成了大数据侦查背后真正的权力逻辑关系，而这种权力逻辑关系极易导致侦查主体受到压力型考核指标以及个人升迁等非理性因素的制约。[3]侦查机关中的考核机制直接与侦查主体的"功利"挂钩。而这种"功利"也会对于侦查人员的行为心理产生影响，进而影响大数据侦查的规范性。为什么破案率可以影响到大数据侦查的规范性，究其原因在于破案率是绝大侦查机关工作业绩当中最主要评判指标。在这种情况的影响下，侦查机关往往为了保证破案率，而采取违规的行为。比如上文中所提的侦查权与行政权相互替换的现象。

这种破案率还会给侦查人员带来沉重的压力。在这种压力的逼迫之下，侦查人员破案心切，自然会对行为产生影响，产生致罪倾向，造成行为合法

---

〔1〕 参见张可：《大数据侦查之程序控制：从行政逻辑迈向司法逻辑》，载《中国刑事法杂志》2019 年第 2 期

〔2〕 参见卞建林、张可：《侦查权运行规律初探》，载《中国刑事法杂志》2017 年第 1 期。

〔3〕 参见刘小庆：《从"权力监督"到"权利制约"：大数据侦查法律规制的理性之维》，载《重庆大学学报（社会科学版）》2022 年第 2 期。

性方向偏移。侦查主体所承担的不当破案压力是致错动因，一旦遇到特殊的案件，侦查主体的压力便会骤然飙升。"破案有功、不破案受罚"的情势导引下，个别侦查人员采取了刑讯逼供等非法的侦查手段。[1]

3. 侦查权力与"技术权力"之间的位阶顺序混乱

"算法权力既是一种私权利客体，也是一种新型公共权力形态。随着时间推移，算法必将在一段时间里保持权利和权力并存的双重属性状态。"[2]算法正在摧毁传统的"权力—权利"体系，它正悄然地侵蚀正义、平等与自由。"算法权力正在逐渐形成一种准公权力，使得传统的权力格局发生了权力主体中心化、权力作用范围的延展化和权力互动的双向化之变迁，改变了原有的权利—权力格局。"[3]

4. 数据赋能之下的侦查算法权力

大数据侦查权所存在的便是在应用大数据技术后，其权力的范畴发生了变动。侦查权以数据赋能的姿态展现在社会面前，这种的"崭新"侦查权与权利（传统、新兴权利）之间都产生了新的问题。[4]

大数据侦查权是一种技术权力，芬伯格认为技术的使用呈现出一种双面现象，即在操作者与技术之间所形成的是以人为基础的技术权力行为的实施。[5]在大数据侦查中侦查主体作为算法权力的操作者，结合权力自身的扩张性便具有了天然进攻性与逐利性。进攻性表现为对于犯罪的提前预测、提前打击等方面；而逐利性则表现为侦查主体重视对犯罪打击、犯罪控制的效率、追逐侦查体制内的业绩考核等。伴随着侦查模式从被动向主动转型以及侦查效率的大幅提升，大数据侦查的算法权力带来了诸多异化风险，侦查权扩张性更加明显以及侦查功能异化导致了在大数据侦查中权力—权利格局的失衡。

（三）大数据侦查权力运行规范缺失易导致权力扩张

大数据侦查技术权力异化的原因在于法律与技术之间的关系无法实现有

---

[1] 参见刘品新：《刑事错案成因考量》，载《人民法院报》2010年7月23日，第7版。

[2] 参见唐亦可：《论人工智能时代算法的法律规制》，载《时代法学》2022年第2期。

[3] 参见郭哲：《反思算法权力》，载《法学评论》2020年第6期。

[4] 参见赵一丁、陈亮：《算法权力异化及法律规制》，载《云南社会科学》2021年第5期。

[5] 参见［美］安德鲁·芬伯格：《技术批判理论》，韩连庆、曹观法译，北京大学出版社2005年版，第16-18页。

效的对接。法律具有滞后性的特点决定了法律无法提前形成有效的规范体系对大数据侦查权力进行有效的制约。

1. 法律具有滞后性

法律具有滞后性的特点决定了法律对于算法的规制始终处于落后的位置，法律对于算法的规制落后是一个客观事实。而算法的发展则进一步地加剧了两者之间的差距，算法技术的发展超越了以往任何一种技术形态，技术发展与法律回应的速度差陡增。

2. 大数据侦查技术权力的功利性特点

大数据侦查技术权力的功利性特点决定了其极其容易与法律规范产生冲突。

首先大数据侦查权力具有单向功利性的特点，而这种单向功利性与法律中的利益均衡产生了矛盾。因为每一项法律命令背后都表达着一种利益冲突，进而通过法律调整一定的利益关系。[1]大数据侦查的单向功利性便是追求最大化的效率价值，所谓"欲速则不达"，在追求效率价值最大化的过程中，侦查主体难免会因为大数据技术所带来的成效而盲目极端，忽视侦查活动应当实现多种价值的均衡，在实现侦查效率价值的同时，侦查效益价值便会"沦丧"。

侦查行为作为一种法律规范的适用行为，应当坚守法律价值的主旨，而利益平衡是法律价值构造的内核。大数据技术所代表的利益与法律对利益的定位显然不同，资本利益的最大化，是技术权力的唯一追求。大数据技术权力在谋取"正当化"的过程中，单向逐利，在缺乏法律规范的有效制约之时，必然会侵犯人民的基本权利。

（四）数据"私权力"的入侵易导致侦查权力的扩张

在现代性的国家—社会、公权力—私权利二元结构发生了结构性的变化，出现了以公权力—私权力—私权利的三元结构及其社会关系，而私权力主体所掌握的海量信息和智能算法，大数据杀熟、算法歧视、算法黑箱等问题给权利保护带来新难题和风险。[2]随着数字信息时代的到来，侦查中所构成权力—权利之间的关系也随同侦查权权力的变化产生了变化。数据类型权力的强势介入影响了原有的权力与权利之间的关系，而在侦查中私权利的作用并

---

〔1〕 参见李帅：《论作为法学方法的利益法学》，载《法律方法》2021 年第 1 期。
〔2〕 参见马长山：《数字时代的人权保护境遇及其应对》，载《求是学刊》2020 年第 4 期。

没有直接地作用于权利主体，而是与侦查权进行结合，形成侦查权、"私权力"与权利之间的构造格局。

1. 侦查机关并不能完全地掌握大数据技术

侦查机关并不能完全地掌握大数据技术，导致了侦查机关在进行大数据侦查时，必须依赖于侦查机关以外的主体进行辅助，这就导致了数据"私权力"极易入侵侦查权力的结构体系。在大数据技术的来源问题上，侦查机关对于大数据技术的利用，是外部机构抑或技术垄断平台赋予的。这些外来来源机构对算法判断的信任与采用，即间接地成了侦查主体的信任与采用，外来来源机构使算法拥有了拟制决策、直接决策的权力，也就有可能入侵到侦查权中。

2. 侦查机关掌握犯罪相关的数据有限

侦查机关并不能掌握犯罪相关的所有数据，产生了数据"私权力"的入侵。究其原因在于随着信息革命的不断深入发展，在社会上形成了多元化的数据收集主体，动摇了原先侦查机关在犯罪数据的垄断地位，与犯罪治理相关的信息一方面在社会范围内分散分布，另一方面又时刻为特定主体传输、收集、处理，由此形成了信息的动态集散，尤其明显地表现为三种类型的主体：以行政机关和司法机关为代表的国家权力机关；以网络信息业者为代表的互联网企业及相关联盟；社会公众及其相关组织。

3. 数据"私权力"入侵的根源——算法黑箱

算法黑箱不仅仅是一种大数据技术的算法运行过程，其也会影响算法权力产生变化。算法不透明所产生的不可控性为算法权力的异化提供了根本性可能。"黑箱"庇护下，算法自主性权力无目的地肆意妄为。无监督式学习的情况下，算法无任何人为干预，完全自主决策，输入和输出两侧均不可知，整个算法决策的流程处于闭环黑箱状态。[1]这也导致了侦查机关如果在无法掌握大数据技术的前提下，对于犯罪分析、预测所进行的黑箱运行并不能进行实质性的"插手"行为，这种现象也会为数据"私权力"的入侵留下空隙。

---

[1] 参见赵一丁、陈亮：《算法权力异化及法律规制》，载《云南社会科学》2021 年第 5 期。

二、权利保障体系的不完善

在大数据侦查权与权利所产生的诸多问题之下，大数据侦查权力扩张的另外一个原因在于私权利自身并没有形成一个完善的体系，私权利自身体系的不完备不能有效限制大数据侦查权力扩张，这也导致了权利保障问题的产生。

（一）权利保护的理论供给缺陷

侦查权在技术赋能的基础上权力不断扩张，而权利的保障体系也未能如大数据侦查权一样，在技术发展的大环境下实现有效的发展，这也是目前我国大数据侦查当中权利保障的另一个重要问题。一些新兴的权利的保障尚处于理论研究中，而大数据侦查却已经进入了司法实践当中，侦查权的运行与权利的保障并不平行在一个维度当中，权力的运行缺乏有效的法律规范进行控制，权利的保障也并没有得到足够的支撑。

1. 我国新兴权利的研究还处于理论沙盘演绎阶段

我国在一些新兴权利的研究中尚处于理论探索阶段，才造成了需要现实保障的权利得不到足够的理论供给。伴随着数字信息时代的到来，社会中人们为了自己新的利益得到有效保障的正当性，进而呼唤新的权利的诞生来实现利益的保障，这也引起了学界对于新兴权利的关注。

（1）新兴（型）权利的概念理解

首先，在学界中对于新的权利有些学者称其为新兴权利，而有些学者称其为新型权利。在大多数的研究当中，学者们对于两者之间的概念并没有争议，认为只是语义表达的差异，是一种对于社会中新权利产生的概称。但是也有学者认为新兴权利并不等同于新型权利，新兴权利并不是法定权利，而是存在于法定权利之外，产生于社会中的一种权利。[1]

（2）关于权利的新与不新的争论

新兴权利是否可以证立，以及"新兴权利"是否可以称之为新，是学者们首先关注的问题。围绕着新兴权利是否成立形成了两大学说：否定论与肯定论。其中围绕着肯定新兴权利的学者占大多数，有学者认为正是由于不同

---

[1] 参见谢晖：《论新兴权利的一般理论》，载《法学论坛》2022年第1期。

路径对于新兴权利的证成，反映了新兴权利产生的合理性，新兴权利概念和理论的产生也是权利话语对社会现实的解释力的一种表现。[1]还有学者认为新情境需要新兴权利，法律权利与道德权利虽然有着概念上的必然联系，但并不等同，这为新兴法律权利的存在留下了空间，新兴权利是存在的，是个有效概念。而在否定论当中，有学者认为如果新兴权利已经存在，那么它就不是新兴的权利了，新兴权利的新与不新是以其存在与不存在进行讨论的。[2]

不论是关于新兴（型）权利的研究抑或是新兴权利是否能得到证立的讨论，都从侧面反映了我国在新兴权利理论研究方面的迟滞，权利理论研究尚未进入体系化、规范化的研究中，权利保障也无法在社会实践中进行深入探讨。

2. 权利研究的理论不足以支撑侦查实践

尤其是在以犯罪为中心的侦查领域当中问题显现得尤为突出，权利保障理论远远落后于科技侦查实践的发展，导致了人们的相关基本权利在没有任何征兆的情况就已经被侵犯。而更加严重的情况是，诸多新兴的权利并没有明确的定义，导致了在探讨权利侵犯时，究竟是否侵犯了权利以及侵犯哪种权利都存在极大的争议。

其中以大数据侦查领域中学者最为关注的隐私权以及个人信息权为例，在前文的学者研究当中，不乏学者对大数据侦查所涉及的隐私权与个人信息权的研究。而在规范层面上，对于隐私权以及个人信息权的保障都集中在了《民法典》等部门法当中，而这些部门法对于权利保障的规定虽然为侦查人员在界定权利概念之时提供了一定的参考，但是约束力却并不明显。

而且就单单从隐私权的发展来看，在数字信息的影响下，其所包含的范畴也发生了明显的变化。隐私权最初保护的是与个人私生活有关的信息不受公开以及属于私事的领域不受干涉，其所关涉的空间也集中在了个人的物理空间之中。而在数据信息社会中，由于传统人的隐私不仅仅局限于物理空间之中，也导致隐私权的范畴发生了变化，诸多隐私问题必然与信息发生种种

---

[1]　参见王方玉：《自然、法律与社会：新兴权利证成的三种法哲学路径——兼驳新兴权利否定论》，载《求是学刊》2022年第3期。

[2]　参见陈景辉：《权利可能新兴吗？——新兴权利的两个命题及其批判》，载《法制与社会发展》2021年第3期。

关联。

而且纵观美国隐私权的发展，其采取以隐私权一并保护个人信息的"大隐私"模式，这种研究范式导致了隐私权与个人信息权的保障出现了混同，将隐私解释为对个人信息的控制，个人信息在本质上就是一种隐私。在美国法上，隐私权所保护的内容极其宽泛，甚至被学者称为"大杂烩"。[1]但严格意义上的数据并不能简单等同于个人信息或者隐私。隐私、信息与数据在使用上存有内在矛盾，因此引发权利设定之偏差，导致权利保护和法律论证的双重难题。[2]

（二）权利保障的法律规范体系不完善

权利的研究不能停留在理论阶段，权利保障的途径是应当将其升级为法定权利进而谋求法律规范的强制性保障。而从我国目前的法律规范中，对于权利保障的法律规范体系也并不完善。我国重视个人信息的保护以及数据安全，就数据保护的相关问题进行了立法，但相关法律法规呈现出立法"碎片化"的特征，体系并不完整，关于数据权利的立法保护散见于法律及司法解释、行政法规、地方性法规、部门规章及其他规范性文件。

（三）权利保障调整范围有限

在隐私权和个人信息权的保障层面上，法律规范调整的范围有限。主要表现为目前我国对于上述权利的调整主要集中在了私法领域，公法领域调整除了宪法的原则性规定之外，其他法律并没有具体的明文规定。在前文的论述当中，不乏学者对大数据侦查所涉及的隐私权与个人信息权进行研究，而在规范层面上，对于隐私权以及个人信息权的保障都集中在了民法等部门法当中，而这些部门法对于权利保障的规定虽然为侦查人员在界定权利概念之时提供了一定的参考，但是约束力却并不明显。

但是随着数字信息时代的到来，以私法领域对于权利保障进行的规制，并不能足以支撑社会生活中人们对于权利保障的诉求，尤其是在大数据侦查

---

〔1〕 参见申卫星：《数字权利体系再造：迈向隐私、信息与数据的差序格局》，载《政法论坛》2022年第3期。

〔2〕 参见韩旭至：《信息权利范畴的模糊性使用及其后果——基于对信息、数据混用的分析》，载《华东政法大学学报》2020年第1期。

中，侦查行为对于权利的侵犯已经涉及了公法指涉的范畴。而纵观我国公法领域，仅仅以宪法原则性的调整并不能足以实现权利的保障。

（四）权利主体的数据赋权迟滞

在数字信息时代，不论是传统的权利抑或是新兴权利都呈现出数据化的特点，其中隐私权的保障也随着信息数字时代发生着变化，最早隐私权的保障局限在物理空间内，对其保护的方法则是通过限制强制性的物理侵入，而伴随着数据信息的发展，隐私权的保护也从私有空间转向了公共领域，以隐私的合理期待为主旨的公共暴露，其所强调的是从关注"场所"转向关注"人"。所以目前权利的研究在以人为中心的数据赋权之上出现了迟滞现象。

三、大数据侦查监督乏力

如上文所叙述，侦查权权力属性的不明确会传递到侦查过程的每一个环节，而权力监督的不力也会导致权力整体运行的规范性难以得到有效的保障，权力整体规范性的缺失也直接导致了权利保障问题的产生。在传统刑事诉讼结构当中，"以侦查为中心"的结构注重于以侦查实现实体正义的偏向，虽然在犯罪打击中取得了巨大的成效，但是也导致了对侦查权的监督较为薄弱，产生了诸多权利保障的问题。而在大数据侦查当中，原先对于侦查监督不力的问题被进一步放大，并且衍生一系列新的问题。

（一）传统侦查监督问题

侦查监督不力导致侦查权的控制乏力，在司法实践当中，大数据时代到来前传统的侦查监督就已经出现了侦查权控制乏力的现象，有学者指出检察机关由于职能定位的失衡，片面地强调检控犯罪的同时就会出现忽视保障人权，忽略罪轻、无罪的证据等现象。[1]

侦查主体在缺乏有效的监督之时，其决策行为便会产生"恣意"。而我国现有的侦查监督制度主要以事后救济为主，而事后的救济作用发挥比较慢，控权具有天然的滞后性，效果不明显。而当前对于侦查决策的监督力度明显

---

[1] 参见叶燕培：《新形势下侦查监督之价值重构》，载《人民检察》2018 年第 4 期。

不足，缺乏有效的监督便会造成侦查机关在获取案件事实真相的过程中出于成本—收益的考量，往往会最大限度地追求侦查效益，但是注重最优侦查效益的捷径便是对侦查权最少的限制，更有的学者将其称为"自由地发现真相"。[1]侦查主体在侦查当中越是缺乏足够的监督，其决策行为便会越来越自由，最终极有可能导致侦查决策规范性问题的产生。

那么为何在侦查监督问题上，会造成如此的困境，究其原因有以下几点：

1. 侦查的非公开性

侦查的非公开性的特点决定了对侦查决策进行监督面临重重困难。侦查的运行采取秘密形式，如果公开的话便会导致侦查情报泄露，便影响整体侦查活动的有效开展，更进一步言之，公开的内容如果被犯罪嫌疑人等相关人员不法地利用，后果不堪设想。而且侦查的非公开性其目的还要保证和维护法官在审判时能不受外界的不当干扰，以进行独立的审判。侦查的非公开还在一定程度上考量了人权保障的问题，因为即使是犯罪嫌疑人其相关的基本权利也必须加以有效的保障。

侦查活动的秘密性，导致外部力量只能从侦查的局部领域进行监督。在侦查内容的绝对隐秘性的基础之上，从侦查程序性方面则可以完善对于侦查决策的监督。而相对于侦查内容上的决策监督只能从内部的监督进行展开。

2. 司法机关监督乏力

检察机关和法院主要对侦查机关所获取的证据进行审查，但对于侦查活动的全过程缺乏有效监督和制约。侦查活动作为一种发现事实的司法活动，证据对于侦查是关键的存在，侦查作为刑诉程序的第一环节，为之后的诉讼程序进行必要的前期准备。侦查活动中取证的环节则必须依靠诉讼法的规定进行，而且受到各方的监督，如果侦查机关所取得的证据程序违法，则由非法证据排除规则进行规制，如果侦查机关所取得的证据没有形成证据链，证据的证明能力不足则由检察机关和法院进行层层把关。实践中部分侦查活动也是利用这些规则中的一些漏洞进行取证，从而规避制约，而在实践中往往因为监督不力，侦查阶段取证不规范而导致最终的冤假错案。[2]

然而现有的监督方式是否能够防范冤假错案，如何对侦查活动的过程进

---

〔1〕 参见詹建红、张威：《我国侦查权的程序性控制》，载《法学研究》2015 年第 3 期。

〔2〕 参见张泽涛：《论公安侦查权与行政权的衔接》，载《中国社会科学》2019 年第 10 期。

行监督，立法却明显不足。检察机关如果发现了存在违法取证等侵犯犯罪嫌疑人权利的行为，检察机关可签发《纠正违法通知书》责令侦查主体进行改正。但是，这种方式的监督却被侦查机关规避，在上文中所提及的侦查主体可以利用行政权代替侦查权，监察机关在这种情况之下，在监督层面之上便"无计可施"。

面对此问题，有学者也提出了自己的担忧，面对当前监督形势，如果不尽快地进行有效修正，《刑事诉讼法》中"限制公权力、保障公民权利"的基础功能便会逐渐减弱。[1]侦查权作为国家公权力，如果不进行有效限制和规范，权力的扩张必然会导致侦查人员在决策层面的"恣意"泛滥，顽疾难愈，导致在侦查权的运行当中公民权利难以得到保护的现象加重。

（二）大数据侦查权监督所存在的问题

如果说在"侦查中心主义"之下，侦查权呈现的是一种显性扩张，那么在大数据侦查当中，由于其所拥有的特征属性的影响，呈现的是一种权力的隐性扩张，即主要是指在法律规范层面没有对于侦查机关职能权限予以认可的情形下，侦查机关却在实践当中已经使用了相关的职能权限。"数字个体'作茧'的过程同时是数字权利流失的过程，在数字权利缺位的前提下，'数据铁笼'这一以权力监督权力的数字制衡机制存在不足。"[2]

侦查权隐性扩张不同于显性扩张，其扩张更加难以察觉，从而也加大了对于侦查权监督的困难。大数据侦查权的扩张是大数据侦查需要控制的最主要的原因之一。大数据侦查自身的技术特点也成为监督的难题，如何通过监督实现大数据侦查权的控制面临着多种困境。

1. 以书面形式为主的检察监督无法有效实现对大数据侦查权的控制

在传统检察机关对于侦查监督的不力也会传导于大数据侦查领域的监督当中，在大数据侦查中检察机关的监督效果也不甚明显，而监督乏力的原因也会夹杂着"大数据"的色彩。其中有学者指出了大数据侦查监督不力的原因：以书面方式呈现的检察监督无法有效识别违法数据，且相关报捕材料、案卷材料在公安机关的提前"过滤"下已经难以有效地审查数据证据的真实

〔1〕 参见王星译：《刑事侦查法规范目的的"话语转换"》，载《南大法学》2021年第3期。
〔2〕 姚尚建：《数字治理中的权力控制与权利破茧》，载《理论与改革》2022年第3期。

性、合法性。[1]一方面检察机关对于侦查监督的范围较小，在司法实践当中，检察机关是通过外部的方式实现对侦查的监督，而这种外部监督又只是集中在审查批捕、审查起诉等规定性节点上，这就导致了对于侦查监督的效果减损。而在大数据侦查监督之中，由于大数据技术的应用，使得对于侦查监督的难度提升，而且数据来源的方式多元更是增加了对于侦查监督的难度。

2. 基于大数据技术的特殊性无法进行有效的监督

算法的不透明难以实现有效的监督。大数据侦查中算法的低透明度是算法技术自身特质和侦查"神秘主义"耦合的产物。在大数据侦查中实现算法的监督可谓面临双重困难，而对无法实现算法的监管与规制的主要原因在于算法的不透明、算法的披露规则不完善。在一般情况下，由于一定的利益考量，算法拥有者通常不会主动地将算法公开，而且即便将算法公开，由于算法的专业性普通人在没有具备极强专业的基础上是难以理解的，所谓看见的算法其实质并不等于可以理解的算法。而且即使算法拥有者解释了算法，也会因为大数据的逻辑关系是相关性，而导致人们难以理解。

(三) 缺少算法问责机制

有权必有责，有责必有罚。大数据侦查中，算法的权力普遍存在于侦查的每个环节当中，而权责一致则体现了问责机制在权力控制层面的重要性。对大数据侦查实现有效的监督机制，问责机制的欠缺导致了即便存在监督，由于没有相应的惩罚问责机制，也会纵容侦查主体行使权力的"恣意"。

1. 算法责任的理论研究不足

在大数据时代，算法责任缺失是现代出现的现象，但目前对算法责任研究尚处于起步阶段，研究系统性和深度都存在不足。在大数据侦查中，由算法引发的权利侵犯问题构成了算法责任的主要原因，所以在大数据侦查中构建以大数据技术为基础的问责机制，是解决大数据侦查监督的有效方式之一。

2. 算法问责主体不明确

在大数据侦查，算法权力的使用者虽然是侦查主体，但是算法背后真正的使用者并不仅仅局限于侦查主体，还包括了算法开发者、设计者、部署者和应用者。而在算法背后所形成的多元化主体前提下，一旦大数据侦查发生

---

[1] 参见刘小庆：《从"权力监督"到"权利制约"：大数据侦查法律规制的理性之维》，载《重庆大学学报（社会科学版）》2022年第2期。

了权利侵犯问题，究竟该追究哪一个主体的责任，目前还不明确。

第二节　大数据侦查功能异化所产生的权利保障问题

在大数据侦查权权力扩张的背景之下，大数据技术对侦查的影响进一步显现在其具体应用中——即大数据侦查的功能产生了异化。大数据侦查作为一种具体的侦查方法，其在所实现的功能上也产生了诸多问题。大数据侦查措施的使用不规范使得侦查主体在适用过程中，难以把握侦查措施的强制性程度，进而导致权利侵犯。而在以预测性为主要特点的主动侦查模式中，其不仅与侦查机关的初查行为产生了范围冲突，而且由于跨越了立案的程序性门槛，也存在手段正当性与目的合法性的质疑。而且在具体的运行过程中，所运用的大数据相关技术都在实然层面中出现了与权利保障之间的冲突。而作为大数据侦查的实践主体，侦查体制、考核标准、专业化程度以及队伍建设都影响权利保障的有效实现。

一、大数据侦查措施的适用不规范

侦查措施是侦查机关依据国家法律赋予的职权，在犯罪侦查的过程中针对案件所开展的一些专门性侦查活动。侦查措施的启动则意味着对人的基础权利的干预，而在通常情况下，严格按照法律规范进行的侦查措施对权利的干涉具有正当性与合法性，这也表明了法律规范必须形成完备的体系才能保障侦查措施的完美实施。但是分析目前的法律规范，一方面传统的侦查措施不论从审批制度的规定还是侦查措施的范围都存在着漏洞。另一方面，目前学界对大数据侦查措施的研究还处于理论发展阶段，如何有效地界定大数据侦查措施的范围都存在着不足。而上述所阐述的问题也导致了大数据侦查措施在实践中适用的不规范，侵犯了相关人员的基本合法权利。

（一）传统侦查措施适用不规范的原因

1. 侦查措施审批过度自由化

侦查措施审批过于自由化，导致无法约束侦查主体的行为。从目前我国的侦查措施的批准情况来看，对于侦查措施审批范围极为狭窄（仅仅包含了逮捕权需要检察机关的审批），其他的侦查措施都是由侦查主体进行自我决定，形成了"自我授权、自我审批"的情形。[1]这使得侦查机关在侦查措施的实施方面过于的自由化，缺乏严格的程序控制。如此宽松的侦查措施以及执行，主要是源自我国对于侦查权的程序性控制不足，内部的科层方式管理结构难以约束侦查机关，在制定侦查决策时，其无法将侦查措施的使用做到完美自律，以至于影响了整体的侦查措施决策。由于侦查措施具有一定的灵活性的特点，导致了诉讼法无法细致地将每一项侦查措施都详尽地规定到其中。

2. 刑事强制性措施的范围狭窄

首先在带有强制性的侦查措施当中，我国的刑事诉讼法仅仅将拘传、取保候审、监视居住、拘留和逮捕五种归为强制措施，而这五种侦查措施则以限制或剥夺犯罪嫌疑人、被告人的人身自由权利为强制性的判断标准。众所周知，人的基本权利不仅仅只包含了人身自由，财产权、隐私权等都应当是最基础的权利。仅将人身自由作为强制性的判断标准，则意味着侦查措施在涉及人的其他基本权利之时，其强制性便超越了法律赋权的范围，可以不受刑事诉讼法的制约。而这种强制性判断标准也引发了我国司法实践中侦查措施适用的乱象，大量涉及基本权利强制处分的侦查手段、强制性措施由于没有明确的法律规定，而游离于规范之外。最突出的问题表现在，对以拘留为代表的限制人身自由的强制性措施、以查封扣押冻结为代表的限制财产的强制性措施明显不足。[2]

（二）大数据侦查措施适用不规范的原因

大数据侦查在犯罪预防控制和犯罪侦破都发挥积极的作用，其具有不同于目前《刑事诉讼法》任何一种侦查措施以及侦查方法。面对这一新的侦查措施有学者认为大数据侦查具有独立的侦查措施属性，所以应当将大数据侦查定义为一种新的侦查措施。[3]

1. 大数据侦查措施并不属于法定侦查措施

大数据侦查是一种新的侦查模式，其涉及公民权利保障问题，其行使必须经过法律授权，并要受到法律规范。大数据侦查有无法律依据的考量可从

---

[1] 参见詹建红、张威：《我国侦查权的程序性控制》，载《法学研究》2015年第3期。

[2] 参见孙谦：《刑事侦查与法律监督》，载《国家检察官学院学报》2019年第4期。

[3] 参见程雷：《大数据侦查的法律控制》，载《中国社会科学》2018年第11期。

查看有无直接规范大数据侦查的法律条款入手，以及其能否归入既有侦查措施，并援引相应的法律条款入手。我国现行立法很少涉及大数据侦查。[1]比如，在《刑事诉讼法》、《中华人民共和国警察法》（以下简称《警察法》），等重要法律法规中没有直接规定大数据侦查条款。现在，打击恐怖主义犯罪常用大数据主动侦查。虽然，我国《中华人民共和国反恐怖主义法》（以下简称《反恐法》）非常重视情报工作，其通过多个法条规定了互联网服务者的技术支持与协助义务，有关部门在重点区域安装视频监控，重点目标单位实施风险评估，实时监测安全威胁，以及采集视频图像信息。《反恐法》内的法条虽有涉及大数据侦查相关规范，但其是一种间接规范，无法成为供大数据侦查直接援引的法律条款。

大数据侦查虽可以归入既有技术侦查范畴，但其很难援引相应的法律条款。2012 年修正的《刑事诉讼法》专门规定了技术侦查的概念、范畴、措施，使其成为法定的侦查方式，并与传统侦查方式互相补充。但是，新的《刑事诉讼法》未对技术侦查的含义、种类、内容作出明确的规定，导致大数据侦查措施的正当性颇受相关人士的质疑。这一立法不足可以为技术侦查措施增容大数据侦查留下空间。虽然，大数据侦查可以以《刑事诉讼法》为依据，在规定的审批程序、案件范围、时间期限内行使。但由于该条款未对大数据侦查作具体的说明，其也就无法援引相关的法律条款。

2. 学界关于大数据侦查措施的属性定位不明确

（1）大数据侦查措施的属性定位所面临的困难

如何讨论大数据侦查的性质也面临着重重困难。首先，大数据侦查措施所侵犯基本权利的范围、种类及其侵犯的程度并没有明确的定论。而且在学界对于大数据侦查措施的定位尚不明确的时点上，要想对大数据侦查措施所侵犯权利的法益进行讨论缺乏足够的依据。而且即使对大数据侦查措施确立足够的理论基础，如何把握大数据侦查中所侵犯权利的程度也不是非常容易实现的。其次，大数据侦查的证据问题。电子信息是组成大数据侦查的主要元素，我国《刑事诉讼法》虽把电子数据界定为一种证据，但明确规定电子数据必须能证明案件事实时才能作为一种证据使用，这就使其与传统的证据

---

[1]　参见张根平、蔡艺生：《论我国主动侦查启动程序的理性进路》，载《江西警察学院学报》2018 年第 1 期。

理念不相符合。大数据侦查由于受到侦查水平的限制，不同数据来源的结构化数据、半结构化数据，以及非结构化数据无法达到能够自动揭示法律所规定和需要的足以反映虚拟数据与案件事实的介质。因此，侦查人员需要将其经过转化才能成为有效的相关数据，再处理成满足一定形式与实体要求的信息，才能够作为证据使用。由此，如果严格遵守《刑事诉讼法》中的相关要求，那么大数据侦查只能被认定为是一种简单的工具手段，而不能称为一种侦查措施，亦不能代替传统侦查使用。另外，我国刑事诉讼中坚持"疑罪从无"原则，如果不能判断大数据的真实性和准确性，就不能将其作为证据使用，也就不能作为判定犯罪嫌疑人有罪的依据。

（2）学界对于大数据侦查属性定位尚未形成定论

大数据侦查措施究竟如何进行定位，是其面临的客观性问题，而大数据侦查措施的性质至今在学界并没有达成共识。对其定性需要根据学界对侦查措施的分类（强制侦查与任意侦查），判断大数据侦查措施的属性应当属于哪一类，从其侵犯权利的性质入手，从而进行有效分类。而目前学界中尚未对其有明确定性，但是学界对大数据侦查措施的定位偏向于强制侦查措施。有的学者认为大数据侦查的强制性界定以"是否侵犯公民基本权利"为标准较为适宜，所以大数据侦查则应属于一种强制性侦查措施。[1]但是以强制性定义大数据侦查措施并不能体现其自身具有的特性，在电子数据取证方面由于网络中取证的运用，大数据算法还被赋予非人格化、弥漫性和数理性等特征。其中以数理定律的方式形成的滥权会使得普通公民的合法权利遭受侵害，正是由于大数据算法导致在大数据侦查当中传统的强制侦查与任意侦查行为之间的界限已经变得越来越模糊。[2]将大数据侦查定位于强制侦查措施当中却并未能完全涵射其全部属性，大数据侦查措施的模糊定位所产生的影响也会传导至侦查主体的相关行为中。在大数据侦查实践中其适用的模糊，也为大数据侦查合法性问题埋下了"病原"。

3. 大数据侦查措施与技术侦查有重合

对大数据侦查措施的定位应当进行细化。面临新的侦查措施，引起了众

---

〔1〕 参见胡铭、龚中航：《大数据侦查的基本定位与法律规制》，载《浙江社会科学》2019年第12期。

〔2〕 参见何邦武：《网络刑事电子数据算法取证难题及其破解》，载《环球法律评论》2019年第5期。

多学者对于大数据侦查措施性质、种类的讨论。其中与大数据侦查措施最为接近的技术侦查对比，在技术侦查当中，虽然两者在技术应用层面之上有相似重叠的部分，但是在侦查措施的审批手续方面又有不同。所以面对当前大数据侦查措施的定性，出现了与其他侦查措施范围重叠、其他侦查措施性质类似的分类困境。

4. 大数据侦查在实践中侦查主体的裁量权过大

大数据侦查措施包括网络远程勘验、电子搜查等手段和措施，还包括数据碰撞、数据挖掘等技术手段，这些都属于大数据侦查措施的内容和范畴，但这些措施除了《关于办理刑事案件收集提取和审查判断电子数据若干问题的规定》（以下简称《电子证据若干规定》）中进行了简要规定外，仍然缺乏相关详细的规定和内容，使得大数据侦查措施在侦查实践中缺乏明确的适用条件、规范、范围等内容。在此背景下，一方面，大数据侦查措施存在实践中滥用和误用的情形，侦查人员具有较大的自由裁量权；另一方面采用大数据侦查措施获取的证据材料，基于其存在较大的人权侵犯风险，进而可能使得证据材料存在被排除的风险。

二、主动侦查模式缺乏有效规制

主动侦查作为一种建立在大数据技术之上的全新侦查模式，其与传统侦查模式的区别在于以被动方式为侦查启动节点。而这种以主动出击为特征的侦查模式缺乏有效的规制，导致了在侦查过程中作为侦查客体的公民基本权利无法得到有效的保障。主动侦查模式建立在"犯罪预测性"的基础上，其主要目的在于强化犯罪控制而容易忽视权利保障的重要性，而在实现主动侦查的过程中侦查行为往往无视立案程序的控制具有弥散性的特点，而犯罪预测的功能具有有罪推定的倾向，进而背离了刑事诉讼的基本原则的约束。基于犯罪分析等功能，相关关系对于犯罪事实的证明能力以及算法在运行中的不透明、解释难等都是缺乏有效规制的表现。

（一）主动侦查之主动发现犯罪事实的多重质疑

主动侦查的规范性评价面临着多种困境，其在主动发现犯罪事实的功能基础上便饱受社会的质疑。

1. 主动发现犯罪事实的功能规范性评价存疑

主动侦查模式主要是指侦查机关利用各种侦查设施，将各个途径收集来的数据进行分析、挖掘从而基于主动方式来发现犯罪事实、犯罪嫌疑人。比如随着视频监控设备的普及，人们的生活正处于全面监视当中，甚至不具备法律意义的日常生活的一举一动都处于被监视状态，而这种对人们行为的监视是否具备正当性的依据，是存在法律评价的空白的。因为全场域、全天候的监视必然会干涉，甚至侵犯人们的各项基本权利，其中也包含着上文所叙述的隐私权、个人信息权等。

其中对于隐私权的侵犯在监控活动中表现得最为严重，人们对于自己的隐私具有合理期待性，即在合理期待的范围之内并不想被无形地干涉，而在大数据侦查当中可能会出现人们对于隐私权合理期待，这种情境实质上说明主动侦查模式是缺乏正当性依据的。

2. 大数据相关关系分析应用存疑

"法律要到因果关系中去寻找"[1]，在法律证明当中作为一项基本的原则，如果要实现对于犯罪关系的证明，就必须进行因果关系的证明。而在大数据技术当中，其主要的因果关系证明则是从相关关系入手，这也是大数据相关关系在侦查当中的应用困境。

（1）相关关系的作用

大数据相关关系所指的是量化两个数据值之间的数理关系。如果两者之间相关关系强，一个数据的变动会引起另一个数据产生较强的变动；而当两者之间的关系较弱时，一方数据的变动对另一方数据产生的影响则相对较弱。

相关关系所揭示的是事物之间的联系，并非像因果关系一样揭示事物之间引起与被引起的关系，相关关系所揭示的只是事物之间存在着一定的关联，并通过有用的关联物帮助人们来分析现象的相关可能性。在大数据侦查的相关关系的利用当中，在已经发生的犯罪侦查当中，相关关系可以将既存结果进行联系并分析其之间的因果关系，侦查机关利用相关关系的技术原理可以更加快速地解开既存的犯罪结果并获取相关的犯罪事实。而在犯罪预测中，侦查机关可以通过收集相关数据，分析犯罪趋势、犯罪原因、犯罪特点等来把握对未来犯罪的预判。

---

[1] 参见郑戈：《算法的法律与法律的算法》，载《中国法律评论》2018年第2期。

（2）大数据相关关系的分析结果是否公正

大数据相关关系的分析结果可以人为地进行选择，即人可以通过干预相关关系分析的过程，从而产生自己想要的结果。"人们可以对因素相互作用可能生成的结果进行选择，通过引导这种因素关系，使它们以特定的方式进入特定的相互作用，从而得到所想得到的特定结果。"[1]只要人为添加各种影响结果的因素，并将各种因素进行有目的的引导，便可以影响结果的准确性。而这种相关关系的分析一旦运用到犯罪预测当中，侦查主体人为的关于各种相关因素的联系与变动，其分析的结果自然会与正常的结果有所出入。一旦侦查主体将偏见抑或歧视等加入到犯罪的相关关系分析中，便会影响分析结果的公正性。

（3）大数据侦查中相关关系证明能力存疑

相关关系仅仅是证明事物之间存在一定的关联，其证明能力是否可以达到刑事诉讼的标准存在疑问。大数据虽然擅长于分析相关关系，而非因果关系。如何从相关关系中推断出因果关系，才是大数据真正问题所在。[2]即在侦查中，侦查主体必须从相关关系推断出因果关系，相关关系的分析结果才能达到理想的证明效果。但是在侦查实践中各种因素的制约，从相关关系到因果关系面临着诸多困难，其一在于相关关系的分析需要侦查主体掌握大量的数据资源，而这意味侦查机关必须具有极强的收集相关数据信息的能力，面对数据壁垒抑或数据孤岛等条件性的制约，侦查主体在相关数据信息的掌握上存在不可避免的短板。其二即使拥有大量的数据并不意味着一定有足够的适当数据来推断结论，特别是大数据的样本偏差和选择偏差不会因为数据的规模变化而消除，而来自互联网的大数据集往往是混乱的、不可靠的，当这些数据集合并在一起时，这些偏差和错误就会放大，引发结论的偏差。所以在大数据侦查中，所有的分析结果都会涉及人的基本权利的剥夺，稍有差错便可能因为证明关系的原因剥夺无辜者的基本权利、抑或由于证明的不恰当加重了对犯罪人的惩罚力度。这些方面都是在大数据侦查中权利保障应当深思的问题。

---

〔1〕 参见王天思：《大数据中的因果关系及其哲学内涵》，载《中国社会科学》2016年第5期。
〔2〕 参见姜奇平：《因果推断与大数据》，载《互联网周刊》2014年第18期。

（4）相关关系分析易导致有罪推定

在大数据侦查当中，相关关系的利用不仅仅在已经发生的犯罪行为当中发挥作用，而且在未然犯罪层面上的效果也十分明显，而侦查主体在针对上述两者犯罪进行相关关系分析之时，总是以一种有罪推定的倾向进行结果的预设，这就导致可能违反了刑事诉讼法中无罪推定原则，产生权利侵犯的风险。

首先，无罪推定原则是我国刑事诉讼的基本原则之一，指的是在刑事诉讼程序当中未经法院的审判无论是侦查阶段的犯罪嫌疑人还是审判阶段的被告人都是以无罪进行推定的。但是在大数据侦查的过程当中，无论是针对未然的犯罪还是已然的犯罪，侦查人员在分析犯罪数据进行犯罪线索发现之时，都倾向于以有罪推定的目的进行，如果在犯罪数据相关性分析当中，加入数据歧视或者数据偏见则会侵犯侦查阶段相关人员的基本权利。

其次，在大数据相关性分析过程当中，是建立在对庞大数据进行分析的基础之上。那么在犯罪收集的过程当中，必然涉及无关人员数据的收集，而这些数据一旦被泄露或者被不正当的使用，也会涉及数据相关人员的基本权利。

最后，是关于大数据侦查分析的准确性。在进行主动侦查的过程，侦查机关收集的数据的来源广泛，这些数据是否被准确地记录以及这些数据的真实性是否可以得到有效的保障都存在疑问。如果对不准确的数据进行分析，可能会导致侦查方向出现偏差，将不应当卷入侦查活动的人、财、事纳入侦查对象，而在这种情形之下势必会影响人们对于侦查活动的信任，影响国家司法的公信力。

（二）主动侦查模式与立案程序冲突

1. 立案机制应对匮乏

随着大数据侦查的不断推进，无论是人员、线索、案件、物品等实体侦查要素，还是侦查活动审批、侦查卷宗制作、证据固定、诉讼环节推进等办案流程的数据库化和数字化均得到了空前的发展。大数据的广阔性消弭了侦查人员在信息获取、犯罪嫌疑人定位、案件串联方面的时空鸿沟。[1]由此，

---

[1] 参见郝宏奎：《论数字化时代侦查活动的演进》，载《铁道警察学院学报》2014年第1期。

大数据时代侦查应该具有高效性、前瞻性。侦查不再像过去一样，需要特定的犯罪案件发生后才可以启动。大数据侦查在更多情况下是基于细微的数据信息，推进对相关线索的搜集，将更多的犯罪行为杜绝在犯罪准备或实施阶段。在大数据侦查下，立案与大数据侦查时间界限会更加模糊，法律上对于立案后开展侦查的规定将与实际操作产生剧烈的冲突。随着电子信息技术的发展，大数据侦查行为日渐增多。相关部门不能用现行的《刑事诉讼法》中的立案机制僵硬地嫁接在大数据侦查中。另外，随着社会的不断发展，使用大数据搜集证据信息的侦查手段受到了重视。大数据的时效性要求侦查机关尽早地介入案件的侦查中。海量的大数据信息需要被搜集、筛选，以及固定、存储。如果一味地要求侦查程序开展前要先满足和完成以前的立案程序，这显然与社会发展的要求、大数据侦查的效益不相符合。在《刑事诉讼法》中，立案的前提可能是存在犯罪事实或已经发生犯罪现象，而发现犯罪事实或犯罪现象则需要通过相应的侦查手段才能获得相关证据材料加以证明。法律规定有一定的悖论。相关侦查机关使用大数据进行的侦查行为，必须采用一定的侦查措施，这就违背了立案制度的规定，这也模糊了立案与侦查的期限，弱化了立案的形式要求，并违背了立案制度的原则性规定。大数据侦查具有不可逆性，如果限制所有的大数据侦查行为在立案以后进行，一部分使用简单的侦查措施或干预手段就能制止在犯罪预备或中止阶段的案件，就难以制止，甚至会导致更严重的犯罪后果产生。目前而言，侦查与立案存在一定的紧张关系。如果在大数据侦查中使用现行《刑事诉讼法》的立案规定，则使得大数据侦查具有了滞后性，并丧失了其可预测性。由此，在一定程度上，《刑事诉讼法》中的立案机制不适用于大数据侦查，其在程序构造、立案标准、立案审查等方面存在缺陷。

（1）程序构造

立案程序在侦查中扮演着重要角色，其一直被视为侦查启动程序。依据相关法律规定与司法实践，立案材料主要有下述几种来源：一是个人或单位的报案或举报，二是被害人的报案或控告，三是嫌疑人自首，四是侦查机关自行获取相关材料或证据，五是其他途径。[1]大数据侦查获得的相关资料可以用来立案，这已经被相关司法实践认可。但是，相关侦查机关获取材料的

---

〔1〕　参见陈光中：《读懂刑事诉讼法》，江苏人民出版社 2015 年版，第 108—109 页。

手段，将立案材料转化为启动侦查程序的支撑，却没有具体的规定。现在使用的立案程序仍然是"接受"立案材料后启动侦查的过程。然而，相关法律法规没有对大数据侦查启动程序进行规定，这就导致大数据法治的现实需求与相关法律规定存在一定的矛盾。从程序构造角度而言，现在的立案程序适应传统侦查，随着侦查活动加入更多的大数据因素，这种立案程序明显不适应当下的转变，相关立法部门需要及时对其更新。

（2）立案标准

现行的立案标准可归结为三个条件：犯罪事实发生、需要追究刑事责任、符合管辖规定。相对于传统立案程序来说，前两项标准较为严格。如将其作为大数据侦查的立案标准可能实践操作性较为缺乏。[1]因为，传统立案侦查程序往往是被害人自行告发，而后随机启动。此时，犯罪行为已经发生，犯罪结果也即将出现，立案材料相对丰富。但对于启动大数据侦查的立案程序来说就不符合相关实践。大数据侦查通常是犯罪行为尚未发生或者被害人没有被告发之前就已经进行。这时侦查机关掌握的材料足以作出犯罪事实是否会发生的判断，若用其为依据断定是否追究刑事责任多不切实际。另外，我国《刑事诉讼法》仅对立案材料的来源规定了一个审查程序，而对其审查手段没有作过多说明。由此，这种审查程序的实践操作性较弱。在此种情况下，大数据侦查就难以通过立案来开展侦破工作，容易贻误战机，使得犯罪嫌疑人毁灭证据或逃匿。

（3）立案审查

《刑事诉讼法》没有赋予侦查机关较大的初查权。因为，相关部门考虑到侦查工作的实际需要，《公安机关办理刑事案件程序规定》赋予了侦查机关立案前审查立案材料的初查权。其实，公安部刑侦局2006年就已经通过内部文件规定了立案初查。该法规规定了在初查过程中，公安机关可以按照相关法律法规采取查询、勘验、询问、鉴定等方式调取证据，其不受调查对象人身、财产等的限制。该项法规规定了公安机关在初查过程中可以采取哪些措施。然而，该项法规只是缓兵之计，因这些调查措施和侦查措施在本质上没有太大区别，容易造成侦查和初查措施的混用。另外，大数据侦查与传统侦查的

〔1〕 参见许细燕、张学斌：《论我国侦查程序的启动与法律规制》，载《中国人民公安大学学报》2004年第4期。

案例类型有较大区别。目前，固定的这些初查方式更多适用于公开程度较高的普通案件，而对于特殊案件的适用性有待提高。

2. 主动侦查与初查的范围出现重合

立案程序无法有效约束主动侦查，导致权利保障受到了严重的阻碍，也是主动侦查当中权利保障遇到的严峻问题。主动侦查模式与立案程序发生了诸多冲突，其中主动侦查已经实质性地迈入立案之前，与初查之间发生了范围之间的冲突，而两者之间的冲突导致在立案程序之前，侦查措施的强制性无法得到程序的有效规制，进而引发权利保障的问题。

主动侦查作为大数据侦查最主要的功能模式，体现在其弥散性的特点之上。主动侦查的弥散性，指的是其已经在刑事司法实践中，跨越了立案程序对于侦查行为的规制，与侦查、初查行为的混同，造成了实质侦查行为的提前，从而导致了权利保障的困境。有学者也针对我国目前立案的现状鲜明指出：初查行为在实质上已经不是对于案件进行立案标准的审查，而是异化成了查明案件的事实真相，其与刑事侦查行为高度重叠。由于缺乏《刑事诉讼法》的规定与制约，初查行为已经成为国家专门机关规避法律规范和权力监督的法外场域。[1]该学者的担忧不无道理，主动侦查模式包括通过对重点人群的监控，发现其异动行为，进一步求证其行为性质。通过犯罪热点地区的归类分析，判断其犯罪趋势，进而采取相关秘密侦查措施予以提前干预和查处。通过对犯罪模式的归纳，对特定事件和特定行为进行算法分析，提前进行预警、调查。[2]侦查节点的提前更加深了初查行为的侦查实质化进程。而初查行为与主动侦查行为在范围上几乎重叠导致了侦查行为合法性评价存在重大的缺陷。

（三）技术赋能导致主动侦查模式异化

1. 侦查信息公开困难

侦查信息公开的阻碍是大数据侦查中权利难以有效保障的原因。面对侦查信息公开所产生的问题，有学者鲜明地指出了侦查信息不公开游离于立法

---

〔1〕参见朱良：《我国刑事立案制度的历史流变与法理探寻》，载《华南理工大学学报（社会科学版）》2022年第2期。

〔2〕参见蒋勇：《大数据侦查的体制之维：基于权力关系的审视》，载《中国人民公安大学学报（社会科学版）》2022年第1期。

公开、行政公开和司法公开成了独立的"第四领域"。[1]在传统的侦查中，所谓的"侦查神秘主义"成了信息不公开的特例，而且作为刑事诉讼的前轴，侦查信息不公开破坏了我国司法信息公开的完整性，在当前审判环节在信息、公开方面取得显著进展的背景下，侦查信息公开却迟迟不能向前推进。尤其是当侦查从传统模式进行转化之后，在大数据侦查背景之下信息公开更加成了司法公开所关注的重点，人们新兴权利保障的诉求与大数据侦查信息公开之间碰撞出了更加激烈的火花。在大数据侦查背景下，侦查信息公开的改革迫在眉睫。

2. 相关主体的知情权受损

大数据侦查具有显著的技术性和秘密性特征，致使大数据侦查的运行机制隐蔽，难以被侦查机关以外的其他相关主体察觉和监督。大数据侦查将侦查空间由实体环境转变为以网络虚拟空间为主，数据运行情况往往不对外开放。同时，侦查机关掌握复杂的数据与算法分析技术，其他主体只能看到数据的输入和输出情况，而无法了解数据与算法的运行过程。但由于技术壁垒的存在，即使其他主体了解大数据侦查中的数据运行情况，也无法理性认知数据和有关事实，因而难以通过程序机制来保障自身的合法权利。

隐蔽的数据运行机制直接侵犯被指控方的知情权和辩护权，这有违大数据侦查程序规制的应然要求。对司法机关而言，因侦查机关在数据收集和分析上的强势主导，检察机关在监督大数据侦查时或法院启动大数据证据的合法性审查时，都会因信息不对称而影响监督和审查工作。即使通过部门协调获得相关信息，受限于技术能力，也难以对相关数据事实的认定和法律适用予以合理回应。对被指控方而言，同样因与侦查机关在大数据技术能力上的不平衡，被指控方不具备相应的数据收集分析能力来了解侦查机关对其权利的干预和侵害；而且侦查机关可以涉及国家安全和秘密、个人隐私为由，拒绝向被指控人披露数据运行过程，拒绝公布数据集合和算法模型，同样使被指控人的知情权受损，无法有效维护自身的辩护权和救济权利。总而言之，大数据运用于侦查中，不仅增加了权力制约的难度，而且拔高了公民权利保障的科技门槛，是大数据侦查程序规制必须面对的问题。

---

[1] 参见崔凯：《论新时代公安机关侦查信息公开的立法策略》，载《法商研究》2018年第6期。

三、侦查体制的专业化发展不足

大数据侦查的有效运行需要多方参与和互动，然而我国当前的侦查体制机制难以适应大数据侦查的运行需要。

（一）侦查体制泛行政化

侦查权具有行政权和司法权的双重属性，因此侦查体制具有行政化和司法化的双重特征，然而当侦查体制的行政化高于司法化时，不仅不合理，而且将带来司法风险。

1. 容易引发新型"侦查中心主义"的危机

首先，程序法治遭遇挑战。传统法规范的滞后和大数据侦查法规范的欠缺，不仅难以保障侦查权正常运行，使部分侦查行为因法规范缺失而无效；而且容易带来侦查权控制失灵的问题，使个体权利遭受损害。无论是立案虚化，大数据侦查权启动节点前移的问题，还是因数据采集和分析能力悬殊而导致的控辩对抗失衡的问题以及大数据证据的证明力和审查问题，都是大数据侦查立法困窘的表现。其次，存在侵犯公民权利的风险。我国 2021 年施行的《数据安全法》和《个人信息保护法》赋予了公民数据权利和个人信息权利，在一定程度上赋予了公民主导自我数据信息的权利，避免了过去往往将大数据侦查所关涉的公民权利与隐私权挂钩的单一性，使大数据侦查程序性设计更加全面地保护公民权利。立法初衷总是完美的，虽然增加了对第三方数据共享的约束，但大数据侦查体制行政化导致侦查机关与公安机关的治安管理和打击犯罪的职能混同，公民个人权利保护仍需要让步于国家利益和集体利益保护，公民所享有的新型权利对限制大数据侦查权的行使是有限的。最后，前文已述及大数据技术的特性使刑事错案的风险增加，源数据的质量难以保证，算法权威掩盖了可能产生的错误，技术壁垒导致外部监督盲区的产生，这使得大数据侦查权的运行缺少有力规制，有成为新型"侦查中心主义"的危机，容易制造刑事错案。[1]

---

[1] 参见张可：《大数据侦查之程序控制：从行政逻辑迈向司法逻辑》，载《中国刑事法杂志》2019 年第 2 期。

2. "权责同构"的侦查体制需要改变

当前我国的侦查体制为"权责同构",这一体制具有行政化特征,大数据侦查机关在侦查权力、资源和责任的分配上存在失衡。部、省、市侦查机关拥有更多的侦查资源和技术优势,但县级基层侦查机关办案范围广,承担大量刑事案件的侦破任务,机关之间未建立分案标准。[1]侦查机关受困于司法与行政的双职能,基层侦查机关无法摆脱行政式的任务安排。上级侦查机关对由基层侦查机关负责的侦查工作制定过细的要求和考核指标,使基层机关陷入繁杂具体的侦查事务;对自身应当进行的制度设定工作,却在体制性、机制性、保障性问题的解决上履责不力。[2]这种监督有余却支援不足的现象,使得基层侦查部门的积案不断增加,彼此之间常发生管辖争议。县级侦查机关需要侦查资源时需要向上级申请,这种资源和责任不均衡的问题严重影响了侦查效益。

3. 主办侦查员制度未摆脱行政化

主办侦查员制度本质上为一种办案责任制,不同于传统侦查体系下的"案件承办人""案件责任人","主办"意指承担主要的办案责任。主办侦查员制度的行政化主要表现在两个方面。一方面,设立主办侦查员制度的初衷是"去行政化",提高办案效益,然而在侦查实践中,因侦查机关尤其是公安机关兼具司法和行政双重职能,案件的审批权仍掌握在机关领导手中,主办侦查员无实际决定权。另一方面,主办侦查员的追责机制无法予以落实。

(二) 侦查考评机制需要规范

侦查考评机制有广义和狭义之分。狭义的侦查考评机制是指侦查机关内部的考评,包括上级侦查机关对下级侦查机关的考评,各级侦查机关对所属侦查部门及其侦查人员的考评。广义的侦查考评机制不仅包括侦查机关内部的考评,还包括政府评估机构和社会公众的评估。侦查实践中,考评机制是侦查人员晋升的主要依据,不科学、不明确的考评机制难以提高侦查质量,

---

〔1〕 参见周学农、潘庆娜:《智慧侦查:发展逻辑、突出问题及实现路径》,载《湖南警察学院学报》2022年第1期。

〔2〕 参见程小白、章剑:《事权划分:公安改革的关键点》,载《中国人民公安大学学报(社会科学版)》2015年第5期。

难以促进侦查机关及其侦查人员严格规范侦查，导致刑事错案多发，侵害公民权利。

1. 侦查考评内容不合理

传统的侦查考评机制的核心内容是案件完成数量，[1]侦查环节中的拘留数、批捕数量和比率、发案数、破案率等成为侦查考评的重要指标，[2]其中破案率往往被置于首位。这虽然有利于激励侦查机关提高工作效能，但是造成某些侦查机关在政绩压力下注重自身利益而不顾公民利益。为提高破案率，公安机关在立案环节已经开始甄选能够顺利破案的刑事案件进入刑事诉讼程序。即使案件发生，公安机关往往因案小、报案人举证不充足、立案后难以结案影响考评等原因而不予立案。同时，侦查考评机制中不涉及违法侦查导致的错案如何追赃返还的内容，而使被指控人申请追责和国家赔偿困难。

2. 侦查考评标准不具体

关于侦查考评工作的规定往往是具有原则性的宏观指引，未针对不同性质、不同难度级别的案件规定具体的考评职责，不符合案件的复杂性和多样性以及司法受社会失控条件影响的现实情况。[3]同时，大数据侦查与传统侦查适用相同的考评标准，导致侦查实践中，大数据侦查考评标准缺位或错位。在面对大数据侦查难题时，纵向的上下级侦查机关之间，横向的同级部门之间，不同区域侦查机关之间往往相互推诿，不仅使一线侦查机关不堪重负、疲于应付，而且难以高效打击犯罪。

3. 侦查追责机制缺乏实效性

我国现行法规范并未明确规定"侦查过错"，也未明确客观事由导致的过错是否在追责范围内；在侦查实践中，往往存在多名侦查人员参与侦破工作的情形，当出现侦查过错时，如何分配彼此之间的责任成为难题，虽然按照职称和分配任务来划分主要和次要责任有一定合理性，但强行划责，缺乏公平正义。

〔1〕　参见朱桐辉：《刑事诉讼中的计件考核》，载苏力主编：《法律和社会科学（第四卷）》，法律出版社 2009 年版，第 273 页。

〔2〕　参见范柏乃、马焉军：《我国公安警务绩效评价实践及评价体系的构建研究》，载《湘潭大学学报（哲学社会科学版）》2006 年第 4 期。

〔3〕　参见陈光中、龙宗智：《关于深化司法改革若干问题的思考》，载《中国法学》2013 年第 4 期。

当前的侦查考评机制侧重于侦查机关内部的考评，没有贯彻外部考评、全民参与的重要原则，缺少独立于侦查系统的考评主体的考评，这种以简单数量指标来自我评估政绩，缺乏公众监督的现象，表现出权力本位的特质，背离了评估主体多元化原则和人本理念的要求，有失科学性和正当性。[1]

（三）侦查大数据人才培养的困境

在大数据侦查的运行当中，具备专业化的侦查体制是支撑其有效运行的保障。而在当前我国侦查专业化的进程当中，由于专业化的程度不高也会导致权利保障问题的产生。在大数据时代，侦查队伍欠缺可以担当大数据侦查任务的复合型侦查人才，这是基于三个方面的需要。

1. 基于数据时代科技战的需要

2015 年，人力资源和社会保障部、公安部、国家公务员局下发了《关于加强公安机关人民警察招录工作的意见》，在没有公安本科院校的省份，公安高职院校的毕业生逐渐成为当地公安机关补充警务人员的主渠道，与公安本科院校人才模式培养相比，学制较短、理论学习较弱、科研创新能力较低等短板较为明显，公安高等职业院校的人才培养模式是否能够适应新时代高速发展的公安工作还有待考证。[2]面对层出不穷的网络科技犯罪，大数据侦查需要运用最新侦查技术予以应对。而使这些新技术发挥效用的主体是侦查队伍中的复合型人才。侦查人员不仅应当熟悉传统侦查方式，从实体空间及时发现作案线索和抓捕犯罪嫌疑人，并采用灵活多样的讯问策略侦破案件，而且应当掌握智能化、信息化侦查方式，从虚拟空间寻找与案件相关的数据信息，锁定犯罪嫌疑人。然而我国当前的大多数侦查人员虽了解大数据侦查，但应用大数据技术的水平仍是初级的、局部的，这无法在更大程度上将技术转化为破案的生产力，无法满足大数据侦查破案的效益需求。

2. 基于预测型侦查的需要

大数据技术使得侦查中可能出现刑讯逼供等非法取证行为有所减少，这主要是因为数据证据在讯问前已经获取。预测型侦查在实务中的应用越来越多，它在有效打击犯罪的同时，使侦查机关借助大数据技术可以预测犯罪并及时制止犯罪行为的发生。这种预测型侦查以大数据技术为依托，需要专门

---

〔1〕 参见赵爱英：《我国政府绩效管理中存在的缺陷及其完善》，载《标准科学》2009 年第 7 期。
〔2〕 参见陈楠：《新时代公安高职院校人才培养模式研究》，载《公安教育》2022 年第 5 期。

的技术侦查人员对网络数据信息予以整理、分析和识别。以大数据技术为背景的侦查活动对于侦查人员的相关素质提出了更高要求。有学者也指出了我国公安院校在培养大数据侦查人才当中，大数据时代和应用大数据的侦查人员能力与素质培养相对缺失与滞后。[1]

3. 基于保护公民权利的需要

侦查人员队伍可能存在的程序违法行为，致使大数据侦查失范。我国公安院校的实战化教学已 10 年有余，然而当前公安院校的实战化教学存在形式化、机械化、口号化、实效不足等诸多问题。[2]在职培训对于提升民警的数据应用意识和技能起到了促进作用，但其局限性也非常明显。一是培训时间短，二是内容不系统，三是效果难保证等问题。[3]若大数据侦查用于个人目的，那么侦查机关所保有的海量公民数据信息将易被侦查人员因社会人情和物质利益交换而泄露。此外，当前无明确立法可以规制大数据侦查程序，因程序作为规制权力的重要方式，应当在完善相关侦查程序的同时要求侦查人员依程序开展大数据侦查，避免"先侦查后补手续"、取证不规范等程序违法操作。

第三节　大数据侦查价值偏移所产生的权利保障问题

侦查价值是指侦查活动的功效以及具有的积极意义。[4]大数据侦查的价值主要体现在侦查主体利用各种大数据技术实现规范有效的侦查，进而在犯罪打击与权利保障中所实现的积极意义。但是，在侦查实践当中，由于技术自身所具备的价值在与侦查价值进行结合之时造成了大数据侦查价值方面的偏移。因为侦查将一切注意力都聚焦于犯罪之上，注重实体功能的实现，引发了大数据侦查技术应用的伦理风险、大数据侦查技术应用的法律风险以及大数据侦查中权利救济失位的风险。

〔1〕　参见侯铮：《大数据时代背景下侦查员素质提升及公安院校人才培养模式改革——基于对河南公安实务部门的问卷调查》，载《河南司法警官职业学院学报》2021 年第 4 期。
〔2〕　参见何军：《能力与培养：大数据条件下公安院校侦查实战化教学研究》，载《北京警察学院学报》2021 年第 1 期。
〔3〕　参见戴蓬：《经侦大数据人才培养初探》，载《公安教育》2020 年第 2 期。
〔4〕　参见杨宗辉：《侦查学总论》，中国检察出版社 2017 年版，第 46-51 页。

一、大数据技术的应用影响了侦查价值的多元化发展

在大数据侦查中，大数据相关技术的应用使得侦查发生了天翻地覆的变革，不仅仅提升了犯罪侦查能力，而且还使侦查效率发生质的转变。在侦查主体不断应用大数据相关技术实现高效的犯罪侦查过程中，大数据技术应用所产生的价值使得大数据侦查的价值发生了偏离。究其原因在于大数据侦查实践当中，侦查主体追求绝对化的技术能力、最大化的侦查效率以及沉迷于精确的大数据技术计算能力之上，造成了大数据侦查价值呈现出单一化、极端化的发展趋势。

(一) 追求绝对化的技术力量导致侦查价值方面的偏离

科学技术是第一生产力，科学技术是人类通过研究自然规律，追求超越自身力量的产物。科学技术是生产力提升的标志，人类对科学技术的追求体现了对改造客观世界能力的追求，因此，在某个特定领域中实现相应能力的提升便成了这种追求的具体体现。在侦查中技术的追求就在于犯罪侦查能力的提升，而大数据技术可以有效地实现犯罪侦查能力的最大化的提升。

在大数据侦查中，侦查机关对科学技术的追求是不遗余力的，科学技术可以最大程度地提高侦查能力，使得侦查机关在应对犯罪之时展现出强大的力量。而科学技术的应用也与犯罪侦查的能力呈现出正相关关系，即越多、越新的科学技术的应用，越能提升犯罪侦查的能力。所以在大数据侦查中随着技术的不断发展，其范畴也在不断地扩大，也证明了越多的新的科学技术给予了侦查机关更多、更强的技术力量。但是这种科学技术不断应用于侦查中，也带来了诸多不确定的风险。因为一味地追求科学技术带来的力量是一种单向度的价值观体现，而其背后则是以多元价值的牺牲或放弃为代价，多元价值在力量的压迫下逐渐变得模糊和微弱，在缺乏多元价值的大数据侦查中，侦查机关在缺乏多元价值作为合理评判标准之时，无法有效地判断和评价侦查行为是否具备正当性与合法性。此时的大数据侦查被视作一种"冷冰冰"的侦查工具，必然会在侦查实践当中引起侦查价值的偏离。

(二) 追求最大化的效率导致侦查价值方向产生偏离

科学技术所带来的侦查力量其本身是效率的象征，从某种意义上科学技

术本身就和效率融为一体。更多、更新的科学技术的应用也就意味着侦查效率的不断提升。正如埃吕尔所指出的，"在所有领域中人类通过理性获得的有绝对效率的方法，这种方法的总和便是技术"。[1]侦查效率的提升成了科学技术应用的根基和合法性来源，即所谓的"迟到的正义非正义"。在侦查活动中，侦查机关不仅仅要实现犯罪事实的发现与犯罪嫌疑人的确认与惩治，而且坚持"及时有效"的原则，既能保证侦查实体结果的产出，还要保证对于犯罪惩治的及时性与有效性。但是追求科学技术的价值是单向性的，在保证侦查效率价值的同时也牺牲其他侦查价值，所谓"欲速则不达"。侦查机关在追求效率的同时，对其他侦查价值就有一定程度的割舍，进而导致以应用科学技术为背景的大数据侦查缺乏合法性基础，其结果便是人们的基本权利无法得到有效的保障。

（三）追求技术的可计算性导致侦查价值的偏离

在大数据侦查中追求技术的计算性会导致侦查价值的偏离，进而影响权利的有效保障。在大数据技术计算的视域下，事物是规则的凝聚，可以通过计算和规则来解释。宇宙万物都可以通过计算的手段来理解，"物理世界中的每一个事项，不管是粒子、场或时空，在根本上都是世界本身按着一定的程序或算法所运行的结果"[2]。在这种观念下，作为大数据侦查的参与方的权利主体人正在失去其主体性，尤其在犯罪的预测当中，大数据技术可以将权利主体数据化变为非生命的数字节点，权利主体的主体性在得不到保障的同时权利话语权也逐渐丧失。

二、大数据侦查价值的偏移导致权利主体地位弱化

大数据侦查价值的偏移导致权利主体自主性的缺失，权利主体作为刑事诉讼程序的参与方，本应当有足够平等的主体性地位，但是在大数据侦查中，伴随着权利主体的主体性地位的弱化，其无法在侦查中有效地实现自身的利益诉求，权利话语权被无形地剥夺，而且在权利救济层面也缺乏足够的保障。而以技术的计算性为背景之下的侦查行为，权利主体逐渐被算法对象化，冲

---

〔1〕 See Ellul, J., *The Technological Society*, translated by on John wikinson, Vintage Books, 1964.
〔2〕 参见李建会：《计算主义世界观：若干批评和回应》，载《哲学动态》2014 年第 1 期。

击了权利主体在刑事诉讼中的主体性地位，导致其价值偏移与公正价值产生了冲突。

（一）大数据侦查中权利主体地位弱化

在传统的侦查中，便出现了权利主体地位弱化的现象，侦查主体在"侦查中心主义"的影响下，以侦查自我为中心的狭隘立场加之功利主义的利益熏染，造成了侦查主体与权利主体关系极度的紧张。如侦查主体刑讯逼供等非法取证行为，为了能够获取犯罪嫌疑人、被告人的口供，从而迅速破案；再如有罪推定的思想，追诉机关对犯罪嫌疑人预设性的判断有罪。而以大数据技术应用的侦查中，技术自身所带有的"逐利性"更加助长了侦查中功利主义的态势。

具体到大数据侦查中，侦查主体的主体性被无限地放大，而侦查相对人则在大数据技术、算法技术的影响之下逐渐地弱化。在大数据侦查中，掌握权力一方的主体排斥另一方的主体，话语权始终掌握在强势的侦查主体之上，权力主体的强势成为话语的独白，尤其在数据赋权之下，权力得到扩张之后，两者之间的关系更加不言而喻，侦查相对人的权利更加容易被忽视。在主体性哲学下因二元主客对抗的格局，即便是立法中确立了一方的主体地位，也会因为主体的无法共存性而出现了排斥其他主体的存在。在大数据侦查中，犯罪嫌疑人、被害人都在法律上确定了诉讼主体地位，但因为另一方侦查主体权力的"始终如一"，不得不沦为权力主体的相对客体。而当转向大数据侦查，所有主体之间只有相互的承认才真正名为主体，不承认对方的主体性地位就等于否定了己方的主体性。无论侦查权力主体一方多么的强大，如果不能与权利主体共存，不能与其平等对话，则主体间的关系是难以形成的，也不可能促成双方都予以认可的共识。

（二）大数据技术的数理性冲击了权利主体的自主性

在大数据侦查中，在算法的具体运行中个体逐渐被算法对象化。在算法世界之中，人以算法身份与外部世界发生交互，算法控制人的行为和认知，使人与其自身的疏离感加剧，使得权利主体随之被"物化"。而且在算法的运行逻辑中，人和物并没有区别，遵循技术的指引，权利主体与生俱来的尊严与人格被无情碾压导致侦查价值的公正性的缺失。算法利用深度学习功能可以将侦查主体从体力与智力的劳动中解放出来，权利主体的"生命自我"也将被异化为非生命的数字节点，大数据技术的应用将人与权利进行了分离，导致权利主体的价值被逐渐否定，冲击了权利主体在侦查中的地位。

权利主体性地位的缺失，导致其丧失了主张权利的话语权，个人人格尊严等固有的人的基础价值会受到威胁，而且当权利保护得不到保障之时，会导致国家的民主制度产生极大的冲击，从而影响到国家整体的发展。[1]

侦查机关产生绝对的数据控制，进而垄断数据话语权。缺乏理性的侦查活动无法维护个人的自主选择权。当前，算法技术广泛地应用于侦查活动的各个环节当中，而因算法所产生的"恶"也在不断地侵蚀着人们的基本权利，导致大数据侦查正义价值的缺失。其中有学者指出人类社会正在迈入算法的时代，万物皆可数据化数字化、一切事物都可以被计算。人类的基本权利也会受到算法的影响。[2]

（三）缺乏有效的辩护

大数据侦查使侦辩双方力量更加失衡。在检察机关审查起诉之前的侦查程序是"发现真实"和公民权利保障对峙最为激烈的阶段。[3]侦查机关拥有专业的侦查主体、专门的侦查技术和工具，在侦辩双方中处于优势地位。大数据技术增强了侦查机关发现真实的能力，可以更加高效地打击犯罪和保障社会公共利益，但也容易在这种"快速破案"的可观效益之下强调"发现真实"而忽略人权保障，从而加剧侦辩双方的力量失衡。

辩护权无力对抗侦查权，根据现行《刑事诉讼法》规定，在侦查阶段，只有律师有资格担任辩护人，律师可以了解案情，提供法律咨询，但不能核实有关证据，也不能查阅摘抄复制案卷材料。在司法实践中，侦查机关为快速地发现真实而以貌似合法合理的理由阻碍会见、阅卷、调查取证的情形时有发生，这是不尊重被追诉人合法权利和侵犯律师有效辩护权的表现。与自行辩护的案件相比，在律师参与辩护的案件中，法院作出无罪、准许撤回起诉、推翻部分罪名、降低量刑幅度、排除非法证据的裁判的概率更高。[4]律

---

〔1〕　参见程雷：《大数据侦查的法律控制》，载《中国社会科学》2018 年第 11 期。

〔2〕　参见《学术前沿》编者：《算法治理与科技向善》，载《人民论坛·学术前沿》2022 年第 10 期。

〔3〕　参见傅美惠：《侦查法学》，中国检察出版社 2016 年版，第 5 页。

〔4〕　参见左卫民、马静华：《效果与悖论：中国刑事辩护作用机制实证研究——以 S 省 D 县为例》，载《政法论坛》2012 年第 2 期。

师参与辩护不是为侦查权的行使制造障碍，而是为被追诉人的合法权益提供有效保护。有名无实的律师辩护权必将无力控制侦查权的滥用。

现实中，大数据技术不能完全避免侦查错误的出现，而且技术经验有限的法官不仅对大数据技术应用的审查和判断存在偏差，而且对大数据侦查取证容易盲目崇拜。[1]此时，如果不强化大数据侦查中律师辩护权的保障，将难保大数据侦查结果的客观性和公正性。

三、大数据侦查价值偏移导致侦查主体的自主性缺失

大数据技术的应用无法排除技术发展所带来的不确定性，导致在侦查实践中大数据技术的应用过度聚焦于技术过程，忽视了大数据技术的复杂性。而且随着大数据侦查技术的不断应用发展，其侧重于对结果的预期，缺乏了从权利层面出发的想象。在大数据侦查中，重视技术应用的同时缺少了技术价值与人的价值之间的理性思考，而侦查主体过于依赖技术所带来的便利使得侦查主体在侦查过程中缺乏自主性的思考，导致技术工具主义盛行。

（一）基于侦查主体的"技术洗脑"与主体性缺失

马尔库塞认为在现代社会技术的进步会对个人本性产生压制，而高度的机械化和自动化会使个人的自由和创造性丧失殆尽，进而使人成为只有物质生活而无精神生活的"单向度的人"。[2]单向度的人所描述的是人在技术应用的过程，产生了对技术的崇拜并完全依赖技术导致人的自主性的丧失。在大数据侦查中，大数据技术的进步导致侦查主体盲目轻信于科技带来的便利，侦查主体容易陷入"唯科技论"的泥潭，导致侦查主体丧失自主性。

1. 大数据侦查中"科技万能论"倾向严重

大数据侦查强调技术的应用来强化犯罪侦查能力，往往遵循只要通过技术能力的提升便可以实现侦查目的，带有一种强烈的"技术工具主义"色彩。在侦查实践中，大数据相关技术的应用带来了意想不到的效能，使得侦查主体往往相信技术手段可以解决任何侦查中所出现的问题，有学者便鲜明地指出了其

---

〔1〕　参见张保生：《关于专家辅助人角色规定的变化》，载《证据科学》2018 年第 5 期。

〔2〕　参见［美］马尔库塞：《单向度的人———发达工业社会意识形态研究》，刘继译，上海译文出版社 2006 年版，第 9-11 页。

中所存在的问题："数据主义表达了一种信息技术优于其他治理手段的意识形态，过于迷信技术便会忽视了人的主体性。"〔1〕大数据侦查中侦查主体往往重视大数据技术的应用而忽视其自身的作用，法国现象学家米歇尔·亨利也曾指出，技术主义是生命在其呈现方式中表现出的一种自我否定的特定样态。〔2〕科学技术崇拜，导致了侦查主体在应用技术之时出现不加思考的状态。而且处于"技术万能论"的影响之下也容易使侦查主体不断地丧失价值理性，在缺乏价值判断之时，侦查行为会缺乏公正性进而容易造成权利侵犯问题产生。

2. 侦查主体容易形成对技术的依赖性

在大数据侦查实践当中，大数据技术在助力侦查活动的同时也逐渐导致侦查主体的惰性思维，从而产生对技术的依赖性。麦克卢汉所说："我们塑造了工具，此后工具又塑造了我们。"〔3〕人虽然作为大数据技术的发明者，但是过度依赖于技术工具使用，必然会反噬人的主体性，而且还会导致其丧失人的多元理性思维，"近代自然科学发展，科学成了理性的代名词，启蒙时代所倡导的理性被视作把握事物规律的尺度和人类活动的唯一根据，由此理性走向自己的反面呈现出工具化倾向。"〔4〕在大数据侦查中，仅仅凭借技术理性所实施的侦查行为，必然会导致其正当性与合法性的缺失，影响权利的有效保障。

在大数据侦查中，基于算法所实现的侦查预测结果并不是完全可靠的，因为算法本身便会存在多种缺陷和问题，受制于各种主观因素的影响评判的结果便会出现误差。究其原因在于在大数据侦查实践当中，由于数据来源的不可靠性、数据的真实性存疑等方面的问题都会影响数据分析的质量。在数据分析深度挖掘阶段，算法是数据结果的关键影响因素，数据分析人员容易将自己的主观情感色彩融入算法当中。如果侦查主体过度依赖于算法，便会被带入算法的"陷阱"中，而且过于依赖算法的科学性，会导致侦查主体的

〔1〕　参见单勇：《犯罪之技术治理的价值权衡：以数据正义为视角》，载《法制与社会发展》2020 年第 5 期。

〔2〕　参见汤炜：《对技术的现象学反思之进路——兼谈人工智能》，载《哲学分析》2019 年第 2 期。

〔3〕　参见［加拿大］马歇尔·麦克卢汉：《理解媒介——论人的延伸》，何道宽译，商务印书馆 2000 年版，第 17 页。

〔4〕　刘伟、陈锡喜：《"技术理性统治"何以可能——兼论哈贝马斯技术理性批判的反思向度》，载《上海交通大学学报（哲学社会科学版）》2016 年第 2 期。

判断力和想象力出现逐步萎缩，影响其在侦查实践中主观能动性的发挥。算法水平越高越会符合侦查主体的内心预期，而满足侦查主体心理预期的同时侦查主体对算法依赖越"成瘾"，进而越来越适应和接受算法决定，成为算法温顺的服从者。

（二）基于侦查主体的"技术效率迷信"与自主性的缺失

大数据技术进步创造了以经济效益为主旋律的逐利场域和生存之道，造成了追求侦查效率的基本逻辑并沦为技术逻辑的附庸，破坏了大数据侦查合规律性与合目的性相统一的深层逻辑。技术应用的同时容易导致侦查主体过度追求技术应用所带来的效率提升，沉溺于效率所带来的效能而自我满足，进而导致其自主性的缺失。

1. 侦查主体追求效率会导致侦查措施的应用缺乏程序性

侦查程序不是次要的，而且并不应当被视为"可省略的繁琐手续"，而是保障侦查合理合法，不侵犯公民权利。在侦查中，不存在对于程序规定的渴望和需求，侦查机关往往把程序限制视为效率的阻碍。过度注重犯罪事实发现的及时性而忽略了程序的规范价值。侦查机关为了更快速地破案，在利用大数据技术之上具有盲目性与随意性，这些侦查行为则违背了程序价值的要求，程序是客观存在的，对每个人的标准应当是相同的，程序价值是出于将人视为目的而非手段的人本原则的尊重，也是出于对人性恣意善变和利益驱使下人的行为不确定性的防范和约束。

在大数据侦查中，侦查人员为了追求侦查效率，可能会滥用搜查、扣押等侦查措施，严重侵犯侦查对象的人身权、财产权、隐私权等。扣押和搜查是两项强制性侦查措施。《刑事诉讼法》有对其的描述，但对其适用案件和程序的固定较为笼统。由此，这两种侦查措施在实际侦查活动中经常被滥用。我国《刑事诉讼法》第 136 条规定："为了收集犯罪证据、查获犯罪人，侦查人员可以对犯罪嫌疑人以及可能隐藏罪犯或者犯罪证据的人的身体、物品、住处和其他有关的地方进行搜查。"但其没有规定搜查的具体条件、场所、范围及时间。在搜查过程中，这就给侦查人员自由裁量的空间，有些侦查人员可能会为所欲为，不分青红皂白地扣押侦查对象的手机、硬盘、电脑等，从而获得其违法数据。由于这些储存媒介内可能存有大量的公民个人信息，这可能会对公民的权利造成侵害，使其人格尊严受到侮辱，并产生严重的负面影响，也损害侦查机关和侦查人员的个人形象。在勘验、搜查过程中，部分侦查人员认为某个电子设备可以用来证明犯罪，在没有相关搜查令时，随意搜查、扣押侦查对象的个人物品，事后发现与案情无关，归还侦查对象就可以，无须承担任何法律责任。为了追求侦查效率，一些侦查人员根据《刑事诉讼法》第144条第1款规定，利用大数据侦查手段随意查询、冻结公民财产。在大数据侦查中，尤其在办理一些经济案件时，侦查人员会对侦查对象的财产进行严格审查。在此过程中，一些侦查人员可能会随意调查侦查对象的账户金额、转账信息等。这就使得公民的财产权被侵犯。为了追求侦查效率，一些侦查人员常运用窃听的手段监控侦查对象。窃听又被称为电子监控，是一种强制侦查措施。在大数据侦查过程中，侦查人员使用窃听手段获得侦查对象的犯罪信息的情况时有出现。在窃听的过程中，侦查人员可能获得与案件无关的侦查对象的个人信息，如果侦查人员保密性较差，那么这些信息可能会被泄露，对公民的个人信息权造成侵害。

2. 重效率而忽视程序价值

大数据侦查中技术的应用呈现出动态发展性，即随着数字信息技术的进步，越来越多的技术被不断地引入到侦查领域当中，不断地扩充大数据侦查的实质范畴。而新的技术进入侦查领域，却缺乏相应的法律规范进行有效的制约，侦查活动不仅仅是运用技术的过程，还是法律规范适用的过程，两者在侦查过程当中应当具有同步性，而在缺乏法律规制时，技术的不断应用导致了侦查法律价值的式微。

（三）基于侦查主体的"制裁不力"与自主性缺失

在大数据侦查中，盲目且不加思考的技术应用不仅缺乏有效的制裁手段，而且也是导致侦查主体自主性缺失的重要因素。由于缺乏大数据侦查制裁的相关措施，更是纵容侦查主体的"恣意"行为，进一步导致了侦查主体的自主性的缺失。

非法证据排除规则难以适用于大数据证据

在大数据时代，数据量极大，由有用数据组成的信息在内容上更为宽泛，超越了"事实"与"价值、法律、意见"之间的截然两分。[1]由于大数据侦

---

〔1〕 参见［英］威廉·特文宁：《反思证据：开拓性论著》，吴洪淇等译，中国人民大学出版社2015年版，第257-258页。

查的特殊性，为免数据信息不被采信，侦查机关往往采用一套法外运行规则，即将数据信息进行证据转化以解决争议证据的问题。这根源于我国大数据侦查立法的缺失，虽然我国关于保障数据权利和个人信息权利的立法已经出台，我国的刑事诉讼法治不断完善，但关于大数据侦查的明确立法尚存在缺漏。虽然大数据侦查可参照技术侦查的相关立法，但两者的不等同性使得技术侦查的既有法规范无法规制大数据侦查的全部内容，加之实务中的侦查习惯与立法规制相抵触，大数据侦查的正向效能被削弱。实务中就大数据侦查所获证据仍依照既有刑事诉讼法规范进行规制。依此，大数据侦查所获证据的"应然"适用情况分为三种：a. 对于合法证据，即符合取证规范获得的证据，可直接作为证据使用；b. 对于瑕疵证据，经补正和合理解释后可适用；c. 对于非法证据，予以排除。然而，实务中侦查机关将这种"应然"的证据适用"三重样态"演化为"实然"的"双轨运行"，[1]即以证据转化为主，以直接适用为辅。证据转化实质上是将非法取证"漂白"，将非法证据转化为合法证据后加以适用，[2]必将增加刑事错案风险性。大数据侦查自身具有更强的敏感性和秘密性，因此大数据侦查证据材料的异化程度将更加明显，转化适用与直接适用双轨运行机制将更加复杂，争点将更集中在证据合法与否的判断上。证据的合法性往往取决于侦查取证方式的合法性。但我国现行法规范未对大数据侦查取证行为予以规制，一方面，这使得大数据侦查权因缺乏明确的指引和规制而滥用，即非法取证行为增加，证据材料的合法性基础丧失；另一方面，这模糊了"合法"与"非法"的界限。侦查机关对于无法确定合法性的证据材料存在风险心理，因此通过证据转化降低风险成为一种稳妥的选择。[3]大数据侦查的目的在于通过犯罪惩治来实现公共利益的保障，但是在犯罪预测的过程当中，其因为实现犯罪的有效控制而无法兼顾整体的公共利益。例如侦查犯罪数据信息的收集必然需要从海量数据信息中去甄别，而目前侦查机关在收集犯罪相关信息数据之时，必然会涉及公共领域中与犯罪无联系的众多个人数据信息，说明大数据侦查不仅仅会干预个人的信息数据，

---

〔1〕 参见董坤：《实践的隐忧——论特殊侦查中的证据转化》，载《中国人民公安大学学报（社会科学版）》2013 年第 3 期。

〔2〕 参见万毅：《证据"转化"规则批判》，载《政治与法律》2011 年第 1 期。

〔3〕 参见彭俊磊：《技术侦查中大数据取证的法律规制》，载《重庆邮电大学学报（社会科学版）》2018 年第 5 期。

也会干预到不特定的众多的个人数据信息。

　　小结：在本章中，从大数据侦查权力与权利、大数据侦查功能与权利、大数据侦查价值与权利三个维度分析了其中权利保障的问题。在大数据侦查权力与权利中，在数据赋权的背景之下侦查权力在显性层面与隐性层面进行扩张，压缩了权利应有的范围，而作为权力最有效的制约方式的侦查监督却没有发挥应有的作用。在大数据侦查功能与权利中，以大数据侦查措施为手段的主动侦查在实践层面产生了诸多权利保障问题。一方面，我国大数据侦查措施的性质尚未明确，无法律规范可供参考导致其盲目的适用，另一方面，我国立案程序也无法有效地实现对于主动侦查的规制。在大数据侦查价值与权利中，大数据侦查的外在价值与其内在价值之间产生的冲突导致权利保障问题的产生。

控制权力实现大数据侦查中权利保障

在古典自由主义理论中，权力—权利之间的关系主要是限制与制约，两者之间的限制与制约并不是单向的，而是双向的互动关系。具体表现为在法定范围内，权力经过法定程序，可以限制权利；而权利通过法律程序和规范确认和保护，可以监督和制约权力。[1]大数据侦查中权力的扩张成为制约权利保障问题的诱因，权力的扩张必然会限缩权利的保障范围。如何在大数据侦查权的运行过程当中有效地实现权利保障，控制侦查权势在必行。但目前我国侦查权在运行过程当中却出现了诸多问题，比如侦查权力界限不明确、属性不明确、权利保障体系的构建尚不完善以及权力监督乏力等，大数据侦查权力扩张控制不力也导致在大数据侦查当中权利保障的困境。权力的控制以及权利体系的完善是实现大数据侦查中权利保障的重要手段。而权力的行使必然需要一定的外部力量制约，加强对于大数据侦查权的监督也是实现控制侦查权的有效途径。

第一节 明确大数据侦查的权力范围

限制大数据侦查的扩张需要以权力的运行过程为切入点，通过划清权力运行的边界、规范权力运行的具体过程以及防止"数据私权力"的不当入侵三个维度，实现对大数据侦查权的控制。

---

[1] 参见郭春镇：《"权力—权利"视野中的数字赋能双螺旋结构》，载《浙江社会科学》2022年第1期。

一、划清大数据侦查权的权力边界

限制大数据侦查权的扩张首先要明确其权力应有的边界，只有权力在应有的界线之内运行，才能保障其运行的正当性与合法性。而其权力边界的明确则需要对侦查权权力属性进行界定，侦查权及大数据侦查权都应当属于司法权，并在刑事司法的运行范围之内才能实现权利的保障。

（一）明确大数据侦查的权力属性

在前文关于侦查权属性之争的问题分析中，不难看出学界对侦查权的属性之争尚未停息。关于侦查权权力属性的争论众说纷纭，持不同观点的学者都阐述了自己的论据，那么关于侦查权权力属性问题的争论点主要围绕以下几点展开：

1. 权力属性的"执行"与"判断"之争

主张侦查权性质属于行政权的学者主要基于行政权具备执行倾向，故而将侦查权的属性界定为行政权。而这种对于"执行"与"判断"的模糊化理解并没有实质性地从权力的内在属性中对"执行"与"判断"的内在含义进行解读。首先，司法权与行政权的"执行"含义就存在着区别。"从广义层面进行理解，司法权当中虽然也包含着一种执行权，但是如果从本质上来分析，司法权当中的'执行权'与行政权中的'执行权'有着本质上的区别。"[1]说明了行政权中的"执行"与司法权中的"执行"两者存在基于权力属性的差异。行政权的社会事务组织与管理中的"执行"与司法权当中对妨碍社会秩序行为进行矫正，维护国家所要推行的法律价值中的"执行"所蕴含的依据完全不同。[2]其次，基于司法权中的"判断"，大部分学者都指向了审判权，法官在审判当中便是通过诉讼当中的证据进行"判断"，从而行使审判权。那么在侦查活动当中，是否也存在着"判断"行为呢？答案是肯定的，侦查活动中必然存在"判断"行为。

在具体的侦查活动当中，侦查主体的首次"判断"行为出现在初查立案过程当中，侦查主体需要通过事实分析，以"判断"是否该进行立案侦查。

---

〔1〕　参见周欣：《侦查权新论》，载《刑事司法论坛》2008 年第 1 期。
〔2〕　参见周欣：《侦查权新论》，载《刑事司法论坛》2008 年第 1 期。

在侦查过程当中，侦查主体也时时刻刻需要进行"判断"，侦查作为一种法律实践，其实践过程当中均存在着法律规范的适用行为，那么作为执行主体需要通过事实依据进行合理的"判断"，进而采取何种适合的侦查行为。所以在侦查权当中，也存在着"执行"与"判断"，并且两者都区别于行政权中的含义。

2. 权力启动模式之差异

在侦查权的启动模式差异方面，主要围绕着行政权的主动性与司法权的被动性而展开。有学者将行政权与司法权两种权力的运用方式形容为"放"和"收"，侦查权的积极主动性、追求效率等特征与司法权被动性、中立性等特征并不相同。[1]这种区别侦查权与司法权的属性的方法是基于我国司法机关"不告不理"的模式进行判断的，而"不告不理"原则主要还是围绕着刑事诉讼当中审判权进行构建的。那么有些学者认为我国的刑事侦查的启动都是被动的，从司法权的外部直观理解是偏颇的。在刑事诉讼程序当中，在司法权当中所包含着的"中立"与"倾向"，是因为两者并不处于程序的同一个阶段，两者位于不同的阶段所肩负的职责也不尽相同，并不存在冲突。说明即使在司法权的运行中也包含着主动性、中立性等特征。侦查权与审判权同属于我国的司法权之列，由于处于刑事诉讼中的不同阶段，其权力的内在特点存有差别。

3. 侦查权力执行主体之争

侦查权的权力执行主体之争则是侦查权权力属性争论的焦点。主要围绕着侦查权的执行主体——公安机关的主体性质展开。作为侦查权的执行主体，公安机关管理模式为行政管理模式，很多学者基于此便认为侦查权的属性为行政权，理由在于侦查权的权力发动主体为行政机构，其行使的权力属性便具有行政属性。究其原因，主要在于部分学者将警察权与侦查权混为一谈。在实践中，侦查与治安工作两者之间存在密切联系，而这种在公安机关内部的权力分类以及治安与刑事的交叉关系便会影响对于侦查权的属性判断。

仅仅依据执行主体以及职权范围等因素对于侦查权的属性进行判断，不足以支撑侦查权属性界定。在确定权力性质时，最终起决定性作用的为职责

---

[1] 参见樊崇义、刘辰：《侦查权属性与侦查监督展望》，载《人民检察》2016年第Z1期。

的性质和内容。[1]而且侦查权主体的行政管理模式不能成为侦查权构成行政权的理由，侦查权的权力是由国家宪法以及基本法进行授权。所以侦查权行使的是由国家授予的强制力，基于侦查权的执行主体是由法律明确授权等特征分析，可知侦查权属于司法权。[2]

在以侦查权的执行主体为依据进行侦查权的权力属性讨论当中，我国的公安机关的管理模式虽然是行政属性，但是却不能依据此而得出，侦查权的权力属性为行政权。定位侦查权的属性还应当从其执行主体的职权属性以及我国的法律规范当中去进行实质界定。

4. 效率之争

侦查效益是侦查活动实现的目的，彰显侦查活动当中也有追求效率的价值目标。在管理的过程当中，侦查权与行政权都侧重于追求权力自身的利益，侦查权倾向于效率优先。[3]该学者分析了侦查权中所蕴含的效率价值，但侦查权的效率价值与行政权中的效率价值的出发点却截然不同。侦查当中的效率与公正所涉及的问题来源于侦查价值当中的问题。侦查价值表明了人们期望侦查程序达到的理想目标以及人们对侦查活动进行评价的客观标准。[4]该论述中解释了侦查活动当中效率所蕴含的价值其实与行政执法活动当中的效率的区别。因为侦查权自身特点，所以在侦查权当中相对于其他的司法权的运行，效率会被侦查主体进行优先考虑，而侦查权当中以效率作为优先选择，是因为需要保障在权力运行过程中有效目的的实现。[5]显然并不是仅仅在行政权当中需要效率，在司法权的运行中同样也需要效率进行保障，而且在整个刑事诉讼程序中，侦查活动的高效对于司法权有效运行起到了关键的作用。所谓"迟来的正义非正义"当中的正义更是以效率来保障司法正义。"行政法上的效率是行政效率与行政相对人行为效率的统一，即行政法对行政管理的效率的促进和行政相对人的效率的促进。"[6]行政效率是以行政相对人为作用主体，通过有效管理实现效率，侦查权当中则作用的是以犯罪行为人为主体，

---

〔1〕　参见杨宗辉：《论我国侦查权的性质——驳"行政权本质说"》，载《法学》2005年第9期。

〔2〕　参见周欣：《侦查权新论》，载《刑事司法论坛》2008年第1期。

〔3〕　参见张崇波：《侦查权的法律控制研究》，复旦大学2014年博士学位论文。

〔4〕　参见杨宗辉：《论我国侦查权的性质——驳"行政权本质说"》，载《法学》2005年第9期。

〔5〕　参见卞建林、张可：《侦查权运行规律初探》，载《中国刑事法杂志》2017年第1期。

〔6〕　王成栋：《论行政法的效率原则》，载《行政法学研究》2006年第2期。

通过有效侦查实现司法公正意义之上的效率。因此，并不能将侦查当中的效率等同于行政权当中所追求的效率。

综合以上的争论点不难看出，对于侦查权的属性争论点主要围绕着警察权中行政职权与刑事职权的分歧、我国公安机关体制的管理模式对于侦查权属性的影响以及行政权与司法权基本属性进行比较三个维度展开，最终确定侦查权的权力属性。通过以上对于三种侦查权属性定位学说，结合侦查权权力属性论证的论点进行分析，笔者更赞同侦查权属于司法权。

大数据侦查主体开展侦查活动时，需要依照法律的规定进行。侦查活动开展的相关法律依据是我国的宪法和刑事诉讼法，侦查行为涉及限制公民重要权利方面则必然需要坚持法定主义（又称为保留原则）。究其原因，在于侦查活动所涉及的权利很多为公民的重要权利，我国对于公民重要的权利保护模式采取了法律保留的方式，即只有宪法才能对涉及公民基本权利的事项进行规定，而刑事诉讼法只是在宪法授权下制定的法律。大数据侦查围绕犯罪活动进行侦查活动，而基于犯罪活动所采取的限制公民权利的程度，必须在宪法或者法律授权下才能合法进行，特别是考量到侦查权所蕴含的权力属性。立法要充分采取各种有效的预防措施，避免其滥用。[1]因此，大数据侦查的思维依据也必须建立在合法限制公民权利依据的基础之上，才能进行侦查活动。在行政执行当中，行政措施的侵犯程度明显没有达到刑事侦查中的程度。从两者所依据的法律不同考量，侦查权应当属于司法权范畴。

（二）厘清大数据侦查权与行政权的边界关系

本书在将大数据侦查权界定为司法权的前提之下，划清与其关系密切权力之间的关系，才能防止大数据侦查权力的外溢。正如上文中的问题分析，如果不厘清侦查权与行政权之间的关系，便会导致两种权力的相互转化，进而可能导致大数据侦查行为的失范，最终损害犯罪嫌疑人的基本权利。在此基础上，重要的任务就是理顺公安机关行政权与司法权的衔接关系。

在侦查体制中，由于我国公安机关肩负行政与司法两大职能，也因此产生了侦查的规范性问题，针对这类问题，最主要的解决办法便是理顺公安机关中行政与司法如何衔接的问题。首先，区分侦查权与行政权的范围需要明

---

[1] 参见孙煜华：《论侦查权的宪法控制》，华东政法大学 2013 年博士学位论文。

确犯罪行为与行政违法行为的界分，明确两者之间的边界。此时，需要准确界定法定犯的种类和追溯标准，从犯罪构成上，有效判断何者属于行政违法行为，何者属于刑事犯罪行为，在此过程中，需要做好行政部门与侦查部门之间的信息沟通和交流工作，形成统一的标准和共识。

其次，针对行政权与侦查权的混用还着重体现在行政措施与侦查措施的混用和混同方面，如初查阶段对行政拘留的误用，以此来控制嫌疑人；又如"不破不立"背景下，将案件停留在行政违法行为追溯阶段，而直到案件事实查明才进入侦查阶段；又如通过将行政案件转入刑事案件，再通过撤案手段规避国家赔偿等。针对以上问题，需要进一步明确不同阶段措施的适用标准和法律监督措施，打开侦查"黑箱"，进而实现侦查措施和行政措施的明确界分和合法应用。

最后，正是行政违法和刑事犯罪之间存在着衔接递进的关系，所以增强公安机关行政、司法衔接的意识显得尤为重要。法治理念要体现在侦查主体的职业价值观上，进而增强两法衔接意识。部分侦查主体的沟通意识差是两法脱节的重要原因。此外，侦查主体必须保持主动和克制的态度。法治意识的提高和法治土壤的形成需要精心培育，也是提高侦查主体两法衔接意识的有效途径。把法治意识和两法的衔接意识根植于侦查主体的灵魂之中，使他们真正认识到侦查权力无限扩张带来的巨大危害，自觉坚持以谦虚的态度行使侦查权，确保两法顺利衔接。

（三）摆正侦查权力与"技术权力"之间的位阶顺序

大数据侦查权扩张的重要原因在于大数据技术的应用，而其深层次的原因在于侦查权与技术应用之间的位阶关系混乱。侦查被技术应用"牵着鼻子走"导致了侦查权超越了原有的权力范围。

大数据侦查权力运行的位阶顺序应当是侦查权力优先原则。但在侦查技术应用的过程中，以追求"打击犯罪"功能实现为出发点的侦查活动很容易陷入"技术主义"的泥淖，进而产生"技术权力"优位的后果。在此过程中，侦查机关往往会忽视技术本身的人权侵犯性和技术本身的风险性，造成权力范围实质性的扩张和越位，进而导致侦查活动缺乏原有的法律规范的约束，在技术逐利性的驱使之下盲目地扩张，最终使得侦查权的权力无限延展，缺乏应有的控权和限制。

因此，针对权力所具有的天然扩张性和技术权力所具有的扩张性，当两者融为一体时，便会形成更为巨大的权力利维坦，使得权力更加难以约束。此时，便需要进一步控制权力的扩张，保障个体权利。质言之，进一步扶正侦查权的权力本位，杜绝技术权力对侦查权的进一步加持，形成和谐有序的权力位阶体系。因此，笔者认为侦查权应当以司法权为本位，从控权的角度首先审视大数据技术所带来的侵权风险和技术风险，在实现大数据侦查的合法化/合规化前提下，再考量技术的应用，对技术权力进行适度扩张，最终实现完整的大数据侦查权力位阶体系。

二、构建大数据侦查权力运行规范

首先，针对大数据侦查的扩张，我国需要设定其权力运行的规范，将其严格地控制在法律规范之中，以保障其在正常限度内良性运转。其次，大数据侦查权作为一种新的侦查权力模式，其在法律规范层面上尚不能进行完全地规制，所以也要通过道德伦理进行宏观层面的规制。再其次，大数据侦查权应该保证在其作为司法权的运行逻辑基础上，来实现其权力的运行规范性，所以在大数据侦查权力运行的过程中，保障法律优先权是第一位的。最后，大数据侦查需厘清算法与法律的关系以及代码与法律的关系，将两者进行有机的统一，才能有效地保障大数据侦查在规范下运行。

（一）数据伦理的法律化

科学技术是人类对客观规律的正确认知，其目的在于求真，而伦理是维护人类和谐共处的标尺，其目的在于求善，善是保持生命，促进生命，使可发展的生命实现最高价值。[1]而在侦查活动中，技术的应用不能仅仅是发现犯罪事实的"真"，还应当兼顾伦理意义上的"善"，而这种"善"在大数据侦查中所追求的便是如何更好地保障权利。

在侦查权力扩张的背景之下，权力滥用不单纯是一个法律问题，更是一个伦理性质的问题。通过数据伦理的法律化来规范大数据侦查权力的运行，具有一定的客观可行性。人类追求科技的目的在于"善的生活"，在于求得归

---

〔1〕参见［法］施韦泽：《敬畏生命：五十年来的基本论述》，陈泽环译，上海社会科学院出版社 2003 年版，第 131-134 页。

宿感与安全感。而对于大数据侦查中权力的控制基础伦理也应当建立在人的基础价值之上，大数据侦查本身也应当坚持一种"科技向善"的质朴伦理价值观。

（二）保障法的优先性是限制权力的重要举措

扩张性是权力的天性，而侦查行为的主动性也体现为扩张性。在侦查行为引导权力行使的过程中，可能因为两者结合不当，导致权力的不规范行使，产生在侦查过程中的权利侵犯问题。侦查行为是在"权力法定"前提下行使行为权，即在侦查行为的过程中，侦查主体在处理"权"与"法"的关系问题方面，侦查主体必须做到在侦查行为中首先要有"法"的存在，接下来才是"权"的存在。两者的顺序不能颠倒，如果先有"权"，再有"法"，在侦查主体进行行为制定和实施的过程中，侦查主体便会无视规范而滥用侦查权力。在迈向具体侦查行为的实践过程中，应当通过对侦查活动中各个环节的规范来实现侦查主体的"依法行为"，实现侦查行为中的法无规定不可为。

在侦查行为的过程中，"依法行为"是指具有侦查权的行为主体在行为之时，其行为或者思维应当受到法律规范的调整，而且根据侦查行为的渐进性特点，侦查主体也必须保证其行为在整个行为过程中具有法律属性。实现侦查行为中的"依法行为"是一个渐进的过程，即侦查主体必须在行为每个步骤中坚持相关法律规范的调整，才能实现整体之上的"依法行为"。但凡出现一处瑕疵，侦查行为的合法性便会出现纰漏。

那么"依法行为"如何体现对侦查主体的权力限制呢？该问题要从"依法行为"的本质上进行论述。"依法行为"体现的是一种形式规制，即在侦查的实体行为和行为思维中必须遵守规则。侦查主体在制定和实施侦查行为的每个环节中，他们都必须严格遵守相关的法律规范，所以"依法行为"的本质属性便体现了强制性、限权性等。这样才能对侦查主体的行为进行严格控制，避免侦查主体滥用权力。

在"依法行为"的具体层面，如何实现侦查主体的权力限制作用，首先，应当是一种对于侦查行为的目的性限制，主要体现在行为思维之上。这种目的限制必须要在合法性的大框架中进行，也就是说，合法性的表象是侦查权之限制性的必须要求。侦查权作为侦查理论系统中最为关键的一环，其目的限制性与合法性之要求是具有同源性的。其次，"依法行为"对于侦查行为的限制性，还体现为对行为范围的限制性，表现为任何权力都有限度，任何国家机关及个人被授予的权力都是有限的，法治的目标是实现对公权力的限制。权力的有限性决定了任何权力必须有明晰的边界。[1]尤其在侦查活动中，权力的行使必须有一定的边界，超越边界的限制便会出现侵犯公民权利的现象。最后，对于侦查主体行为方式之上的权力限制。这主要体现在权力行使的限度之上，在侦查实体行为以及行为思维之上，必须包含着最小化、最优化行使权力的思维，因为最低程度的权力行使便意味着对于人民权利最大限度地保护。侦查行为应当充分考量每一次侦查措施的适用、侦查措施使用的种类等，保证侦查活动中最大化地保护人民权利。

（三）实现法律规范与大数据技术的有效耦合

随着大数据技术与法律之间的发展，先后出现了"算法与法律"、"法律与算法"和"代码即法律"、"法律即代码"的观点讨论。"代码及法律"认为可以取代法律的地位，进而实现代码规范人的行为规范的作用。而"法律即代码"则强调法律与代码的重要性，法律所具备的规范作用是无法被代码替代的，而两者之间的耦合才能满足社会发展的需求。法律代码化其在技术上和理念上均面临重大挑战，例如将模糊的法律"湿规则"转换为精确的技术"干规则"，必然以丧失法律灵活性或无缝隙性为代价。[2]法律具有灵活性而技术代码则具备精确性，在"干""湿"结合的过程当中必然遇到诸多的困难，解决的办法便是分析两者的特性从而进行融合。

实现算法的法律化。强调法律与技术的耦合首先要建立法律所具备的特性，即其所具备的稳定性。破解代码规则的方法可以很轻松地找到，但大多数普通人由于缺乏特定的专业知识和途径，除了遵守代码之外别无选择。这与法律规则有极大的不同，在法律规则中，每个人都有能力决定是否违反规则，只有在规则被破坏后，国家机关才会介入以保障规则的执行。[3]

实现代码的法律化。代码是算法的基础，代码植入法律化的伦理要求，在计算机的系统与计算运行程序中，代码是完成预定指令最底层的技术架构

---

〔1〕 参见万高隆：《论提升权力制约与监督效能的路径》，载《广西社会科学》2021年第1期。

〔2〕 参见许可：《个人信息治理的科技之维》，载《东方法学》2021年第5期。

〔3〕 参见赵蕾、曹建峰：《从"代码即法律"到"法律即代码"——以区块链作为一种互联网监管技术为切入点》，载《科技与法律》2018年第5期。

与现象。客观上，代码既是数据开发与利用的规范，同时也是急需治理的技术力量，因为代码体现的不仅是技术，更是决定了利益分配、风险程度、正义实现与政府治理。随着代码技术在社会学科中的渗透，有人在信息法概念的基础上，主张代码法律说。

"尽管代码即法律具体表达各不相同，但其核心特征是利用代码来定义人们需要遵守的规则。"[1]代码是网络安全、隐私保护、数据共享与数字经济等的源头。在信息科技中，代码具有原始性的规范力，不同的代码意味着不同的计算、风险与挑战，具有隐秘性与专业性，对人类的行为具有潜移默化的塑造与控制力。虽然代码是信息工程师的"游戏积木"，但是代码应服从于法律安排，同时必须遵循技术伦理的要求，因为"代码毕竟不是真正的法，仅有社会学上的有效性，而缺乏法律和伦理上的有效性"。[2]

三、防止"数据私权力"的不当介入

设定权力的运行规范是防止权力从内部往外进行扩张，而防止"数据私权力"的不当介人则是从外部防止其他权力的渗入，进而达到控制权力扩张的目的。在大数据时代，拥有数据的主体成了"数据权力"的主体，"数据权力"主体如果渗入到大数据侦查权力体系当中，则会产生侦查权力——数据权力——权利的格局，所以防止技术"私权力"的不当介入不仅仅保障了在刑事司法体系中权力与权利的正常构成结构，也是限制大数据侦查权扩张的有效手段。

（一）以公共利益作为"数据私权力"的衡量尺度

首先从公权力与私权利所代表的利益来分析，公权力所代表的是公共利益，而私权力主要是基于私人意志和利益，而非公共意志，这就决定了私权力主体把考虑自身利益最大化作为出发点。但是目前我国"数据私权力"的形成有着其历史的必然性，也是社会技术发展的必然产物，首先要肯定其形成是存在着一定的合理性的。在大数据侦查中，带有追求私主体利益的技术

---

〔1〕　赵蕾、曹建峰：《从"代码即法律"到"法律即代码"——以区块链作为一种互联网监管技术为切入点》，载《科技与法律》2008 年第 5 期。

〔2〕　参见许可：《个人信息治理的科技之维》，载《东方法学》2021 年第 5 期，转引自郑水流：《法的有效性与有效的法——分析框架的建构和经验实证的描述》，载《法制与社会发展》2002 年第 2 期。

应用，应当严格地将其排除在外。

当前，针对数据权属仍然众说纷纭，一方面有学者认为数据归属于数据提供者，属于财产权；另一方面，有学者认为数据控制者也享有数据所有权，因为其蕴含了对数据的加工制造等劳动成果，将数据作为用益物权。基于此，还有学者认为数据库属于知识产权的保护范畴。但无论何种权属，都需要认清数据本质属性在于流通和共享，此时才有数据的价值。因此，对于数据的利用，采用传统的数据归属个人的立场无疑不利于数据的流通和使用，也与大数据侦查中有效利用数据的本旨所冲突。因此，以公共利益为导向的数据应用应当被置于优先位置，即以打击犯罪、保障人权作为其根本出发点。

（二）侦查机关对于大数据技术应用应当坚持谦抑原则

"算法权力的根本是利益，既以特定的利益为出发点和落脚点，也为特定的利益而存在。"[1]究其实质原因而言，正是由于侦查机关对于大数据相关技术的盲目应用，给"数据私权力"的入侵提供了可乘之机。而解决问题的办法便是要求侦查机关在对于技术应用之时，应当保持一定的理性，坚决排除盲目意识，以谨慎的态度看待技术应用所带来的后果。而这种私权力的思想，则可能导致大数据侦查的价值异化，作为过分追求社会秩序、实现对个体"全景敞"式监控的工具，违背了人权保护和良法善治的基本目标。

因此，对于大数据侦查权的构建，还应当从保障人权的角度入手，明确其行为边界，避免在追求社会秩序的过程中，过分侵犯公民个人的信息权益和隐私权益，产生不良的社会效益。同时，还应当从程序构建的角度，明确大数据侦查的审批事项、具体措施、行为限度和法律监督等具体程序，杜绝大数据侦查权成为一种私权力，保证大数据侦查手段的谦抑性。最终，通过权利保护和程序构建两方面，形成大数据侦查的权利保障体系。

第二节　扩展大数据侦查中权利范围

在大数据侦查中，权力与权利关系呈现出此消彼长之势态，在两者此消彼长的过程中一方面权力扩张必然导致权利范围限缩；而另一方面权利体系

---

〔1〕 参见郑磊：《数字治理的效度、温度和尺度》，载《治理研究》2021 年第 2 期。

的完备也可以有效地遏制权力的扩张。"而权利作为现代社会的恒久命题，是人类发展的内在轴线，因此在这一背景下，数字权利仍然是制约权力扩张的重要利器。"[1]在大数据侦查中，完善权利保障体系是控制侦查权力的方式之一。无论是传统的权利还是新兴的数据权利，必须要破除当前权利研究非体系化、碎片化的研究范式，[2]将权利的研究范式放置于体系之中才能使得侦查权得到控制。

一、基于传统权利的延展

讨论大数据侦查中的权利保障问题，不能脱离对传统权利的研究，究其原因在于，在新的社会背景之下，传统权利也会随着社会的发展展现出新的权利面貌，但是传统权利的研究已经形成了牢固的基础理论和实践经验。所以面对新的权利形态，要建立在其原有的基础之上并进行适当的延展。而且权利具有动态性的特点，而传统权利在其动态性的发展背景之下，其必然扩展应用到新的领域或情境当中，而在实践中诸多权利都是传统权利延展得到的新的权利形态，因此无须再主张其列入新兴权利，而将其归为传统权利的延展更具有一定的合理性。

(一) 传统权利延展的合理性

在大数据侦查中传统权利的延展具有其一定的合理性，以唯物主义的观点"世间任何万物都处于变化发展的趋势中"，那么权利的发展也同样在历史的长河中处于变化发展中，所以对于传统权利也应当以发展的眼光进行对待和认知。从权利的学理角度进行分析，目前学界所提出的众多所谓的"新兴权利"虽然在一定的程度上体现了"新"的特点，但是其权利的学理基础却仍然在传统权利之上，是传统权利的衍生权利，属于传统权利的支权利。所以这种所谓的"新兴权利"虽然披着新的权利外表，其实质还是应当属于传统权利。尤其是在数字信息时代的背景之下，社会之上的万物都在处于数据化的趋势之下，权利数据化也是一个不争的事实。例如虚拟财产权抑或是虚

---

〔1〕　姚尚建：《数字治理中的权力控制与权利破茧》，载《理论与改革》2022 年第 3 期。

〔2〕　参见陈国栋：《新型权利研究的体系化与本土化思维——以公法权利体系为论域》，载《江汉论坛》2019 年第 10 期。

拟空间权等权利，其权利的学理基础都建立在传统权利的基础之上。

本书以虚拟空间权利进行分析来论证本书的观点，我国《宪法》第 39 条规定了公民住宅不受侵犯的权利，其中有关于住宅自由权的两项权利内容中也包含了住宅隐私权和住宅选择权。虽然，这两项原则没有在《宪法》中予以明确规定，但是基于法理应当将其理解为衍生性质的基本权利。由此可知，私人能够支配的空间场所，不论其支配空间是否具有形态（有形或虚拟），都应该判断其属于私人空间的范畴之内，强调有形和无形的空间支配权对住宅空间具有重要的意义。[1]虚拟空间权利的保障有别于传统意义上的住所权利保障，在保障公民的住所不受侵扰的权利时，应当将虚拟空间的权利涵盖其中。究其原因，随着科技的发展，侦查主体不仅对公民的私有领域（物理空间）进行侦查，而且还扩展到了虚拟空间当中。

（二）传统权利的延展更利于侦查实践

无论是从侦查主体的法律规范的适用抑或是从权利保障的角度，对传统权利的延展都更有利于侦查实践。传统权利的延展可以有利于侦查主体对于侦查措施的判断，尤其是在大数据侦查中，在大数据侦查措施并没有形成完备的法律规范体系时，将权利的侵犯程度作为进行侦查措施强制性的考量条件，更有利于侦查主体的法律规范适用。

本书还以虚拟空间权利为例进行论证，侦查主体在进行电子证据调查的初查阶段，他们会通过远程勘验进入需要被调取人的电脑系统中进行证据调查。其实质就已经进入了私人虚拟的空间内，从而就涉及公民的基本权利（虚拟空间权利），而从侦查措施的性质分析，在侦查的初查阶段，尚未进入强制侦查的阶段，此时的侦查措施并不具有强制属性，只能实施任意侦查。而如果将虚拟空间认为《宪法》第 39 条所规定的法益保护范畴之内，进入虚拟空间进行电子证据的调查就应当属于强制侦查措施，应当在立案之后才能进行。

二、基于新兴权利的确认

"新兴权利相对于旧权利必须被证立为是新的，且有理由去确立它，确立

---

〔1〕 参见王利明：《隐私权概念的再界定》，载《法学家》2012 年第 1 期。

新兴权利，只有证立有必要突破旧权利，新兴权利才有意义。"[1]新兴权利是组成权利体系的一部分，而基于当前新兴权利如何能够保障于大数据侦查中，则需要一个确认的过程。新兴权利的确认需要经过（道德层面、社会层面以及法律层面）三个维度的确认才能实现权利保障的具体化、实体化。

（一）新兴权利在道德层面的确认

新兴权利在道德层面的确认是人的自然本性或自然需要提出新兴的权利诉求，并借助于生活经验中人的本性或理性或自然需求来强化这种诉求。自然法路径看待权利的来源，权利或权利诉求的正当性首先强调权利的合理性或者道德性，不管是道德还是理性，总有一种超越于既存法律秩序之上的规范要求，实在法的权利正当性也来自应然的道德性基础。

在讨论新兴权利确权问题前，需要对于其是否应当成为一种新的权利的必要性进行讨论。在当前的学术研究，面对新兴权利的证立成了热点，学者们围绕着其是否应当成为新兴权利而展开激烈的讨论。按照自然法学的论证逻辑，人是理性的存在物，先天具有自然权利，自然权利就是合理性的产物。由此，新兴权利只要合乎理性，就应该获得认可。这种观念强调所谓正当的权利，首先是合理的权利，进而才通过立法或司法的程序转换为制度上的法律权利，从而使权利在形式上合理并正当化。

一方面，强化大数据侦查权力目的的正当性是通过优化权力目的来实现对其控制的手段方式。当前的网络犯罪当中，由于犯罪的自身特点，侦查机关虽然侦破案件，但是案件相关的受害者却无法挽回自己蒙受的各种损失（财产、精神等）。虽然侦查的主要的功能便是通过打击犯罪实现。另一方面，从道德角度看，以人为本是大数据侦查权控制的正当性来源，并由此使得我们负担了相应的道德责任。道德权利的确认，人才被当作一个真正的人来对待，其实等同于人的地位的确立。

（二）新兴权利在社会层面的确认

权利话语是实现人的价值和利益诉求的产物，当人们基于社会实践产生新的价值或利益需要时，就会扩展既有的权利体系（包括话语和制度），形成

---

[1] 刘叶深：《为新兴权利辩护》，载《法制与社会发展》2021年第5期。

新兴权利。新兴权利的产生是权利体系扩展的需要，而这种需要根源于人们的社会实践所产生的新的利益需求。

社会发展需要而不断提出并证成新兴权利，实现新兴权利的社会确认是因为在社会的发展中，权利的生成产生了新的利益。社会实践会创造出诸多新的价值，而这些新的价值只有具备足够强大的理由时，社会才能就通过将其定义为权利来保障主体实现这种新的价值或诉求。所以，新兴权利的社会确认首先需要社会层面对于其价值的认同。

（三）新兴权利法律层面的确认

新兴权利是一些有价值的要求，它们需要等待实质性和形式性的确认才能成为法定权利。

一方面，基于权利保护义务的确认。有学者认为权利是一种"法律保护的利益"，[1]新兴权利的法律层面上的确认，其也面临着如何确认法律层面上对其正当性根据的追认，首先，在新兴权利的追认上，法律承认了新兴权利就意味着推定着某种义务的形成，在大数据侦查中新兴权利一旦被确认，那么这种权利就推定侦查机关应当保护权利的义务。其次，新兴权利的确认还面临着法律制度的确认——即在法律层面之上应当进行立法对权利赋予合法的地位。新兴权利在法律层面上的确认需要得到法律的肯定，进而实现法律权利的实体化，人们一旦拥有一项法律权利，其实就是在主张在法律层面之上的保护。权利是义务人负担特定义务的根据。因此，即使法律上只明确规定了权利人的权利、但并未明确规定特定人或不特定人的相应义务，但这个权利陈述本身足以表明相应义务的存在。

另一方面，基于立法层面的确认。社会实践创造了新的价值，这时我们就需要以权利立法的途径来实现对这种新价值的确认和保障。[2]按照实证法主义的观点，权利的确认就必须经过国家对权利进行立法才能成为所谓的"真正的权利"。法律不可能预先完全规定所有的权利，在社会发展产生新的权利需要时，法律实证主义承认立法可以直接创设新权利，也可以基于既有

---

〔1〕 参见［德］卡尔·拉伦茨：《德国民法通论（上册）》，王晓晔等译，法律出版社2013年版，第279页。

〔2〕 参见朱振：《认真对待理由——关于新兴权利之分类、证成与功能的分析》，载《求是学刊》2020年第2期。

权利体系，运用权利推定等方式，扩展既有权利的包容范围，从而证成新兴权利。

三、完善权利保障体系

大数据侦查是顺应时代发展的产物，有着历史的必然性。而大数据侦查技术提升了侦查效益，但其容易致使公权力异化，给公民的合法权利带来一定的威胁。这就需要立法部门建构"三位一体"的权利保障体系，即目的意义权利保障、实体意义权利保障、程序意义权利保障，并制定权利保障规范框架，设置基石和标准，并加强规范以规制公权力的异化。

（一）目的论意义上的权利保障

刑事诉讼的目的是保证刑法的正确实施，惩罚犯罪分子，保护人民生命健康，保障国家和社会安全，维护社会秩序。[1]刑事诉讼的最终关注点是国家和社会安全，维护社会的秩序。侦查是刑事诉讼程序的重要一环，为了查明案件真相，对后续起诉审批至关重要。因此，侦查权的保障与制约是刑事诉讼的重心。大数据侦查在保障权利方面具有重要意义，但其总是过于宽泛，缺乏具体的权利保障制度，并缺乏可操作性。侦查人员在进行大数据侦查时可能会产生一些不良后果，需要对其进行有效的规制。大数据侦查的最终目的还是查明案件真相，惩罚犯罪，保障权利。大数据侦查主要分析数据线索及查找动机、人物等，其对提升犯罪打击精度和侦查效益具有重要价值。但大数据侦查也有各种风险，需要对其进行有效规制。换句话说，大数据侦查的目的意义是保障权利，很多时候涉嫌侵害刑事案件外非当事人的权益。这是因为权利保障观念深深植根于刑事诉讼的目的，着重维护国家、社会安全与社会秩序。

大数据侦查的主要价值就是进行犯罪预防，维护社会秩序稳定。预测性思维既是大数据侦查的核心思维，又是其价值体现。在大数据时代，我们可以通过事物之间的关联关系，对某一事物、行为或某类行为进行数据上的预测与推算。同时，侦查人员可以对犯罪行为和犯罪嫌疑人进行大数据模拟计

---

[1]　参见中国法制出版社编：《中华人民共和国刑事诉讼法：实用版》，中国法制出版社 2015 年版，第 3 页。

算。其可精确计算某个时间段、某个空间发生什么类型的犯罪，从而有效预防可能发生的犯罪行为。比如，2014 年亚太经合组织活动的安保工作，北京市公安部门建立了犯罪数据分析和预防系统，运用大数据进行地图标注，构建多种预测模型，自动预测未来某段时间、某个区域可能发生犯罪的概率，这极大保证了会议的安全进行，取得了良好的效果。因此，大数据侦查的目的意义权利保障具有积极意义。

（二）实体论意义的权利保障

实体正义蕴含在我国传统司法和现代司法体系中，是公民追求的司法结果。在善恶有报的传统社会理念影响下，实体正义具有较强的广泛性和认可度，并且程序正义的最终目的也是追求实体正义。以此观之，建构大数据侦查实体意义的权利保障体系可以有效地提高办案效率，实现实体意义。大数据侦查在以审判为中心的背景下，如何从实体意义上保证准确、快速地查明犯罪事实，抓获犯罪嫌疑人，保障当事人的合法权利不受侵害，这是一个亟需解决的问题。在大数据时代，优化大数据侦查与实体意义权利保障的关系，才能建构完善的大数据侦查权利保障体系。其一，大数据侦查技术的应用，通过大数据的研判，可以有效地分析犯罪重点地区的人口、交通等，合理安排警力，提高犯罪预防机制效率。大数据侦查也改变了传统侦查机关向各个部门索要数据的困境，使得侦查活动效率提高。因此，相关部门建立一种大数据共享平台，完善数据管控方式，在确保不违法利用数据的情况下，由之前的单线侦查模式向协同大数据侦查模式转变，这是大数据侦查发展的重要趋势。[1]其二，大数据分析有助于取证的科学性、便利性，提高刑侦部门的办事效率和能力。在侦查机关进行数据分析中，传统侦查方式侧重于侦查人员的个人主观判断，然后将其转化为实际的证据，这相对缺乏科学性。然而，大数据侦查手段的应用则依靠相关计算机算法进行分析，其能够加强侦查人员对案件研判的科学性，以及对信息进行深度分析。侦查人员通过对大量相关度较低的数据进行多元化分析，可以提供重要的侦查线索，帮助侦查人员迅速找到案件关键点，提高破案效率。其三，大数据的科学性、真实性以及全面性，有助于对案情的透彻分析，减少侦查人员对口供的依赖。数据是客

---

〔1〕 参见张卓：《大数据侦查中的隐私权保护》，载《网络安全技术与应用》2022 年第 5 期。

观的，不以人的意志为转移，在保证数据分析没有错误的情况下，数据能真实反映案件。大数据侦查实体意义权利保障体系的构建既通过对数据内容和算法的具体规制，保证大数据侦查的有效性，使无罪之人免予公权追究，有罪之人受到应有的惩罚，从而实现实体意义。但是，如果侦查人员一味地强调实体正义，也可能会背离刑事诉讼法权利保障的目的。实体意义上的权利保障可以将其视为一种主观上的权利保障，而可能会忽略程序价值的客观属性。继而，实体本身是一种无法独立完成自我证成、自我评价的权利体系。因此，构建大数据侦查权利保障体系既要提升实体意义权利保障体系的精准度，又要将实体意义权利保障纳入刑事程序加以规制，以验证其效果。

（三）程序论意义上的权利保障

大数据侦查是电子信息技术高质量发展的产物，其是互联网技术衍生的一种新的侦查手段。大数据侦查技术既更新了侦查手段，提升了侦查效益，给侦查活动带来了新的活力，又给权利保障带来了挑战。在大数据侦查背景下，侦查活动很可能发生侵犯法外与法内公民权利的事情。在诉讼过程中，程序法治主要是通过建构和完善执法、司法的过程性法律制度来实现国家法治目标，强调法律的理性主义和"看得见的正义"程序来完成侦查活动。在社会治理智能化背景下，从程序意义上解决刑事司法侦查活动中的调查、取证，以及侦查合法化的问题，从而确证程序意义上的犯罪嫌疑人的权利保障，是依法治国的一个考验。只有坚守大数据程序意义上的权利保障，坚持程序意义的基本价值理念才能追求侦查效益。

一方面，大数据侦查需要约束于权利规范。侦查权作为一种强制性的权力，而侦查程序的核心矛盾就是当隐私权和侦查权发生冲突的情况下，怎样平衡两者之间的关系，面对国家公权力，隐私权要求侦查机关必须要遵守谦抑态度。隐私权是制约大数据侦查行为的直接有效的权利。正当程序是法律为保障日常工作的纯洁性常用的方法。这也就意味着，大数据侦查过程中要贯彻程序意义权利保障，以确保大数据侦查的"纯洁"方向不被跑偏。[1]

另一方面，从诉讼法视角看，刑事侦查法治化是指职业侦查主体在侦查过程中要严格遵循法律的规范，以追求事实的真相，实现公平正义的法治化

––––––––––

〔1〕　参见刘志强：《论大数据侦查与人权保障规范体系重构》，载《学术界》2021年第8期。

目的。为了实现这些目标，要在实体法上实行罪刑法定原则，程序上实行无罪推定原则。将无罪推定原则贯彻到大数据始终，才是建构程序意义权利保障的核心要义，才能把大数据侦查技术更好地应用到权利保障体系内。

第三节 强化大数据侦查的权力监督

孟德斯鸠曾指出：一切拥有权力的人都极其容易滥用权力，只有在拥有权力的人遇到一定的界限之时才能停止权力的使用，要防止滥用权力，就必须以权力约束权力。[1]所谓"治理必治权，治权必监督"，[2]在深化国家治理的层面之下，侦查作为有机的组成部分，在侦查权的治理上也应当顺应历史发展的潮流，强化对于大数据侦查权的有效治理，监督是其重要的手段方式。侦查监督不仅仅可以保证侦查行为的合法性，而且还要防止侦查权无限度的扩张和无节度的滥用。

而对于大数据侦查的监督，其必然不同于传统的侦查监督。强调大数据侦查监督的不同，并不是对于传统侦查监督的摈弃，而是要实现监督的维度的多样性。大数据侦查监督既要建立在传统的侦查监督之上，而且还要充分考虑技术所带来的监督效果，所以大数据侦查监督还应当重视发展新型意义的侦查监督，以技术制约技术，发展数据监督也是通过控制侦查权进而保障权利的重要方式之一。

一、完善传统侦查监督

通过有效的权力制约而实现侦查决策的实质合法，应该通过"软监督""硬监督"两种监督方式。"软监督"对应的是侦查机关的内部监督，而"硬监督"则对应的是侦查机关之外的监督。目前存在的监督种类当中，有立案监督、批捕制度和羁押必要性审查等，但是除了批捕制度具有一定的作用之外，其他监督制度的效果还有待提升。[3]

---

〔1〕 参见［法］孟德斯鸠：《论法的精神上册》，张雁深译，商务印书馆1961年版，第154页。

〔2〕 曾智洪、王梓安：《数字监督：大数据时代权力监督体系的一种新形态》，载《电子政务》2021年第12期。

〔3〕 参见张建伟：《审判中心主义的实质内涵与实现途径》，载《中外法学》2015年第4期。

（一）强化检察机关对数据侦查程序的监督

侦查程序是刑事诉讼程序的重要组成部分，侦查程序的目的决定着侦查程序的构造，而侦查程序构造完整才能实现刑事诉讼的目的。当前，我国的侦查构造缺失，侦查程序往往侧重打击犯罪，忽视人权保障；侦查机关在侦查实践中，往往自己授权并决定，使得侦查权的行使在一定意义上处于失控状态。这需要强化检察机关对大数据侦查的监督。

首先，强化检察引导侦查。在司法实践中，侦查权的司法审查只针对强制性的侦查措施，而检察机关监督侦查涉及任意性的侦查措施。此外，检察机关作为国家公诉机关，与侦查机关联系紧密，侦查结束后由检察院进行的审查起诉本身具有监督效果。检察机关引导侦查权行使，不仅高效便利，而且益于检察机关完成公诉职能。作为监督侦查权行使的重要对策，检察引导侦查是指检察机关通过引导侦查机关规范取证，实现其法律监督职能。数据侦查因其技术性、隐秘性、风险性高，应成为检察监督的重要战线之一。因此，在涉及数据侦查的案件中，检察机关应通过指派熟悉数据侦查程序的检察官或数据司法鉴定人共同引导侦查，强化对数据侦查的审查和监督，增强数据侦查的规范性，确保诉讼程序顺利进行。

其次，实行检察令状主义。法律应当赋予检察机关适用和变更强制措施的审批权，凡是涉及人身权的数据侦查行为应当交由检察机关审批，这将使侦查权的行使受到检察机关的严格审查。当被侦查人针对侵犯其人身权的侦查行为提出异议时，检察机关应当居中裁决，及时提前介入侦查，也应与侦查机关保持距离，以中立的监督者的身份审查数据侦查程序，以完善侦查程序构造，防止检察监督功能异化，强化检察机关的侦查监督权。

最后，强化检察机关对数据的全面重点监督。在审查起诉阶段，证据材料相对全面可以呈现案件全貌，检察机关对于数据与案件的相关性有一定了解，此时应做好数据侦查程序的全面重点监督。一方面，突出审查重点。检察机关应当对数据侦查报告作专项审查，并将审查情况在审查报告中述明。专项审查的内容至少应包括数据侦查程序的启动理由是否合法，数据本身是否具有作为证据的"三性"，侦查机关是否选择性侦查，是否存在超范围超时限侦查，是否泄露数据而侵犯权利人的隐私等。另一方面，及时纠正违法。检察机关在监督数据侦查权行使的过程中，如果发现数据超范围、非法收集，应当及时纠正，可以口头纠正，也可以通过纠正违法通知书要求纠正。对于侦查人员涉嫌违法侦查犯罪的，检察机关应当及时取证并将犯罪线索和证据移送法院并起诉。[1]

此外，也有学者建议学习域外经验，由检察机关设立专门的数据监督机构，由检察技术人员和熟悉数据侦查程序的检察官组成，在强化具有高度专业性的数据审查和监督的同时，要求侦查机关将数据侦查的程序和结果向该机构备案。但目前，在中国设立这一监督机构的难度较大。

（二）引入检察监督法治专员

作为我国法律监督机关的检察机关监督大数据侦查，熟悉侦查监督工作，契合我国司法体制。作为有效审查大数据侦查措施的近期考量，检察机关仍是重要的监督主体，前文已述及，可从强化检察引导侦查，实行检察令状主义，细化数据搜查扣押方式，强化检察机关对数据的全面重点监督四个方面来强化检察机关对大数据侦查措施的审查监督。

针对侦查机关在审批强制性侦查措施中可能存在的裁判员和运动员角色混杂的现实，可以考虑从强化侦查机关内部自律监督入手，设置法治专员。法治专员应当为审批大数据侦查措施提供适用必要性和法律风险的评估意见，作为侦查机关负责人审批的重要参考条件，并通过程序机制强化其评估意见的规制力。[2]因网信办承担监管网络数据安全的职责，有学者建议在其下设立信息监察部门负责派出法治专员。当法治专员认为大数据侦查措施无实施必要或实施风险较大，侦查机关负责人仍批准适用时，法治专员应将情况通知检察院和法院。检察机关全面审查个案侦查措施适用必要性、合法性后，认可法治专员评估意见的，可以要求侦查机关纠正，也可以与法院将其作为证据非法予以排除的判断依据。[3]

---

〔1〕 参见李红霞：《刑事电子数据收集中的权利保障研究》，中央财经大学 2020 年博士学位论文。

〔2〕 参见张可：《大数据侦查措施程控体系建构：前提、核心与保障》，载《东方法学》2019 年第 6 期。

〔3〕 参见曹盛楠：《大数据侦查措施程序规制的困境与出路》，载《河南科技大学学报（社会科学版）》2022 年第 3 期。

二、强化新兴数据侦查监督

加强大数据侦查监督所体现的是一种以数据控制数据权力的方式。数字赋能监督是我国当前的一个发展趋势，而且随着信息时代的到来，大数据技术的发展创新为权力的监督提供了新的途径。[1]而针对大数据侦查当中的权力监督，构建数据侦查监督方式以有效地控制权力是保障权利的时代要求。在党的十九大报告中，习近平总书记指出"要加强对权力运行的制约和监督，让人民监督权力，让权力在阳光下运行，把权力关进制度的笼子"。[2]大数据侦查权的运行需要将其控制在应有的范围之内，而针对数字赋能之下的侦查权，实现对其的监督必须将其牢牢地控制在"数据铁笼"之中。

（一）实现大数据侦查数据监督顶层制度构建

2015年，李克强在贵阳指出，把执法权力关进"数据铁笼"，让权力运行处处留痕，实现"人在干、云在算"。[3]为大数据侦查的数据监督提供了顶层设计思路。数字监督是时代需求，又是其权力监督转型升级的有效方式。强化权力监督是推进国家治理体系和治理能力现代化的重要内容。[4]

一方面，筑牢侦查权力监督的数据铁笼。发展数据化的监督是指，利用大数据技术等对侦查权监督从普通模式向数字化进行转型。破除传统侦查监督受制于时间、空间、人力等因素的限制，通过监督数字化将便捷、扁平、交互的技术优势嵌入到侦查权力监督领域当中，以更好地实现对抗权力的扩张性，从而构建筑牢侦查权力监督的数据铁笼。

另一方面，构建数字侦查权力监督体系。重视大数据技术的综合应用，可以有效地提升数字侦查监督效能。数字侦查监督应当依托5G技术、人脸识别、互（物）联网、区块链等大数据技术实现侦查监督的有效赋能，并在侦

---

〔1〕参见王向明、段光鹏：《数字赋能监督：权力监督模式的智能化转型》，载《求实》2022年第1期。

〔2〕习近平：《决胜全面建成小康社会　夺取新时代中国特色社会主义伟大胜利——在中国共产党第十九次全国代表大会上的报告》，人民出版社2017年版，第67页。

〔3〕参见《李克强：把行政执法权力关进"数据铁笼"》，载http://www.gov.cn/guowuyuan/2015-02/15/content_2819784.htm，最后访问日期：2022年7月12日。

〔4〕参见曾智洪、王梓安：《数字监督：大数据时代权力监督体系的一种新形态》，载《电子政务》2021年第12期。

查权力运行过程中通过锁定"关键少数"和"重点环节"，实施适时预警和动态监督，构建起科学规范、高效廉洁、系统集成的数字侦查权力监督体系。压缩大数据侦查权力的任性空间和消除传统监督当中的真空地带，以技术制约技术的手段促进侦查权力监督零距离和无死角。数据侦查权力监督还可以消除权力运行的隐蔽性和封闭性，遏制侦查主体滥用权力。

（二）大数据侦查数据监督的全景式监督功能

在大数据侦查当中，大数据技术不仅仅实现了全景式的侦查模式，而且大数据技术还能实现全景式的侦查监督。在数据监督当中可以充分发挥大数据技术的特点，实现多触角、宽领域的数据搜集和深层次的数据分析。

一方面，数字侦查监督可以实现权力的立体化监督。大数据技术可以通过数据采集和挖掘处理，准确记录、监测、评估相关侦查人员行为的变化，从而加强立体化监督的效果。数字监督的特点在于其不仅仅拥有极强的客观性而且还可以淡化人为操纵，对权力运行的流程轨迹以数据集合等方式进行总体呈现，让事物之间的因果律自发涌现，进而建构出真实和原生的"画像"。[1]

另一方面，实现侦查权力运行痕迹的监督。大数据侦查数字监督需要对权力运行过程收集大量真实的、全面的、客观的数据材料，并通过运用大数据技术对各种碎片化、杂乱无章的关联数据进行融合分析，发现传统技术手段所无法感知的逻辑关系和规律，以此为基础展现权力运行的整体痕迹，构建"制度 + 数据"的权力运行防火墙，实现全时段、多方位的权力监督。而且数字侦查监督还可以实现监督过程的静态还原和动态过程的实时把控，展现整体权力运行痕迹。

（三）加强程序风险提示机制

以规制为核心的司法逻辑是大数据侦查权存在和运行的应然方向。加强程序的外部风险提示，旨在发挥大数据技术规制侦查程序的作用，有效防控侦查失范行为，是大数据侦查发展逻辑司法化的突出表现。在大数据时代，除强化检察机关和辩护律师对大数据侦查权行使的监督外，利用数据对侦查程序的规制，同样可以对大数据侦查权的行使起到监督作用。外部的程序风

---

〔1〕 参见王向明、段光鹏：《数字赋能监督：权力监督模式的智能化转型》，载《求实》2022 年第 1 期。

险提示机制是相对于侦查机关内部的自我监控而言的，需要利用大数据技术构建方位全面、反应迅速的侦查机关外部控制机制。它通过对侦查机关数据的快速分析和对比，全面监控大数据侦查行为，旨在预测侦查权的不当行使。犯罪预警系统与之不同，因为预警系统是侦查机关利用大数据技术预测犯罪的工具。

程序风险提示机制以权力机构办公系统的联通为运行基础。权力机构办公系统的联通需要扩大参与主体的范围和统一数据标准。一方面，需要在侦查机关、检察机关、法院和司法行政机关的电子办公系统设置连接口，实现刑事案件在政法机关之间的全流程贯通和电子卷宗共享，通过大数据技术实现侦查权、公诉权和检察监督权、审判权和司法行政权之间的相互配合和制约。例如，广东省深圳市于2020年9月全面推广应用政法跨部门大数据办案平台，通过一网联通，打破信息孤岛；通过人工智能，从技术上保障数据的安全与案件流转的效率，形成全新的"让数据多跑腿"的"无纸化传输"办案模式，这为全省乃至全国提供了可供复制推广的"南山模式"经验。[1]再如，山东省济宁市于2018年11月开展了以政法部门原有的信息化建设为基础，以政法云数据中心为核心实施的智慧政法项目，实现了办案全程留痕全程监督，通过统一数据标准在实现流程再造的同时，为公检法司信息互联互通奠定了基础，提升办案质效。[2]另一方面，需要同时将银行、税务等部门的电子办公系统联系起来，通过统一的数据平台实现数据清洗的专业化和数据验证的便利化，提高数据质量；同时这种外部分权和审核的形式，可以限制大数据侦查权的权力溢出。如特定银行与公安机关的电子办公系统相联，可以有效监督保证金和涉案财物的处置情况。

但除此之外，因数据保密的需要、技术支持存在困难和部门职能不同等原因，政法部门与银行、税务部门的电子信息系统几乎无直接联通。但随着大数据技术的发展和完善，可以解决数据保密和安全需要的问题，那么，扩大参与主体的数量，实现两类部门之间的数据系统联通将成为发展趋势，以彻底实现侦查行为规制的体系化。

---

〔1〕 参见《科技赋能"阳光执法"深圳政法跨部门大数据办案平台落地见效》，载 http://gdga. gd. gov. cn/xxgk/sjtj/content/post_ 3731446. html，最后访问日期：2022年7月20日。

〔2〕 参见《山东济宁：建设智慧政法实现办案全程留痕全程监督》，载 https://www. spp. gov. cn/spp/zdgz/201912/t20191224_ 451065. shtml，最后访问日期：2022年7月20日。

程序风险提示机制以发现异常行为实现方式，而异常行为的发现需要建立众多的正当侦查行为的模型，通过实时采集和分析办案数据，实现智能预警。这种预警机制既适用于传统侦查行为，又适用于大数据侦查行为，如对异常数据采集和检索进行预警。司法实践中，侦查机关为最大限度打击犯罪，会采用程序性违法行为，比如采用刑讯逼供方式取证。对此，程序风险提示机制要求对侦查讯问场所和讯问过程实现智能预警，在场所和时间上，摆脱传统的登记后安排讯问室，提讯后进入讯问室，然后录音录像的限制；同时也限制侦查机关在讯问过程中控制和关停录音录像的随意性。该智能机制依托联合办案平台，利用大数据技术和物联网技术，使讯问室通电即可自动录音录像，接着自动审查讯问场所的预约单位、受讯主体情况以及受讯主体的受讯时间等信息；在讯问过程中，自动记录侦查讯问的内容，侦查人员的行为，保证全程不中断录音录像。讯问室通电即启动录音录像，自动核验预约机关、受讯人身份及时间，如遇到主体不符，超时讯问或异常开启，便会即时报警。[1]

三、发展全新民主侦查监督程序

习近平总书记还提出"努力让人民群众在每一个司法案件中都感受到公平正义"。人民感受到公平正义也是对司法案件的一种间接监督，属于一种对于司法案件的事后监督，检验司法案件的结果是否符合人民的要求。"人民监督权力"是坚持人民的主体地位，它不仅是全过程人民民主的内在价值，也是全过程人民民主真实、有效的制度保障。人民对大数据侦查的监督，既是一种有效控制侦查权力的手段，也是一种自主保障权利的方式。在党的十九大报告中，习近平总书记指出"要加强对权力运行的制约和监督，让人民监督权力，让权力在阳光下运行，把权力关进制度的笼子。"[2]所以在大数据侦查权力监督的过程中，以权利主体监督侦查权力的运行，也可以实效控制侦查权的目的。

〔1〕 参见张可：《大数据侦查之程序控制：从行政逻辑迈向司法逻辑》，载《中国刑事法杂志》2019年第2期。

〔2〕 习近平：《决胜全面建成小康社会 夺取新时代中国特色社会主义伟大胜利——在中国共产党第十九次全国代表大会上的报告》，人民出版社2017年版，第67页。

（一）民主监督大数据侦查的依据

人民参与到大数据侦查监督中是以人民性作为核心价值，其要义是权力来源于人民，并以人民权利来约束权力，避免侦查权力被滥用。权力来源于人民与人民监督权力互为因果，是人民性价值内核的两个侧面，是现代民主制度体系建构中最重要的规范性原则。

"人民监督权力"蕴含在全过程人民民主的法治基点，体现在宪法的基本原则与规范之中。我国《宪法》明确规定："全国人民代表大会和地方各级人民代表大会都由民主选举产生，对人民负责，受人民监督"；"一切国家机关和国家工作人员必须依靠人民的支持，经常保持同人民的密切联系，倾听人民的意见和建议，接受人民的监督，努力为人民服务。"[1]

（二）人民监督大数据侦查是数字社会发展的必然选择

人民监督大数据侦查是数字信息社会发展的必然，技术赋能使治理权力随着数据监控的使用而趋于集中，但技术赋权通过改变治理结构、助力公众参与的方式，促使治理权力外溢至社会和个人。[2]在大数据技术赋能的整体社会背景之下，才促进了人民参与社会治理的手段的发展。在当前时代，大数据技术的应用为人民监督大数据侦查提供了可能性。

一方面，有利于民众知情权的提升。在数字信息时代，大数据技术的普及提高了社会的知情权。究其原因在于大数据为公众可以及时地了解相关方面的信息提供了较为畅通的信息渠道。大数据为社会提供了一个全新的舆论监督平台，自下而上对大数据侦查中不规范的权力运行形成某种舆论压力，可以促使侦查权运行向着有利于民众的方向进行。另一方面，有利于民众参与权的提升。大数据提高了公众参与监督能力的提升。信息网络的普及打破了原来因为受地域、经济、时间等限制而无法参与的限制，公众发表言论渠道的多样化，还可以随时随地地参与社会问题的讨论，为实现人民监督侦查提供了必要性的保障。

---

[1]《中华人民共和国宪法：最新修正版》，法律出版社2018年版，第5–10页。

[2] 参见单勇：《犯罪之技术治理的价值权衡：以数据正义为视角》，载《法制与社会发展》2020年第5期。

（三）　实现人民对大数据侦查的弹性监督

人民群众的监督是一种更具有弹性的权力监督方式。一是要从价值层面认识人民监督在权力监督体系中的价值定位；二是要从体制机制上充分发挥人民监督的柔性、灵活性特点。从制度的价值上，人民监督的内容和形式比国家强制力监督具有更积极的政治含义。人民监督对于政府和公职人员提出了更高层面的道德预设。人民监督则要求公职人员践行全心全意为人民服务的宗旨。人民监督是党和国家权力监督体系中不可或缺的环节，也是权力监督机制"人民性"的充分体现。[1]

小结：当前大数据侦查权是一种结合了大数据技术之下的全新权力形态，其展现扩张性的特点，所以控制侦查权是实现大数据侦查中权利保障的第一条路径，也是解决权利保障的最根本的手段。基于当前侦查实践，控制侦查权的方式本书提供了三种手段：划清侦查权的权力边界；发展权利保障体系；实现有效的权力监督。侦查权的扩张是大数据侦查中最为显著的权力运行现象，控制其扩张就要划清权力边界、设定权力运行的法律规范以及防范"数据私权力"的入侵。而扩张大数据侦查中权利体系的范围也能实现侦查权的控制，重点在于延展传统权利的范围、认定新兴权利的地位以及实现大数据侦查中权利体系的再造。权力要想得到控制，监督也是必不可少的手段之一，在大数据侦查权的监督中，坚持传统侦查监督与发展新型数字监督是有效的手段，而回归权利保障，人民的监督则也是必不可少的监督方式。

---

〔1〕　参见王阳亮：《人民监督权力：全过程人民民主的内在价值与保障机制》，载《探索》2022年第 3 期。

功能调试实现大数据侦查中权利保障

　　面对当前犯罪频发、诉讼爆炸、社会治理紧迫的时代背景，大数据侦查之效用日益受到社会之重视。其中，大数据侦查的技术性优势在实现的过程中产生了诸多权利保障问题。作为大数据侦查功能手段的大数据侦查措施，因其定位模糊导致适用的不规范而引发了一系列权利保障问题。因此，必须对其进行重新定位且详细划分侦查措施，以更好地应对大数据侦查过程中所产生的侦查措施适用问题。主动侦查作为大数据侦查的功能模式，其在规范层面上应当确立其立案的实质标准、厘清其与初查之间的范围，并通过构建数据披露制度和数据保障机制来实现主动侦查模式的规范化。作为大数据侦查功能的实施主体，侦查机关体制的专业性决定了大数据侦查功能是否可以规范的运行。所以针对侦查体制的优化、构建合理的考核机制以及加强大数据侦查人才的培养是解决其功能失范的有效手段。

第一节　大数据侦查措施的合法化

　　大数据侦查措施是大数据侦查功能的手段方式，其所有的功能实现建立在大数据侦查措施之上。面临目前大数据侦查中，侦查措施适用不规范、不明确的问题，必须要对大数据侦查措施进行明确的定位。鉴于学界当中对于大数据侦查措施的定位尚未明确，所以在本节当中，笔者首先针对大数据侦查措施的性质进行了界定，引入"强制处分"的概念进行讨论，分析了日本的判例的主旨，来讨论大数据侦查措施定性的合理依据，并提出了大数据侦查措施应当按照权利、财产的侵犯程度而划分为不同等级性质的侦查措施，进而明确其运用的基本规范。

一、大数据侦查措施法律属性的理由

侦查措施是大数据侦查实现其功能的手段，但是如果按照学界当前的观点，将其划归为强制侦查措施，必然会阻碍大数据侦查功能的发挥，影响我国犯罪治理进程的发展。所以对于大数据侦查措施属性的定位一方面要发挥其应有的作用，另一方面则是兼顾侦查过程中权利的保障。本书借鉴了日本的任意侦查与强制侦查的分类及其原理及其相关司法判例的主旨，采用比较分析的方法对大数据侦查措施属性定位的依据进行了分析与判定。

（一）关于"强制处分"的概念解析

强制处分，所指的是侦查主体在进行侦查活动之时，可以不经过侦查相对人的同意，便可以处分其重要财产以及人身基本权利的一种侦查措施。[1]具体而言，"强制处分"针对侦查主体而言是拥有强制手段实行侦查行为的权力；而针对侦查相对人而言，"强制处分"的含义为侦查主体不需要征得侦查相对人的同意就可以实施的一系列的侦查行为。侦查主体为了实现侦查目的对人的意志或者身体、住所、财产等采取了强制性的行为，都应当属于"强制处分"。[2]从目前日本对于强制处分标准定义主要以重要的权利侵害和重要利益侵害是否被侵犯作为通说观点。[3]在这些要点中主要考量到了公民的意志因素的强迫以及身体、财产、住所进行制约两点进行讨论。

1. 公民的意志是否被强迫

在区分强制侦查之时，根据日本"强制处分"的定义其在侦查措施使用的过程当中是否违背了公民的意志作为评判侦查措施强制性的标准之一。违背了公民意志即可判断侦查措施为强制侦查，而不违背公民意志便可以判断为非强制侦查（抑或任意侦查）。基于此有学者提出了相关质疑，认为判断侦查措施的强制性的依据仅仅依对公民意志构成强迫是站不住脚的。因为在侦查实践中侦查主体利用任意侦查来规避程序的要求，难免会对权利产生一定

---

〔1〕 参见渡边咲子，"强制处分：任意处分との区别"，明治学院大学法科大学院ローレビュー，第25号，2017年.

〔2〕 参见日本最昭和51年3月16日判决，刑集30卷2号187頁.

〔3〕 参见川岛、健治，"强制处分の再定義"，関東学院法学，第26卷，第3·4号合併号，2017.

的威胁，所以加强对任意侦查的法律规范同样也很重要。任何性质的侦查行为都属于公权力的表现形态之一，都会或显或隐地侵害公民的合法权益，必须依法行使。[1]还有学者认为将公民的意志是否遭到压迫定位向侦查相对人同意为评判标准是有一定误差的，认为如果以侦查相对人是否同意为标准界定强制性侦查措施，那么侦查活动将难以开展，因为大部分侦查相对人对侦查有着天然的抵触心理，要求其主动配合侦查工作违背正常人的心理活动规律。[2]

2. 公民的身体、财产、住所的制约

对公民的身体、财产、住所的制约标志着进入了实质侦查行为，因为侦查机关对公民身体、财产、住所的制约侵犯了其重要的权利与利益，所以有学者认为侦查机关不论对权利或者利益所形成的制约，必须严格遵循法定标准以及程序手段。[3]表明了在涉及具体权利与利益之时，必须坚持严格程序要求。基于此观点我国学者也认为直接关涉公民的人身权和财产权，仅限于在侦查立案阶段之后方能使用。[4]

关于强制处分之研究，其论点集中在公民的意志及其重要的权利和财产两个方面。笔者认为不论是基于公民意志的压迫抑或是对公民重要的权利、利益所形成的制约的观点，在讨论大数据侦查措施的属性定位时都具有一定借鉴意义。原因在于大数据侦查所可能涉及一部分新兴权利，新兴权利代表着公民的一定利益诉求，公民对新兴利益的保障具有一定的合理期待性，但是如果由于大数据侦查导致公民在没有意志压制或者同意的前提之下，遭到不当的干预，有损公民对于新兴利益保障的期待，所以考量公民的意志的压迫与同意具有一定的合理性。而在大数据侦查中，传统权利及其衍生权利都是公民重要的基本权利，应当要求侦查主体必须按照法定标准与程序进行，最大限度地保障公民的权利。

---

〔1〕　参见邓立军：《控制下交付的侦查属性：强制侦查与任意侦查之论争与批判》，载《中国人民公安大学学报（社会科学版）》2021 年第 6 期。

〔2〕　参见胡铭、龚中航：《大数据侦查的基本定位与法律规制》，载《浙江社会科学》2019 年第 12 期。

〔3〕　参见井上正仁：《强制搜查与任意搜查》，有斐阁 2014 年版。

〔4〕　参见胡铭、龚中航：《大数据侦查的基本定位与法律规制》，载《浙江社会科学》2019 年第 12 期。

（二）日本司法实践案例中关于强制处分的认定

笔者通过与大数据侦查最为接近的日本 GPS 判例，并对其中"强制处分"的解读进行分析，以尝试解读大数据侦查措施的学理问题。

1. 大阪事件

在大阪事件当中，侦查机关在平成 25 年 5 月 23 日到 12 月 4 日期间，对于被告人 X 和 Y 所驾驶的汽车上先后安装了 19 台 GPS 设备，并基于设备所获得的信息进行了追踪侦查。[1]

在此案件当中，讨论的中心点为侦查机关通过 GPS 设备所获得信息是否侵犯侦查相对人的隐私权。而在大阪地方裁判所的一审当中认为在本案件当中侦查机关所使用的 GPS 侦查和普通的巡查以及跟踪等侦查措施比起来，并没有明显地侵犯侦查相对人的隐私权，所以并不认为该侦查措施属于强制处分。理由如下：首先，侦查机关在使用 GPS 设备进行侦查时，并非全天 24 小时对侦查相对人进行位置定位，而这种情况并不符合连续获得位置情报所带来的隐私侵犯。其次，侦查机关所获得的位置信息之上也存在着几百米的误差，并非精准地实现了侦查相对人的位置，这是针对信息内容的正确性而言的。最后，侦查机关在进行位置确定之上，短时间将侦查相对人的位置进行了记录，但是并非将位置信息进行了留存和保留，这就是针对信息情报处理的方式。[2]

而通过大阪地方裁判所的一审判决进行分析，笔者认为关于是否侵犯犯罪嫌疑人的隐私权，主要是通过 GPS 设备所使用的情况以及状态进行判断的。而这种使用状况和状态则直接决定了侵犯犯罪嫌疑人隐私权的程度。众所周知，侦查行为的刑事侦查必然会导致侦查相对人权利的侵犯，而在此判决当中认为只要侵犯的程度与通常的侦查措施所侵犯的程度并无实质区别，就不能认定为强制侦查措施。

但是在大阪地方裁判所的二审当中，裁判所也判定侦查机关的行为属于强制侦查措施。理由如下：a. 在关于 GPS 设备的精确性进行了讨论，法院认为虽然侦查机关通过 GPS 设备所取得侦查相对人的位置存在的一定的误差，

---

[1] 参见池龟尚之，《GPS 搜查——近时の刑事裁判例の考察と法的問題点の整理》，爱知大学法学部法経論集，209 号，2016.

[2] 参见大阪地裁平成 27 年 1 月 27 日判决。

但是在失去跟踪目标的情况之下，侦查人员可以根据设备所提供的定位信息再次进行跟踪，这就说明了虽然设备取得的定位存在着一定的误差，但是其功能并没有得到实质的影响。b. 关于定位所取得位置的内容，法院认为在一般公路等地方是可以进行追踪观察的，但是在一些私人空间当中，被观察人员拥有合理的隐私期待权，尤其是在宾馆的停车场所获得的位置信息是属于侵犯隐私权的行为。c. 法院认为安装拆卸 GPS 设备应当在公共领域当中进行，而侦查机关在安装和拆卸设备之时，进入了私人领域当中而没有得到管理人的许可，也存在着隐私权的侵犯。[1]

在基于侦查机关的侦查措施属于强制处分的基础之上，便可以讨论侦查措施的程序性问题。法院认为侦查机关在无许可的情形之下，便进行了具有强制处分的侦查措施是违法的。所以通过非法证据排除规则将侦查机关收集的证据进行了排除，而且对侦查机关违法的程度也进行了讨论，认为侦查机关在拥有足够的时间去申请令状的情形之下，并没有主动地去申请令状，存在着主观蔑视刑事程序的情况。

法院针对此类侦查措施行为的影响进行了分析，认为在将来随着科技的发展，高精度的定位系统的产生是必然的，认为必须从现在开始从源头之上阻断这种极具侵犯隐私权的行为。对于侦查机关无视令状精神的行为，必须进行有效的限制。

针对此案件的判决一波三折，大阪高级法院的判决分析如下，首先从侦查措施是否属于强制处分进行分析，其次针对侦查机关侦查措施是否属于强制处分进行了讨论，认为侦查机关利用 GPS 设备进行的犯罪嫌疑人的车辆位置定位只是一种盖然性的位置确定，与传统的侦查跟踪、尾随等侦查措施的性质明显不同。认为侦查机关即使长期监控了犯罪嫌疑人的位置信息，也不能掌握很重要的行动轨迹事实，所以认为侵犯隐私权的程度并不大。而且认为侦查机关在通过掌握长期的位置信息也并没有造成特别大的影响，所以认为一审当中对于本案件当中 GPS 侦查属于强制处分的认定是不正确的。在关于所收集证据的违法行为讨论当中，认为侦查机关在进行 GPS 侦查之时，并没有十足的信息基础可以判断本次侦查行为应当属于强制处分，所以并不能

---

[1]　参见大阪地决平成 27 年 6 月 5 日判决。

认为侦查机关有明显的逃避令状主义的故意。[1]

基于以上对于大阪事件的三次判决，围绕 GPS 侦查是否属于强制处分并侵犯隐私权的论点主要集中在了 GPS 设备是否能够精准地把握犯罪嫌疑人的位置信息、GPS 设备的安装与拆卸的地域是否应当排除私人领域、侦查机关通过长期的位置信息收集分析是否侵犯了个人隐私权以及在进行侦查的时点中对于侦查措施的使用是否需要申请令状以及如何判断侦查人员在使用侦查措施之时的主观判断。而在这些关于侦查措施的属性判断当中，首先，该侦查措施的侵犯权利的程度是判断的第一个标准，其次，如果为强制处分的侦查措施如何实现有效的程序规制，在三次判决当中围绕侦查人员主观意图展开了讨论，而侦查人员主观故意会加大对于非法证据排除的力度，这种思路也为后文的大数据侦查措施的界定提供了一定的参考。最后，即侦查措施的未来影响力。在二审当中，法院认为如果不在源头遏制 GPS 侦查侵犯隐私权的势头，随着技术的发展必然会造成严重的影响。笔者认为在大数据侦查措施的界定当中，对于今后犯罪侦查的影响也应当成为其属性界定考量的因素之一。

2. 名古屋事件

在名古屋事件的侦查中，侦查机关通过对犯罪嫌疑人所使用的两台车上安装了 GPS 设备。虽然侦查机关给出的理由是因为跟踪失败，为了确定目标而使用了位置定位，但是实践当中即使侦查机关没有进行跟踪之时，也同样进行了位置定位。侦查机关根据位置信息，在犯罪嫌疑人的停车场安装了摄像设备，并且基于此取得了相关的证据。在本案件当中，被告认为侦查机关的 GPS 侦查侵犯了个人隐私权，违反了强制处分令状主义，而且基于未来对于违法侦查的限制应当将本案的证据进行排除。[2]

名古屋地方法院一审认为虽然侦查机关的 GPS 侦查属于强制处分的侦查措施，在没有取得令状的前提之下进行虽然是违法的，但是违法的程度并不高。判断侦查措施是否属于强制处分性质，需要考量其法益的侵犯程度。在名古屋地方法院的判决当中，认为对于犯罪嫌疑人的车辆进行了追踪属于侵

〔1〕 参见大阪高裁平成 28 年 3 月 2 日判决。
〔2〕 参见池亀尚之，《GPS 搜查——近時の刑事裁判例の考察と法的問題点の整理》，愛知大学法学部法経論集，209 号，2016.

犯个人隐私权的行为，但是并不认为其侵犯的程度非常高。法院的判决当中也并非完全地否定了 GPS 侦查的违法性，因为在 GPS 侦查当中，通过车辆的信号进行位置确定，属于比较简单获取犯罪嫌疑人位置的手段。而且在没有设定具体的时间限制的情况之下，长时间的位置定位成了可能。侦查机关为了获取犯罪嫌疑人的位置信息也会侵犯隐私期待性极高的场所。而且在数量极多的位置定位当中，误差小于十米之内的情形较多。而且在位置信息保存的方面，名古屋地方法院也认为虽然在这次案件当中，侦查机关并没有对于位置信息进行保存，但是论侵犯隐私权的行为也不能算小。比较定位跟踪与普通跟踪的区别之时，认为定位跟踪具有极其容易获得位置的特点，与普通的跟踪是完全不同的。[1]

（三）关于"强制处分"以及案例判决评述

强制处分属于一种法定的侦查措施，其在实施过程中必须坚持严格的法定主义。而且强制处分的判断标准分析主要集中在了公民的意志及其权利利益是否被非法地侵犯。而在两个判例中，法院对于强制处分的认定也集中在了法定程序的违反、侦查措施使用的必要性层面之上。而且在大阪法院的判决中，考量到了科技运用于侦查中的未来风险性，具有一定的借鉴意义。

二、大数据侦查措施法律属性的判定

侦查措施与权利都呈现出了动态性发展的特点，面对当前传统权利不断数据化发展的背景之下，为了更好保障大数据侦查中的权利，侦查措施需要以全新的姿态来应对新的挑战。结合上文判例的主旨，大数据侦查措施的属性有必要进行重新界定，以适应数字信息时代权利保障的需要。

（一）大数据侦查措施强制性重新判定的理由

1. 侦查措施的发展具有动态性

随着各种新兴犯罪的不断发展，侦查措施的种类也在不断改进，面对新的侦查措施，其权利干预性的强弱其实也是一个不断发展的认知过程，由于这些侦查措施在干预性强弱方面往往具有一定的模糊地带，变相导致侦查措

---

[1]　参见名古屋地裁平成 27 年 12 月 24 日判决。

施使用不规范的情形发生，侦查措施的不规范也导致了侦查过程中权利的侵犯。

2. 权利的发展具有动态性

权利的范畴并非一成不变，而是随着社会经济、科技的发展呈现了出动态性调整的特性。大数据侦查措施不能完全认定为强制性侦查措施在于为今后的新兴权利保障预留出足够的空间，一方面随着权利数字化的发展，多种传统权利在数据化之后，其权利所归属的利益也会随之变动；另一方面，数字信息社会中代表的新利益的权利的产生，必然会引起大数据侦查措施适用的调整。

3. 大数据侦查当中所侵犯的权利与传统侦查的不同

大数据侦查措施当中所涉及的权利与传统侦查当中的有所区别。首先，在大数据侦查当中，对于物理空间的跨越是其主要的特征之一，即在传统侦查活动当中讨论侦查措施强制性主要针对物理空间中所存在的强制性。而在大数据侦查当中，尤其很大程度之上侦查活动都在虚拟空间进行，那么必然导致所涉及侦查相对人的具体权利会有所不同。其次，侦查相对人的意志压迫程度不同。如在传统物理空间的侦查行为如何涉及了具体的权利，侦查相对人对于其权利遭受到限制在第一时间便会感知到（不论是涉及人身、住所、财产等基本权利），但是在大数据侦查当中，这种权利限制的感知能力实质上是被弱化的——即侦查相对人可能并不能有效、及时感知到自己的基本权利遭受到限制，有时甚至如果不进行告知的情况下，侦查相对人并不能感受到自己的基本权利遭到限制。这也是大数据当中侦查措施强制性与传统侦查措施强制性重要的区别之一。最后，在大数据侦查当中，侦查相对人所遭受的基本权利的限制是否得到了法律层面应有的确定与保护，也是与传统侦查的重要区别之一。正如上文对于"强制处分"的定义之中，仅仅简单列举了关于人身、住所、财产等基本的权利，而在大数据侦查实践当中，所涉及的权利种类并非以上几种（如个人隐私权、个人信息权、数据权利、虚拟空间权利等）。而分析我国的权利保障体系当中，在宪法明确规定的公民基本权利当中，也仅仅规定几种基本的公民权利，其中关于隐私权的保障仅仅关涉了个人通信权利的保障。而面对社会的发展，新兴权利的保障也应当成为大数据侦查措施是否具备强制性的重要的评价标准。

（二）大数据侦查属性判定的标准

1. 权利之间的关联性作为判断标准

按照大数据侦查措施的干涉权利程度的判断标准可以为大数据侦查措施的分类提供一定的依据。其中重要的一项便是基于宪法公民住所权而衍生出的权利，即公民的住所空间属于私人空间而不得侵犯。在上文的论述中，也探讨了相关大数据侦查的规范性问题，侦查主体对于私有空间的数据进行勘验调查时，必须对于此类侦查措施的性质进行明确，才能规制初查中违法的侦查活动。

2. 科技运用的风险性作为判断标准

大数据侦查中权利的保障应当具备前瞻性，在现代侦查中技术的应用必然会带来一定的权利干预风险性。而且由于法律滞后性的原因，在侦查活动中权利保障的规范生成必然落后于侦查实践。所以侦查机关在运用一项新的大数据技术之时，应当首先对于技术应用可能所产生的风险进行评估，并针对评估结果制定技术应用的规范细则。对可能产生公民基本权利侵犯程度较高的技术，将其划归为强制性侦查措施的范围之内。

（三）大数据侦查措施的具体分类

大数据侦查措施应当进行具体分类，可以有效地将传统的侦查措施的类别、性质进行区别，而且侦查主体在侦查措施适用时避免受到不当干扰，有助于大数据侦查更加有效地实现规范化。基于此笔者认为大数据侦查可以分为两大类：基础大数据侦查措施、特殊大数据侦查措施。在大数据侦查中为了满足犯罪打击、控制的需要，对于新兴权利可能形成的侦查措施可以将其归类于基本大数据侦查措施当中。在特殊侦查措施中，将可能干预传统权利及其衍生权利的侦查措施归类于特殊大数据侦查措施当中。例如针对公安机关业务数据库及法律授权的其他政府部门共享数据库，经数据主体同意进行简单数据查询和比对行为，因不涉及数据的二次分析，对公民的数据权、隐私权影响轻微，可归属于基础大数据侦查措施。针对社会行业数据库等未公开或未获授权的数据库，如互联网购物数据库或者针对特定主体的海量数据进行查询、比对行为，因涉及大量敏感数据，易组合揭示数据主体的喜好、形象和生活轨迹等隐私，且未获权利人同意，存在侵犯公民权利的风险，应归属于特殊大数据侦查措施。针对利用数据挖掘、画像等高技术实施的深度干预个人信息的行为，应归属于特殊大数据侦查措施，且程序规制更为严格。

三、大数据证据的法律属性认定

大数据证据作为大数据侦查措施所实现的目的，大数据证据的法律属性对大数据侦查措施的合法化起到了决定性的作用。在大数据证据的法律属性认定过程中，一方面要完善其证据体系及其具体化运行方法，另一方面则是需要实现大数据证据的法定化。

（一）完善大数据证据体系

在大数据侦查中，通过海量数据之间相关关系进行挖掘，实现犯罪事实的发现，其形成的证据便是大数据证据。面对通过相关关系所形成的大数据证据的相关质疑，构建完善的大数据证据体系可以更好地发挥大数据侦查功能。

1. 真实性原则

真实性原则一般是指建构大数据证据体系的电子数据自身所应具有真实、客观、存在的特点。其不是由推理得来，而是一种在数据库中存在的客观实体数据。大数据证据体系内的每一组证据都是为了解决其客观真实性、法律程序性，以及实时相关性的问题存在。大数据证据是侦查主体从相关数据库中的海量数据内提取的一种已知的事实。其作为具有可识性的事实，反映了案件的真相，即证据反映案件的真理性问题。大数据证据作为一种证据信息的物质载体，其具备客观物质性，但不等于证据事实就是客观的，证据事实是一种具有主观性的法律事实。在逻辑上，大数据证据的真实性就是材料的真假问题，也就是刑诉中的"确实性"问题。纳入大数据证据体系内的每一个电子数据，就是据以定案的证据。其都需要查证真实性，而不能妄加推论。当然，与案件毫无相关性的事实，哪怕真实，也不能纳入到大数据证据中。大数据证据的真实性是证据的必要条件，但不是其充分条件。证据事实必须与案件具有关联性，只有与案件相关的事实，才能被纳入证据。

2. 完整性原则

完整性原则强调证据体系与证据质素之完整。刑事诉讼法要求"定罪量刑的事实都要有证据证明"，这里的"都有"就是证据体系的完整性问题。大数据证据体系是从所属的数据库中提取的，数据库本身就具有完整性。由此，数据库中孕育的电子数据本来就带有一定的完整性。另外，一个刑事案件有其待证的法律构成要件，其是量刑的重要标准。这些构成要件在于多而不在于全，即有序而不缺少。案件实体和程序都需要材料作为支撑，而不是孤证。其要求待证的法律要件事实全面且完整，逻辑上其要遵循归纳法，才能形成合理的逻辑闭环。[1]需要说明的是，大数据证据的数量多，能够满足完整性，虽其关联性、客观性有待证明，但多个大数据证据相互契合、密不可分，这就可以构成证明相关案件的证据体系。但是，大数据证据的完整性提取需要考验侦查主体的技术能力。大数据证据完整性的意义在于能够帮助侦查主体勘验待证事实，又便于侦查主体查漏补缺地充实证据材料。

3. 一致性原则

一致性在大数据证据体系中强调证据链条相互协调一致。每个证据之间都要有关联性，不能相互冲突和矛盾。一是大数据证据本身无矛盾。大数据证据体系内的证据要求具有真实性和完整性，其本身不能弄虚作假，不能带有任何疑点，否则不能作为证据使用。二是大数据证据之间没有矛盾。大数据证据体系要求证据之间必须一致，不能有矛盾，如果存在矛盾，那么对案件的真实表述就存在一定的问题，需要重新审核这些证据。三是大数据证据与案件事实不能有矛盾。在大数据证据体系中，凡是与案件事实相左的证据，不能被使用，要被剔除证据体系。这些大数据证据可能在提取中出现了问题，需要重新审核其提取机制。

4. 唯一性原则

唯一性原则所强调的是假说体系推论的唯一。建构大数据证据体系的逻辑推演，具有侦查假说的案情倾向性和嫌疑指向性。其推论，只可能是某一个或某一些犯罪嫌疑人作案，无第二种可能排除合理怀疑。这也就是说，大数据证据体系的指向是唯一的，其最终目的是打击案件引起的犯罪活动。案件侦查中的大数据证据都必须要满足真实性、完整性、一致性、唯一性才能建构大数据侦查体系。

（二）构建大数据侦查证据体系的具体化运行

建构大数据证据体系既需要遵循上述原则，又需要运用相应的方法和技

---

[1] 参见陈闻高：《论证据体系的组织及其逻辑特征》，载《中国刑警学院学报》2016年第1期。

巧。大数据证据体系的建构方法是侦查主体接近案件事实真相的步骤，构建大数据证据体系要依据案件性质类型在数据库中搜集数据，后经整理，选出符合法律待证要件的证据材料。每一件案件罪状对应一组材料，将同属一类的大数据证据归类组合在一起，归类的依据可以为原因、动机、目的等。大数据侦查证据体系构建主要分为以下三种方法：

1. 混合型大数据证据体系构建法

在以上归类的大数据基础之上，有两类具体的组织方法。一种是时间逻辑排列，以案件发展过程为逻辑，将其预谋、实施、现场、手段、结果等证据材料按时序排列。同时，侦查主体要以直接大数据证据为主干，而以间接性大数据证据为枝叶，以先直接后间接的方式组织证据，并将其分段分片连接逻辑框架以组成体系。二是按照重要性将大数据证据排列。侦查主体将对案件起到决定性作用的大数据证据材料组合在前，其他起一般作用的大数据证据放其后。同时，详述大数据证据的细节，其他证据简明概述。形成以关键大数据证据为中心的体系后，再进一步从当事人、被害人、案件之间的关系着手补充和加固大数据证据材料。

2. 单一型大数据证据体系的组织方法

在完成证据初步组合的基础上，先要针对案件的真实要素，以每个证明对象为中心，运用一组证据材料围绕其形成花蕊和花瓣之间的关系，这被称为"扎花"。而后，再连接若干组花证明的若干对象，围绕案件的核心事实形成环环相扣的花环。这种类似于花圈的结构，一层层地用案件的一般事实去烘托案件的主要事实和核心事实。根据所认定的案件真实的复杂程度，花圈上需要多少间接证据，可以视具体案情和案侦情况决定。[1]当然，这是一般证据的组织方法，此法用到大数据证据体系建构中同样适用。按照证明对象，从数据库中提取一组相关的大数据证据组成"扎花"，而后把各个组花相互连接用以证明若干对象的关系，最后形成类似花圈式的结构，用以反映案件事实的真相。

3. 渐进式的大数据证据体系构建方法

建构大数据证据体系的过程就是发现案件疑点、查询证据、核查事实、

---

〔1〕 参见陈闻高：《论证据体系的组织及其逻辑特征》，载《中国刑警学院学报》2016年第1期。

解决案件矛盾的过程。虽然，大数据侦查使用的大数据证据数量庞大，但其也很难面面俱到地反映案件的真相。如果机械地使用完整性的数据材料去契合案件，往往可能会降低侦查效益，导致冤假错案的产生。因而，大数据证据完整性只是相对的，而不是绝对的。如果侦查主体发现大数据证据不完整，无法真实地反映案件真相，就需要寻找新的证据来弥补大数据证据的欠缺，从而实现证据链条的完整性。其一，扩大数据证据提取数据库的多样化。数据库是按照数据性质归类放入，同一数据库的数据带有一定的同质性。如果大数据侦查使用的大数据证据不完整的话，可以到其他相关数据库中提取需要数据，而后验证是否为大数据证据，如果为大数据证据就可将其纳入到案件相关的证据体系。其二，扩大物证搜取范围。当大数据证据不足时，侦查主体可以从犯罪现场提取物证来弥补大数据证据的不足。当然，侦查主体不能局限于犯罪主体现场来查找物证，也可以扩大范围，从犯罪关联现场提取物证。其三，审讯过程中多收集口供。如果大数据证据不足，侦查主体可以采用传统审讯的方式获得犯罪嫌疑人的口供。但为了保证口供的正确性和合法性，侦查主体要录音录像，从多个角度问清犯罪的各个要件，以弥补大数据证据的不足。

　　证据审查是指司法机关依法查证证据的过程，旨在确定证据本身的合法性、客观性和关联性。大数据证据是指对案件发生前或发生中的海量数据筛选提炼、分析处理、形成结论并在刑事诉讼中予以使用的证据，[1]是一种全新的证据种类。大数据证据与"运用大数据技术分析收集的证据"有所不同。前者大数据证据既不存在法律上的合法有效依据，也无法从传统证据理论中找到对应进路，同时将对传统证据理论和规则构成根本性挑战。而在后者中，大数据技术是获取其他证据的前提和工具，而不被用于法庭举证。[2]例如，依靠大数据技术发现的物证、书证等其他证据不是大数据的分析结果，而是利用大数据技术挖掘的传统证据种类，不会冲击到现有证据规则。为防止一个证据具有两种证据种类，且需要根据不同规则进行证据审查的问题，应当明确大数据证据不等同于借助大数据技术的传统证据种类。同时需要明确，

---

〔1〕　参见丰叶：《职务犯罪大数据证据研究》，载《科技与法律》2020 年第 1 期。
〔2〕　参见王燃：《大数据时代侦查模式的变革及其法律问题研究》，载《法制与社会发展》2018年第 5 期。

存在证明价值的是数据集合而非单个数据，是数据经验证、分析后得出的结论而非原始数据。大数据证据与传统法定证据之间存在着实质性不同，造成大数据证据在适用和审查方面存在问题，因此应当针对具体问题重点审查大数据证据的合法性和可靠性。

（三）确立大数据证据为法定证据种类

当前在大数据证据的审查中，存在着无法确定大数据证据应归属于哪种法定证据的困境。我国《刑事诉讼法》第 50 条第 2 款明确规定了我国八大刑事证据种类，这是我国刑事证据审查与适用的第一道门槛，即只有归属于其中一类证据的材料才能成为法定证据。针对这一问题，有学者建议将大数据证据作为证人证言，有学者建议将其作为鉴定意见加以适用，还有学者建议将大数据分析报告视为书证。首先，证言的可靠性取决于证人的感知、记忆、叙述能力和诚实性等四项能力的综合分析。[1]计算机系统的现实呈现为无人类状态变化的机器人，难以具备前述四项能力。同时，被指控人与于己不利证人开展的对质无法用机器人替代，因此，将大数据证据作为证人证言，不仅难以审查证言可靠性，而且剥夺被指控人的对质权。其次，基于大数据证据与科学证据本质上都是计算机系统分析结果的认知，将大数据证据作为鉴定意见使用具有一定合理性；司法实践中亦存在将其作为鉴定意见加以使用的案例，如安徽省高院刑事判决书（2019）皖刑终 118 号、安徽省灵璧县法院刑事判决书（2018）皖 1323 刑初 41 号。但是与由鉴定人借助仪器设备作出的鉴定意见不同，大数据证据是计算机系统运用算法给出的判断，是对专家司法鉴定体制过于超前的突破；同时，容易造成司法机关将大数据证据和一般科学证据等同的错误定位。最后，将大数据材料视为书证，即认为大数据分析报告是运用数据查询、比对和挖掘技术处理所获大数据而得出的关于案件事实的结论。[2]相比于书证形成于案发过程中，大数据证据是对案发过程所产生的数据进行大数据分析处理而成的。因此，若将大数据证据作为书证，将存在大数据证据审查宽松化的隐患。

综上所述，大数据证据作为一种新的证据形式，因无法契合于传统证据

---

〔1〕 参见张保生：《证言三角形及其理论意义》，载《中国政法大学学报》2015 年第 2 期。

〔2〕 参见胡铭、龚中航：《大数据侦查的基本定位与法律规制》，载《浙江社会科学》2019 年第 12 期。

形式而不具有合法性。考虑到理论和实践的可接受性和可操作性，大数据证据应该作为独立的证据种类存在，适用独立的标准。同时，有学者建议取消将证据种类作为证据门槛的规定，亦存在合理性。确定法定证据种类有利于规范事实认定工作，但会导致事实认定过程形式化和程序正当性的虚无化。[1]证据应当是"可以用于证明案件事实的材料"[2]，不应当陷入"法定证据主义"的风险，而应当根据证据法的基本精神，取消以证据种类为证据门槛的规定。[3]

（四）完善证据开示制度，解决证据偏在问题

强化司法机关对证据的审查，需要双方平等对抗，能够进行充分质证和辩论。平等对抗是现代刑事诉讼的基本程序原则。由于辩护方和公诉方在人财物方面的不平等，刑事诉讼可能存在"证据偏在"问题，使诉讼过程很难实现实质平等对抗，进而在一定程度上造成司法机关审查证据的形式化。证据偏在问题一直存在，但大数据技术的产生，使证据偏在问题愈发严重，这主要基于大数据的黑箱化运行和大数据技术的复杂性。首先，大数据技术是一种全新的复杂技术，人们对其算法构成不甚了解。同时，算法的黑箱使人们无法准确了解算法形成的过程，其黑箱化运行无法避免因信息不对等而导致的权力异化。此外，算法黑箱化和技术复杂化使被指控人因不了解大数据技术的运行原理而无法对其证明力、可靠性等内容予以判断，使被指控人的质证权受损进而降低被指控人的诉讼参与性和认定事实的准确性。最后，"证据之镜"原理要求认定事实只能以证据为桥梁，[4]但算法黑箱化和技术复杂化可能造成法官因为对大数据证据缺乏基本了解而认定事实困难，无法对其可靠性作出判断。[5]

为解决大数据证据偏在问题，保障诉讼双方平等对抗，应当完善证据开示制度。大数据证据开示是主动要求对方提供数据本体或数据访问机会的诉讼行为，可使其他人共享大数据证据，在一定程度上解决证据偏在问题，有

---

〔1〕　参见孙远：《论法定证据种类概念之无价值》，载《当代法学》2014 年第 2 期。

〔2〕　参见我国《刑事诉讼法》第 50 条第 1 款之规定。

〔3〕　参见陈瑞华：《证据的概念与法定种类》，载《法律适用》2021 年第 1 期。

〔4〕　参见张保生：《事实、证据与事实认定》，载《中国社会科学》2017 年第 8 期。

〔5〕　参见郑飞、马国洋：《大数据证据适用的三重困境及出路》，载《重庆大学学报（社会科学版）》2022 年第 3 期。

利于强化检察机关和法院对证据的审查。有学者建议以权利保障和诉讼效益为指导，根据证据量大小和被告人数多少决定证据开示方式。对于大数据证据量小、被告人数少的案件，侦查机关可提供只读光盘复制件，实现证据开示的同时降低办案成本；对于大数据证据量大、被告人数多的案件，可将大数据证据存于购买或自建的网络服务器，向辩护方和司法机关开放数据访问，但不提供数据写入。此外，为保障大数据证据开示的充分性，应设计证据失权制度，即要求侦查机关于庭前向辩护方公开大数据证据，否则将禁止不利于被指控人的证据开示于法庭，由此改进大数据证据开示不充分、质证不理想的问题，加强司法机关对大数据证据的全面重点审查。[1]

（五）完善非法证据排除规则

侦查机关作为刑事诉讼活动的初始机关，对错案的形成具有程序上的先导性和机制上的基础性。新兴的大数据侦查取证活动缺乏必要规制，存在生成刑事错案的风险。作为防范刑事错案的重点，大数据侦查取证活动必须作为规范侦查活动的基点。当前，非法证据排除规则是世界多数法治国家规制侦查权滥用的重要制度选择和有效手段，旨在使侦查机关不得从自己的违法行为中获利，保障被指控人的权利。非法证据排除规则与证据合法性审查不完全相同，其适用范围小于证据合法性审查的适用范围。若证据有失可靠性，即便适用其他证据规则，也可能被排除在定案证据之外，此时的排除依据并非为非法证据排除规则。可以说，任何据以定案的证据都应当进行合法性审查，而非法证据排除规则是对这一审查过程中特定类型非法证据的专门处理机制，体现了对程序正义的高度重视与保障。

1. 将大数据证据列入非法证据排除范围

非法证据排除规则作为特殊的证据审查规则，具有法定的适用对象和程序。现行《刑事诉讼法》第 56 条、2020 年《公安机关办理刑事案件程序规定》第 71 条规定启动非法证据排除程序的情形，即 a. 采用刑讯逼供等非法方法收集的犯罪嫌疑人、被告人供述，b. 采用暴力、威胁等非法方法收集的证人证言、被害人陈述，c. 收集物证、书证、视听资料、电子数据违反法定程序，可能严重影响司法公正且不能补正或者作出合理解释。对于应当排除

---

〔1〕 参见奚玮：《我国电子数据证据制度的若干反思》，载《中国刑事法杂志》2020 年第 6 期。

的证据，不得作为起诉意见、起诉决定和判决的依据。《公安机关办理刑事案件程序规定》第 72 条赋予了侦查机关及侦查人员针对无法证明收集合法性的证据出庭说明情况的义务。2016 年《电子证据若干规定》第 27 条和第 28 条确立了电子数据的两条排除规则：a. 排除真实性存疑的证据。真实性是证据具有证明力的首要条件，在实质上是指证据内容真实，在形式上是指证据来源清晰、证据保管链条完整。这一排除规则本质上不属于非法证据排除规则，而且若确实存在篡改、伪造或增删、修改等污染证据的行为，该电子数据可作为妨害诉讼证明行为的证据，所以不应全部排除。b. 排除存在瑕疵且未补正或合理解释的证据。这类证据的获取存在轻微违法情节，因此证据能力待定。当存在以下瑕疵情形，且不能补正或合理解释的，电子数据将被作为瑕疵证据予以排除：取证程序不规范导致来源存疑的；电子数据在形式上识别，唯一性特征不清的；证据保管链条缺乏过程证明。当前大数据证据被排除在适用非法证据排除规则之外，应当参照现有法律规定，结合大数据证据自身的特性，将侵犯公民权利取得的大数据证据列入非法证据排除的范围。当存在下列四种情形，且严重侵害公民权利时，所获取的大数据证据应被排除：a. 未经审批而获取的大数据证据；b. 超越大数据合法采集范围而获取的大数据证据；c. 超越采集审批权限而获取的大数据证据；d. 非法定主体获取的大数据证据。若存在轻微违法情节，不构成严重侵害公民权利的大数据证据，在侦查机关补正或合理解释后，司法机关可以采用。

2. 确立"毒树之果"排除规则

"毒树之果"排除规则最早出现于 1939 年美国联邦最高法院针对纳多恩诉美国案的裁决意见中，[1]其基本内涵是经非法搜查、讯问而获得的证据及派生证据，因最初被污染而不得作为不利于被告人的证据。[2]同时，基于打击犯罪的考量，该法院确立了该规则的例外情形，包括污染中断、污染得到稀释、独立来源和必然发现等情形。[3]我国侦查实践中亦存在"毒树之果"，

---

〔1〕　参见 Nardone v. United States 案，参见 https://supreme. justia. com/cases/federal/us/308/338/，最后访问日期：2022 年 7 月 20 日。

〔2〕　参见戴长林等：《中国非法证据排除制度：原理・案例・适用》，法律出版社 2016 年版，第 115 页。

〔3〕　参见张智辉主编：《刑事非法证据排除规则研究》，北京大学出版社 2006 年版，第 11-13 页。

利用刑讯逼供等非法手段获得非自愿性口供，再以此为线索收集其他证据，这显然有违关注诉讼程序本身价值的程序正义。在刑事诉讼程序中，若侦查机关依靠"毒树"（非法获取的证据）获得"毒果"（派生或转化证据），尽管毒果可以证明案件事实，但被指控人的正当程序权利将被侵害，违背程序正义要求。"毒树"和"毒果"不仅没有起到打击犯罪的目的，而且侦查权容易因其而滥用，侵犯公民权利，并导致更多刑事错案。如果以"毒果"作为定案依据，将无法阻断侦查机关非法取证的动力，那么通过非法证据排除规则规范取证行为，倒逼侦查机关合法取证的目的将成为泡影。

我国被排除的非法证据不包括"毒树之果"，即以非法行为或非法证据为线索间接获取的证据。[1]同时，我国现行法规范未规制大数据侦查取证行为，导致非法取证行为增加，由此所获证据的合法性存疑，产生"毒树"；侦查机关为降低非法证据被排除的风险，而进行证据转化，将可能存在合法性争议的大数据证据转化为口供而被法庭接受，成为"毒果"。可以说，侦查实践中存在的"证据转化"现象，即瑕疵证据与非法证据向合法证据转化的现象，是"毒树之果"最重要的体现，而"毒树之果"等于公开掩饰非法取证行为，使非法证据排除规则形同虚设。当前我国并未将非法证据一刀切，重在排除非法言词证据，但对违法可能性较小的大数据证据较为宽容。结合我国打击犯罪的实际需要，结合美国和西班牙的立法和判例规定，针对大数据证据确定原则上应当排除"毒树之果"，但在不违背程序法治要求的特殊情形下可采用"毒树之果"的规则。判断这些例外情形需要考量的内容包括：a. 违法取证行为违反宪法的严重程度；b. 所获有罪证据对案件的重要性；c. 存在可能合法取得该有罪证据的方式；d. 非法取证行为侵犯的权利是否需要特殊保护；e. 取证主体是善意还是恶意等。

除上述两个完善措施外，侦查机关预审部门应当建立取证行为内部过滤审核机制，审查大数据证据的合法性，并将非法证据直接排除；[2]同时利用人工智能辅助办案系统，实现网络办案"一键辅助"，自动排查出瑕疵证据，提

---

〔1〕 参见陈敏等：《非法证据排除规则语境下刑事错案防范探析——以刑事侦查为视角》，载《理论导刊》2018年第10期。

〔2〕 参见郝祎欣、刘静坤：《非法证据排除规则与侦查取证机制建设》，载《中国人民公安大学学报（社会科学版）》2015年第6期。

高办案效率。[1]此外，完善"排非"的相关配套措施，包括前述完善侦查中律师辩护制度，强化侦查中律师辩护权的保障，赋予律师初查阶段的参与权和更加宽泛的在场权等。这有利于防止非法取证或及时掌握非法取证的线索和证据。

第二节　大数据侦查模式的合理规制

当前我国大数据侦查之模式选择存在诸多困境，主动侦查在实践推动中步履维艰，对于大数据技术所带来的侦查提前，使得其侦查启动与犯罪发生之衔接节点发生改变，立法程序之冲突也不可避免地发生。因此，必须以合适的立法程序，妥实地适配主动侦查模式，从而缓解紧张关系与当前主动侦查正当性存疑的问题。同时，在大数据技术的具体化运作过程之中，在算法问题中，主要由算法歧视、算法黑箱、代码异化所构成，这往往与主动侦查形成冲突，数据披露制度是解决主动侦查与算法关系的黄金法则。同时，为了提升侦查活动中数据的规范使用，确保数据信息的准确性，数据清洗制度的重要性也应当提上日程。

一、主动侦查与立案程序的适配

主动侦查区别于传统模式之下的被动侦查，被动侦查通常以立案作为侦查的程序节点，侦查机关只有在立案之后的行为才能被称之为真正意义的侦查行为。主动侦查改变了传统的侦查的被动模式，其不可避免地与立案程序发生了冲突。面临当前侦查实践中主动侦查与立案程序两者的紧张关系，需要通过对其与立案程序进行调试，以达到两者之间的完美适配。

（一）我国立案的法律规范评析

1. 我国立案规范的梳理

从我国刑事诉讼法的规定分析，我国的在法律层面上对刑事立案的规定其实是包含了主动立案与被动立案两种立案形式。首先根据我国《刑事诉讼

---

〔1〕　参见《科技赋能"阳光执法"深圳政法跨部门大数据办案平台落地见效》，载 http：//gdga. gd. gov. cn/xxgk/sjtj/content/post_ 3731446. html，最后访问日期：2022 年 7 月 20 日。

法》第109条"公安机关或者人民检察院发现犯罪事实或者犯罪嫌疑人，应当按照管辖范围，立案侦查。"从此条规定进行分析，主要是针对了公安机关主动立案的相关规定。在《刑事诉讼法》第112条当中"人民法院、人民检察院或者公安机关对于报案、控告、举报和自首的材料，应当按照管辖范围，迅速进行审查，认为有犯罪事实需要追究刑事责任的时候，应当立案"。通过此条规定进行分析，主要是针对公安机关被动立案的相关规定。

2. 主动立案与被动立案的区别

主动立案应当区别于被动立案，由于两者可能所涉及的权利法益干预程度上会有所不同。按照学界普遍的观点，之所以被动立案程序饱受诟病无法规制大数据侦查所带来的权利保障问题，主要是侦查措施的强制性使用程度而造成的。通过《刑事诉讼法》第112条的规定也不难发现，主动立案与被动立案的实质性要求存在着区别，如果依据《刑事诉讼法》第112条和第109条侦查机关都可以进行立案的话，必然会导致适用立案规则出现混乱，导致侦查措施的适用紊乱进而产生权利干预不当的乱象。所以按照两者规定的区别，笔者认为应当区别对待两个法条之间的立案标准。将《刑事诉讼法》第109条的立案标准与主动侦查进行适配，在这种情况下更加符合主动侦查启动的程序性要求，为主动侦查提供一定的法律规范依据，提供其侦查行为的正当性与合法性评价。以主动侦查相对应的主动立案匹配性较高，也符合大数据侦查中权利保障的实质性要求。我国的立案程序应当既能实现对于犯罪的有效控制，又能发挥程序对于权利的有效保障。主动立案是一种带有"弱"属性的立案机制，而被动立案则是一种带有"强"属性的立案机制，而这种划分标准则是依据大数据侦查措施对于基本权利的干涉程度进行设定的。两者根据犯罪相关的事实实现不同立案标准分化，使得我国立案程序更加具有层次性、更富活力与弹性。所以避免初查行为的侦查实质化以及如何实现主动侦查中权利的有效保障，应当建立一套完备的侦查立案体系，以规正大数据侦查中各个阶段的侦查行为，为权利保障构建配套的立案体系。

（二）主动侦查与立案程序具体适配

根据《刑事诉讼法》第109条规定，公安机关在"发现犯罪事实或者犯罪嫌疑人"之时，是可以进行主动立案的。其中包含了两种事实性要件，即发现犯罪事实和发现犯罪嫌疑人。笔者认为虽然在法条当中将发现犯罪事实与发现犯罪嫌疑人两个事实要件进行了并列排序，但是两个立案的事实性要件所需要的侦查信息量是不能等同的。首先，发现犯罪事实之时——即并不需要确定犯罪嫌疑人便可以进行立案侦查。表明了侦查机关只要在获得相关犯罪事实线索之时，便可以对相关信息材料进行分析，从而决定是否需要立案侦查。其次，对发现犯罪嫌疑人的立案事实性要件则意味着不仅仅发现了相关的犯罪事实而且确认了相关的犯罪嫌疑人。在法条当中用"或者"将两种立案的事实性要件进行连接，就肯定了侦查机关基于两者都可以进行立案。虽然根据《刑事诉讼法》第 109 条的规定，在主动立案的模式当中规定了侦查机关既可以以事立案又可以以人立案。但是两者所依据的事实性依据并不相同，可能会导致立案标准的不一致，造成在主动侦查模式当中侦查人员立案发生混乱。究其原因，首先，在大数据侦查当中，发现犯罪事实与发现犯罪嫌疑人所需要进行的数据分析量是不同的。其次，大数据侦查当中，发现犯罪事实所需要的数据只要经过相关性的分析便有可能得出相关的线索，即数据的精确性并不需要达到一定的标准。而在发现犯罪嫌疑人当中，所需要的数据精确性的精度更高，还会伴随着一系列权利侵犯问题的产生。所以在主动侦查立案的程序中还应具体区分以事立案和以人立案两种模式。

1. 主动侦查中的以事立案

主动侦查中的以事立案是指发现犯罪事实之时——即并不需要确定犯罪嫌疑人便可以进行立案侦查。以事立案从其性质上判断应当属于一种带有"弱"属性的立案模式，而与之适配的大数据侦查措施的强制性也应当限制在必要的范围之内，方能体现权利保障的基本要求。在以事立案的主动侦查中，由于尚未确定犯罪嫌疑人，所以侦查主体在通过犯罪事实确定犯罪嫌疑人的过程中，需要收集大量的相关数据进行分析，所以在此过程中应当注意对于不特定群体权利的保障，避免因数据收集、处理不当导致不特定群体权利受损。

2. 主动侦查中的以人立案

主动侦查中的以人立案是指侦查机关发现了相关的犯罪事实而且确认了相关的犯罪嫌疑人。以人立案则属于一种带"强"属性的立案模式，与之适配的侦查措施应当属于强制性侦查措施，侦查主体必须严格按照刑事诉讼程序的规定进行，方能保障公民的权利。

二、构建大数据侦查数据披露制度

大数据技术壁垒造成的信息不对称是侦查程序乃至整个诉讼程序中控辩失衡的主要原因。大数据侦查的正常运行是以规模化的数据积累、获取和分析能力为前提的。[1]但因为侦查机关与其他相关主体之间的数据信息不对称，容易形成"黑箱效应"，违反侦查程序正当性的要求，同时也有损其他相关主体的知情权。如果大数据侦查不被披露，侦查机关在虚拟空间所收集的信息量和信息范围容易远超破案需要。[2]因此，知情权的直接保障来源于侦查机关的数据披露义务的履行。为解决信息不对称的问题，保障其他主体的知情权，应当针对不同主体和程序阶段，全面构建数据披露制度。

（一）向不特定数据主体的披露

知情权是数据主体所享有的一项基本权利，数据主体有权知悉数据收集人、控制人的身份、数据处理的目的、用途和规则等，数据主体在知情的基础上作出同意或拒绝他人处理和使用其个人数据的意思表示。数据主体知情权的享有和保障需要课以作为数据收集人和控制人的侦查机关履行数据披露的告知义务。这里需要披露的内容主要包括侦查机关的信息和联系方式，数据采集的类型、用途和方式，对数据主体可能造成的隐私风险、法律承诺等。为保障数据主体的权益，应当要求侦查机关在大数据侦查展开之前向数据主体披露，而且为保障数据主体确定知悉，应当要求侦查机关获得数据主体自由明示的同意，包括书面声明、签署协议等同意行为。由于不特定数据主体较多，逐一披露不符合现实情况，可参照网络平台和手机 APP 的隐私政策声明，此外，为保障公民数据的真实性，侦查机关应当开通数据查询渠道，保障数据主体在获知数据后，在不影响侦查活动的前提下，享有修改删除错误、过时数据的权利。此处，应当注意明确界定侦查机关搜集和使用公民数据信息的范围问题，即只能使用数据主体的一般性数据信息，严格限制使用其隐私性信息。在数据使用过程中，应确保侦查权的"谨慎"行使，保障大数据侦查权的谦抑性。

---

〔1〕 参见裴炜：《个人信息大数据与刑事正当程序的冲突及其调和》，载《法学研究》2018 年第2 期。

〔2〕 参见裴炜：《数据侦查的程序法规制——基于侦查行为相关性的考察》，载《法律科学（西北政法大学学报）》2019 年第 6 期。

（二）向犯罪嫌疑人的披露

与不特定的数据主体不同，特定的犯罪嫌疑人被侦查的数据信息更具有针对性，大数据侦查行为与其切身利益直接相关，所获数据信息若成为证据将直接影响其定罪量刑。所以，犯罪嫌疑人更有动力去获知和利用这些被侦查的数据信息。因此，为避免其利用数据披露制度拖延侦查进程，泄露侦查秘密，在披露时间上，应在侦查终结后的审查起诉、庭前会议及庭审等法定程序环节进行披露，而不宜在侦查前或侦查程序中披露。在披露方式上，侦查机关应将披露内容整理成文件，将文件放入卷宗随案移送，便于犯罪嫌疑人和辩护律师调卷查阅；同时，侦查机关也可采取证据开示、要求法官依职权调查取证等方式披露。在披露内容上，应当侧重披露数据来源、类型、算法模型以及相应结论。

（三）向司法机关的披露

法院和检察机关依职权要求侦查机关履行披露义务主要在侦查终结后，法院在审判阶段要求披露，检察机关往往在审查起诉和审判阶段要求披露。但在侦查环节，检察机关如果需要依据自侦权对侦查机关或部门的大数据侦查行为予以侦查，那么可以要求侦查机关或部门及时披露相关数据算法。针对这一主体，应当披露的内容较为全面，主要包括数据的来源、类型、采集的方法、目的，算法模型，审批情况，所得结论等。其中，针对算法模型及决策，还应当要求侦查机关附加解释说明，便于司法机关监督审查。当前实务界所探索建立的"政法跨部门大数据办案平台"，"以政法云数据中心为核心实施的智慧政法项目"，实现了一网联通，为公检法司信息互联互通奠定了基础。侦查机关可借此及时履行数据披露义务，司法机关可以便捷地予以监督审查。

此外，我国学者针对技术壁垒的解决以及数据披露制度的落实问题，普遍赞同侦查阶段引入专家参与人制度。专家参与人主要负责侦查程序的监督，应当被赋予随时要求大数据侦查机关披露相关内容的权力，除要求侦查机关及时披露个案数据信息外，还有权审查类案侦查的使用方法、目的和必要性说明。关于建立专家参与人制度的必要性前文已经论及。

三、构建数据质量保障机制

在大数据侦查中大数据技术应用的本质是数据的利用，大数据侦查系统存在被错误数据破坏的隐患。[1]为保障我国侦查预测的正当性，需要确保数据信息的准确性，特别要重视数据收集、匹配、仓储、清洗中产生错误、偏差的问题。[2]

（一）构建犯罪记录数据的定期核查清洗制度

创设犯罪记录制度，旨在通过限制、剥夺犯罪嫌疑人的某些场域资格，实现对犯罪行为的威慑和避免；同时，旨在通过犯罪记录的数据关联应用，推动社会管理手段的创新和社会治理能力的提升。犯罪数据的质量保障，关涉犯罪记录制度的核心功能，即精准防控和有效预防犯罪行为能否得到实现。针对大数据侦查实践中因数据质量可能引发的侦查结果偏差问题，构建完善的犯罪记录数据的定期核查清洗制度，是确保大数据侦查精确性的关键。

首先，实现犯罪记录数据的精准核查。应当遵循 2021 年《数据安全法》、《信息安全技术　个人信息安全规范》（GB/T 35273-2020）、《公安数据元管理规程》（GA/T541-2011）、《公安数据元编写规则》（GA/T542-2011）等法规范，核查既往犯罪记录数据。为保障数据的标准性和精确性，引入"谁录入、谁管理、谁核查"的机制，做好犯罪记录数据的核查与检验。其次，建立犯罪数据核查的周期与反馈机制。只有明确核查周期并定期主动核验数据，才能在犯罪记录数据的共享应用中，利用数据的搜索、比对、分布式查询等方法及时发现错误并反馈。最后，建立错误犯罪数据记录的立即删除制度。当核查发现错误数据时，应当及时纠正，及时删除错误数据，避免因数据错误而造成大数据侦查结果错误的连锁反应。

（二）构建差别化涉案数据采集管理制度

与其他案件相关人员，如被侵害人、证人、被排除嫌疑的人员不同的是，犯罪嫌疑人是侦查机关重点侦查的对象，但我国的刑事法规范并未建立区分犯罪嫌疑人与其他相关人员的二元数据管理机制。数据采集的过程可能关涉案件其他人员的隐私信息，这构成了对其他相关人员的不公正对待。所以，应当建立差别化涉案数据的采集管理制度，对非犯罪嫌疑人的案件其他相关

---

〔1〕 See Harry Surden, "Machine Learning and Law", *Washington Law Review*, Vol. 89, No. 1., 2014.

〔2〕 See Tol Z. Zarsky, "Transparent Predictions", *Umiersity of Illinois Law Review*, Vol. 2013, No. 4., 2013.

人员的隐私数据及时消除而不予存储管理。[1]这可以保障相关人员的隐私数据信息不被泄露，避免其因涉入案件侦查而使自身生活、就业遭到不必要的歧视。同时，这可以避免大数据侦查对其他人员的数据记录进行自动化决策而使其受到非公正的待遇。[2]除上述构建侦查数据披露制度、数据质量保障机制来规范数据信息外，应当强化大数据侦查个人数据信息使用的监督。这里的数据监督仍主要有赖于拥有法定侦查监督权的检察机关。因算法黑箱的存在，检察机关监督数据运行往往无处着手，因此应当首先建立算法决策公开透明机制，同时完善侦查程序检察监督的全覆盖。[3]

第三节　大数据侦查体制的规范化

所谓大数据侦查体制的规范化，与前述法定化不同，强调对大数据侦查体制的功能矫正，换言之，大数据侦查体制专业化是实现其功能规正的基础保障。在侦查体制的规范化构建中，包括侦查管理体制的专业化、侦查考核机制的合理化、侦查人才培养的专业化等。首先，侦查活动作为刑事诉讼的一个环节，其诉讼行为属于司法行为，所以侦查体制的司法化是实现专业化的第一步。其次，侦查考核机制也是影响权利保障的重要方面，不合理的考核机制会影响侦查主体的行为规范性缺失，导致在侦查过程当中权利保障的失位。最后，大数据侦查人才的专业化是侦查体制规范化的关键，只有实现侦查中大数据人才，才能从内部的根源解决权利保障的问题。换言之，大数据侦查各个环节都应运用规范的侦查行为从而确保权利保障的有效实现。

一、侦查管理体制的专业化

侦查机关的行政化的管理体制在侦查实践中影响了侦查权作为司法权运

---

[1] 参见颜飞、刘文琦：《数字时代刑事侦查中隐私权保护——美国卡朋特案为中心的研究》，载《盛京法律评论》2021 年第 2 期。

[2] 参见张全涛：《从被动应对到主动防控：我国预测性侦查的理论证成与规则选择》，载《中国人民公安大学学报（社会科学版）》2022 年第 3 期。

[3] See Andrew Guthrie Ferguson, "Policing Predictive Policing", *Washing University Law Review*, Vol. 94, No. 5., 2017.

行的独立性，所以在大数据侦查中如何保障侦查权拥有的独立司法属性，实现侦查体制的司法化。

（一）实现侦查机关财政的独立化管理

财政独立是侦查行为去行政化的物质基础，也是侦查行为实现规范化的方式之一。侦查行为行政化色彩浓厚的原因就在于侦查机关的管理机制是行政化的管理模式，由于地方政府掌握了侦查机关的物质基础，侦查机关在进行行为制定、实施时就会受制于地方政府，这是侦查行为缺乏规范性的主要原因之一。

财政独立是保障司法国家性的重点，为了改善独立性司法难以保障的事实困境，十八届三中全会上提出了保障司法国家性的重大战略措施。[1]此建议意识到了地方财政对司法权的影响，并提出了应有的解决方法。虽然，其中没有包含侦查机关，但笔者认为侦查机关也应当纳入其中，保障司法国家性不仅仅局限在检察院和法院，侦查机关也应当纳入其保障的范围之内，从而实现我国刑事诉讼程序当中侦、控、审的整体性独立性司法，保障在刑事诉讼的过程中形成完备的司法权运行链条。实现侦查机关的财政独立，才能有效地去除侦查机关对于地方财政的依赖，其治本之道在于改革侦查机关经费预算制度，提高侦查机关预算的制度化程度。

（二）改变现有侦查机关的管理模式

目前，我国侦查机关的领导方式是上级侦查机关和地方政府的双重领导模式。正是由于侦查机关还受制于地方政府的领导，那么侦查权在行使时，行政化的领导方式必然会影响侦查权的司法属性。如何改变传统侦查活动中行政属性严重的倾向，改变侦查机关的领导模式是关键。笔者认为，应当对侦查机关采取单一化的领导模式，防止行政化的领导才能保障侦查权行使的独立性。而解决的方法即是侦查机关只应当接受上级侦查机关的垂直领导。侦查体制的司法化要求大数据侦查应以审判为中心，遵循程序法治、程序正当、权力制约和权利保障等刑事司法的一般规律[2]。

---

〔1〕 参见韩娜：《论司法权的配置》，西南政法大学 2017 年博士学位论文。

〔2〕 参见卞建林、张可：《侦查权运行规律初探》，载《中国刑事法杂志》2017 年第 1 期。

（三）尊重以规制为核心的司法逻辑

前已述及，以规制为核心的司法逻辑是大数据侦查权存在和运行的应然方向。大数据虽然增强了侦查高效打击犯罪的功能，但是无法模糊侦查权受合理规制的要求。大数据侦查在行政逻辑上，只需要进行技术层面的梳理和加强；而在司法逻辑上却需要从司法理论层面依据大数据侦查的运作情况和现实问题展开分析、解释、改进。如果说侦查体制的行政化侧重于通过数据信息推进侦查进程，提高侦查效率，那么侦查体制的司法化应当强调程序对大数据侦查权的保障和规制，增强侦查的合法性和正当性。关于大数据侦查的程序规制，前文已从保障律师参与辩护，强化对大数据侦查措施程序规制，加强大数据相关证据的合法性审查，加强检察机关对大数据侦查程序监督等多方面展开详细论述，在此不再赘述。

（四）改变权责同构的侦查体制

近年来，数量日增的网络犯罪案件，如电信诈骗，已经具有跨行业、跨地区的组织性特征，给基层侦查机关带来了较大的办案压力。虽然基层侦查机关可以通过数据和算法掌握线索情报，但因大数据侦查权规范性要求的缺失，基层侦查机关在所拥有的分散侦查权下，面对这些组织分散性的网络犯罪案件没有压倒性的技术优势，加上犯罪要素的跨地区、跨行业的流动，只会扩大侦查取证的范围，提高侦查协作的频率，从而产生高额的侦查成本。侦查机关因大数据侦查而提高侦控能力的同时，却又面临网络犯罪手段升级，个别地区、个别案件不仅产生管辖争议，而且容易形成非对称性侦查，基层侦查效益堪忧。为解决侦查权过度分散造成的管辖冲突问题，应当厘清上下级侦查机关之间的分案标准，规定网络分散性团伙犯罪案件，诸如电信诈骗犯罪，应当由上级侦查机关提级管辖，而对于地域、行业较固定的案件仍由基层侦查机关侦办，以减轻基层侦查机关的责任与资源不均衡的问题，也缓和可能产生的管辖争议。

（五）廓清主办侦查员的权责边界

"权责明确、监督有力的侦查办案责任制以主办侦查员制度为重点。"[1]

---

〔1〕　赵炜、张光主编：《公安改革通论》，中国人民公安大学出版社2017年版，第18页。

主办侦查员制度的泛行政化，使主办侦查员在办案过程中缺失自主性和独立性。因此，完善该制度重在明确主办侦查员的权责边界。首长责任制下科层管理的行政化与主办侦查员制度强调的专业化相冲突，但根据我国现行法规范，主办侦查员不享有侦查的决定权。[1]这种决定主体和侦查主体分离的制度设计，使主办侦查员不具有完整独立的侦查权，无权决定案件走向。

司法职权配置的核心内容是消除同一司法机关内部的科层化问题，逐步解决司法权受制于行政权而难以独立行使的问题。[2]因此，完善主办侦查员制度应当弱化侦查权运行的行政化、层级性色彩，还原侦查权的司法属性，充分尊重刑事司法的一般规律，厘清主办侦查员的权责边界，在强调主办责任的同时，应当配置相宜的主办权力。一方面，应当以提高办案效率为前提，精简主办侦查员和侦查机关负责人之间的层级审批程序，使侦查权由行政领导转至主办侦查员，增强主办侦查员的主体性和工作能动性。另一方面，将侦查办案业务性权力真正授权给主办侦查员，并明确这些权力的具体内容，例如指挥管理权、审批决定权、取证权、资源调配权等类型，每类权力下的多项具体权力也应当被细化，从而防止行政权代替侦查权，使主办侦查员享有独立且完整的实质侦查权。对于属于主办侦查员权力范围内的事项，办案部门负责人无行政指令权，只是扮演监督者而非命令者的角色。当然，"放权"不是绝对的，应当与"制约"相平衡，可通过法规范法律授权与内部授权相结合的方式，建立"权力清单"和"责任清单"，"形成权责清晰、科学高效的主办侦查员权力运行格局。"[3]

二、侦查考核机制的合理化

侦查机关严格的考核制度是造成侦查行为失范的重要原因之一。侦查主体面对国家管理目标和考核机制所施加的影响，在侦查时其实面临着两难之举。一方面侦查主体会因为严格遵守法律程序而遭受利益的损失。另外，由

---

〔1〕 我国现行《刑事诉讼法》《公安机关办理刑事案件程序规定》等法规定，在公安系统内部，侦查决定权由县级以上公安机关负责人、办案部门负责人等不同行政层级主体所享有。

〔2〕 参见季卫东等：《中国的司法改革：制度变迁的路径依赖与顶层设计》，法律出版社2016年版，第188-189页。

〔3〕 参见谢波：《改革话语体系下主办侦查员制度的主要问题与完善路径》，载《中国刑警学院学报》2021年第3期。

于侦查主体会因为遵守法律程序而承担民事赔偿责任，从而受到不利的影响和评价。面对这种事实，势必会影响到侦查实体行为和侦查思维行为。这种不利局面造成侦查主体在侦查实践当中，如果严格实现规范的侦查行为，反而会受到某种利益的损失，侦查主体就得不到实现规范侦查行为的内在动力。换言之，侦查主体因为坚持侦查行为的规范性而受到不利评价还要承受不利的考核结果，结果导致侦查主体为了规避考核结果，就会采取各种变通做法，侦查行为的规范性缺失便是其中的做法之一。侦查机关条块结合的行政管理体制，必然通过层层考核、层层量化的指标机制倒逼基层和中层部门承受极大的办案压力，进而导致侦查行为缺乏规范性，甚至出现失范行为。

不仅侦查机关内部的考核机制会影响到侦查主体，而且还涉及了检察机关与法院。法院的无罪判决数量和适用比率以及检察机关作出的撤销案件、不起诉等无罪处理决定，也会对侦查主体带来不利的考核结果。[1]基于以上考核机制的影响，对于侦查主体的行为思维产生了重大影响。实现规范的侦查行为所引发不利的考核结果，引发自身利益的损失，导致侦查主体的行为产生了规避、变通程序的思维，最终导致的是整体侦查主体的行为思维的产生。为缓解侦查机关的考核压力，相关举措包括：

（一）完善绩效、奖惩机制

建立科学合理、程序完备的绩效评价体系和职级奖惩机制，完善案件数量分配机制，推进扁平化的绩效管理模式。在制定细则时，侦查机关的绩效考核机制应当遵循侦查规律，立足于侦查实践而进行统一研究部署。适当地增加综合性的非量化指标，进而取消一些不合理的考核指标。针对侦查实践，建立以侦查规律为依据、以侦查实践为重心的科学、简化、合理的绩效指标体系。

（二）树立正确的业绩考核观

侦查活动的任务目标不仅要打击犯罪，还要在刑事诉讼当中保障每个公民的基本权利，这也是侦查行为合法性当中的实质要求。如果侦查行为当中只将打击犯罪和提升破案率作为唯一目标，那么作为侦查权力行使与人民权利之间的平衡就会被打破。作为有限理性的个体，侦查人员的行为同样可能

---

〔1〕　参见陈瑞华：《刑事程序失灵问题的初步研究》，载《中国法学》2007 年第 6 期。

受到利益的诱惑，诸如追求破案速度、破案率，节约办案资源等，出于以上原因，很容易让侦查人员陷入先入为主的认知偏差，误将侦查对象视为犯罪人，形成侦查的定势思维。侦查活动的最终目的是通过惩治犯罪实现维护社会稳定和保障基本权利。因此，侦查人员需要树立公平正义优先的业绩观。

（三）适度削减专项行动

"专项行动"是特定时期维护社会秩序的非常手段，但是如果将"专项行动"常态化，融入侦查人员的思维当中，非常手段的使用必然会使权利难以得到有效的保障。究其原因在于开展专项打击活动，在侦查实践中大多因为时间短、任务重、压力大，给侦查人员在身心上造成了极大影响，必然会引起侦查行为规范性缺失问题。而且在打击犯罪的活动中，有的侦查人员为能够完成考核任务，急于求成导致出现大量错误适用法律规范的问题，严重侵犯了公民的基本权利，破坏了国家的法治秩序。所以侦查人员应当改变工作突击做的行为思维，通过适度削减专项行为的次数以及寻找替他替换的办法。

（四）以法律支撑侦查考评机制

规范侦查考评机制的关键是以现行法律为后盾，正确理解侦查机关的地位和工作特点，针对不同问题具体分析，确定侦查工作需要什么样的法律保障，从而使侦查考评机制发挥应有作用。在侦查考评机制设计中，要避免当前简单量化的"唯效率论"，也要避免忽视社会公众评价的"无群众论"，因此，应当以建立侦查主体与客体之间的良性互动为核心，将侦查效能与公众期待相结合。这需要完善侦查考评方面的法律框架予以实现和保障。这一法律框架需要从宏观和微观、立法和执法两方面进行设计。首先，应从宏观环境出发制定统筹全局的法律政策，明确侦查考评机制的法律地位和作用，并明确考评目标、考评标准、考评执行主体、定期评估等内容。其次，从各地具体情况入手，在尊重宏观法律政策的前提下，因地制宜，确定不同地区不同类型案件的考评标准。最后，以法律保障侦查考评的事后审查，并建立相关的救济程序来保障考评工作的顺利开展。[1]

---

〔1〕 参见琚悦：《侦查阶段的错案控制问题研究》，中南财经政法大学 2020 年博士学位论文。

（五）引入多元主体监督考评

侦查机关内部自上而下的考评方式容易产生唯效率论的价值偏差，违背考评机制设置的目标。引入多元主体共同参与考评是大数据时代考评侦查工作的趋势，多元主体应当包括侦查同级及上级机关、同级政府以及社会公众。这种侦查机关自我考评以及外部主体监督相结合的方式，一方面有利于减少内部考评常发生的"找关系""走过场"的乱象；另一方面，将有效激励侦查机关，使侦查机关在注重侦查效益的同时关注社会公众的安全感评价。同时，社会公众监督侦查考评，是侦查机关与社会连接的桥梁，也是侦查机关拥有社会责任感和进行自我约束的表现。

（六）建立追赃返还考评机制

大数据侦查机关应当牢固树立破案与追赃并重的理念，一方面，赃款赃物是犯罪事实的有力证据，可以完善证据链条，为定罪量刑奠定基础；另一方面，对每起犯罪案件进行全链条打击，追回涉案赃款赃物，可以挽回人民群众的损失。如果忽视追赃的重要性，嫌疑人犯罪只受刑罚而不退赃，肆意转移赃物赃款却不被发现和追究，出狱后仍可拥有赃物赃款，不仅使打击犯罪的目标难以实现，打击力度大打折扣，而且容易诱使犯罪分子为经济利益再次作案。这有违公平正义，也将影响社会公众对侦查机关工作的满意度。因此，有必要从以下四个方面来建立追赃返还考评机制。首先，确定追赃返还工作的主要责任人为主办侦查员。其次，在智能化办案平台中，增加"追赃返还"情况，并将其作为侦查工作必经程序、必审内容。再其次，督察部门履行好监督职责，定期向主办侦查员、被害人及其近亲属询问追赃进展或查看办案系统了解情况，并做好记录。最后，要将追赃返还情况纳入侦查机关和侦查人员的考评内容，与表彰奖励挂钩，提高侦查人员追赃积极性的同时增强民众社会安全感。

三、侦查专业人才培养的体系化

大数据侦查体制的专业化离不开大数据侦查人才的培养，大数据侦查人才的培养是实现大数据侦查中权利保障的前提与根本。我国《数据安全法》第9条、第44条对大数据人才的培养、激励、引进等提出了要求。由此可见，我国已经开始重视侦查大数据人才的培养。

（一）确立大数据侦查人才培养目标

明确人才培养目标，推动侦查大数据人才培养。依据《公安类本科教学质量国家标准》要求，相关院校要让侦查人员系统掌握侦查学基础理论、基本技能，以及能使用大数据侦查平台进行数据收集、数据分析、主动防控等的工作能力。同时，相关院校培养的侦查大数据人才要有能独立开展大数据工作的能力，其从事 3-5 年大数据侦查工作后，能成为所在工作部门的主力人才。

（二）加强大数据侦查人才队伍建设

加强队伍建设，提升侦查大数据人才培养能力。大数据侦查队伍建设离不开侦查大数据人才培养。相关部门应该建立专门的数据库，形成多层次、多专业、多梯队的人才队伍，提高侦查工作的专业化和职业化水平。一方面，相关院校应该着重培养侦查大数据人才的侦查思维和意识，充分利用各种数据库，进行实战化训练，培养一批掌握新技术手段的人才队伍。另一方面，相关院校还要提升侦查人员的传统侦查能力。通过传统侦查能力的提升，让侦查大数据人才发挥技术优势，结合传统侦查方式，对案情作出迅速的研判，从而提升破案效率。

（三）完善侦查大数据人才培养模式

坚持实战化教学训练，完善侦查大数据人才培养模式。教学练战一体化已经成为公安院校教学改革的重点。在侦查大数据人才培养模式中，"教"与"学"是侦查的基础，侦查专业教师教授理论与实践知识，侦查员通过对知识的梳理后，利用相关大数据进行课外扩展，进一步强化课堂知识学习。"练"与"战"是对课堂教学的提升，学员在教师的指导下反复进行实战化演练，这样能快速提升学员的实战能力。坚持这种实战化教学训练模式，可以使得侦查大数据人才提升发现问题、分析问题、解决问题的能力。

小结：主动侦查是实现大数据侦查功能的主要模式，但是其在功能实现的过程中也伴随着众多权利保障的问题。面临这些问题，首先便是要明确大数据侦查措施的性质，便于侦查主体在实践中的实施。为主动侦查匹配相应的立案程序规范则是解决当前大数据侦查在实践中与立案的冲突，增强其正当性与合法性。在其具体实操层面，通过数据披露制度以及数据清理制度的构建则是避免了侦查相对人员的各项基本权利不遭受非法的干预，也保障大数据侦查更加规范的运行。侦查体制的规范化则是要求侦查体制不断地向专业化靠拢，不断地强化侦查行为的司法属性，来规避司法风险的产生。并通过合理的业绩考核来应对因为功利化的业绩考核所带来的错案风险。大数据侦查人才的培养是从根本上解决技术人才不足以及技术人才素质不高的局面，阻断因为技术应用不规范可能带来的诸多问题。

价值纠偏实现大数据侦查中权利保障

在大数据侦查日新月异发展的背景下，其理念指引——侦查价值也随之日渐偏差。通过可计算性的大数据技术优势，侦查权主体逐渐进入"可计算化""数据化"的现实样态。大数据技术的自身应用使得侦查主体出现了"盲目服从""技术服从"的窘迫状况。在这一系列现实问题中，一方面，权利主体必须不断提升其自身独立性，从而应对大数据侦查所带来的权利干预，另一方面，侦查主体则必须通过摒弃"技术万能论"的桎梏，来强化其自主性从而保障大数据侦查中的公民权利。"技术向善"的提出，意在从实质层面解决大数据侦查中技术应用所产生的权利保障缺位问题，在根本上实现大数据侦查价值步入正轨的最终目的。

第一节　提升大数据侦查中权利主体地位

从权利主体地位的性质而言，权利主体无法在大数据侦查中成为"可计算的对象"，其应与侦查主体享有平等的诉讼程序主体地位。权利主体自主性的提升，意在增强权利主体在大数据侦查中的主体性地位，并以此实现其与侦查机关对抗的能力。坚持"以人为本"，以权利本位为基本原则是其拥有自主性的正当依据。而在具体的提升路径之中，首先，构建合理的大数据证据体系有利于保障权利主体在侦查过程，不因不当侦查引起权利的损失，保障其在侦查中的自主性。其次，完善大数据侦查中律师辩护体制可以提升权利主体对侦查机关的对抗能力，彰显其主体性地位，保障其自主性。最后，通过行使多维的权利救济措施，为权利主体提供权利利益的补偿与救济，增强其在侦查过程中的自主性。

一、提升权利主体地位的基本原则

提升权利主体在大数据侦查中的自主性，需要侦查机关在侦查过程中始终坚持"以人为本"的基本原则，将偏差的侦查目标重新归位于人民，重视人民在侦查中的各种权利诉求，并在坚持"权利本位"的基本原理，实现传统权利与新兴权利的兼顾，进而改善在大数据侦查中权利主体性地位弱化的局面。

（一）坚持以人为本原则

坚持以人为本的基本原则，表达了在大数据侦查中人的重要性。而权利保障思想作为现代社会治国理政的基本方略，是实现权利平等、自由、正义的重要保障，因此权利保障自然也成为大数据侦查价值当中的基本内容，同时也成为现代法治化要求的产物。在现代法治化的要求中，大数据侦查必须表现出合理且合法的表象与内容。

以人为中心是人类近代以来确立的基本文明价值观，正是以人为中心的人文精神使人道、自由、民主、平等、法治等成为社会主流价值。大数据侦查价值应当为人的合理需要而产生和发展。大数据侦查产生和发展是为了人，为人的生产生活创造一个安全稳定的社会环境。作为人的现实需要的产物，大数据侦查的根本推动力来源于人的社会物质生产活动。[1]在大数据时代，公民有获得安全稳定的社会环境的需要，侦查机关有提高治安管理水平和打击刑事犯罪效能的需要。基于这些需要的存在，同时借助于迅速发展的现代科技，信息实现了高度共享和高速流通，促使侦查活动进行了全面性的变革，大数据侦查应运而生。不可否认，现代科技的发展同样是以人的需要为动力。人的需要是大数据侦查产生的动力与源泉，离开了人的需要，大数据侦查便没有存在的可能和必要。

（二）坚持权利本位原则

坚持权利本位体现了侦查价值的正义性要求，大数据侦查应当尊重和保

---

〔1〕 参见李龙、李玲：《人本法律观对社会主义法本质的再认识》，载《山东社会科学》2011年第3期。

障权利，强调人的主体地位。我国 1982 年《宪法》自制定之时，便以"公民的基本权利"来表现法律意义上的权利。

2004 年的《宪法修正案》将"尊重和保障人权"这一纲领性权利原则入宪，提倡"以人为本"的价值理念，要求国家权力应当被用于权利保障，使权利成为国家权力运行的指导性价值。大数据侦查权如果为权利而设，为权利而运作，可避免恶政，因为权利的主流精神是抵抗国家权力的滥用。据此，权利应当是侦查权这一国家权力的正当性基础，大数据侦查应当为保障权利而存在，大数据侦查权的设立和运行应当有利于保障权利。[1]因此，权利本位原则所内涵的"尊重和保障人权"要求在成为宪法规范后，既为行使大数据侦查权设置了"无害于人"的道德要求，也为控制大数据侦查权的恣意性设置了强制性义务。当前，我国习近平总书记强调，"人权保障没有最好，只有更好"，不仅要"在更高水平上保障中国人民的人权"[2]，还要"保证人人享有发展机遇、享有发展成果"[3]。这明确了我国权利的主体具有复合性，既包括享有集体权利的人民整体，也包括享有个体权利的每个人，而且也为大数据侦查中不断地实现权利保障的完善提供了理论指导。避免了在进行大数据侦查过程中以保障人民集体权利为由否定个权利的情形，也避免了过度强调个人权利而减损集体权利的情形。换言之，权利本位原则所内涵的"尊重和保障人权"要求在进行大数据侦查的各个环节，侦查权力的行使不是恣意的，而应当合乎人性、尊重人格、保障权利，且同时不得侵害集体权利和个人权利。

二、完善律师辩护制度

辩护制度是提升权利主体地位的重要方式，具有调节侦查机关与犯罪嫌疑人力量差距，实现双方实质性平等的作用。犯罪嫌疑人可以自行辩护，也可委托律师辩护，即获得律师帮助。随着权利保障意识的提高和辩护制度的发展，辩护律师参与刑事案件的范围扩大，参与案件的时间提前，参与的效

---

〔1〕 参见焦洪昌：《"国家尊重和保障人权"的宪法分析》，载《中国法学》2004 年第 3 期。

〔2〕 中共中央党史和文献研究院编：《习近平关于尊重和保障人权论述摘编》，中央文献出版社 2021 年版，第 51 页。

〔3〕 中共中央党史和文献研究院编：《习近平关于尊重和保障人权论述摘编》，中央文献出版社 2021 年版，第 92 页。

果提高，有益于制衡侦查机关的不当行为。委托或指派专业律师辩护，可以及时掌握有利于被追诉人的事实、证据和法律见解，有利于限制侦查机关侵犯公民数据隐私的恣意性，设置检察机关指控犯罪的程序要求，帮助审判机关兼听则明而公正审判。

（一）赋予律师初查阶段的参与权

首先，律师提供辩护帮助的时间较晚。数据采集和算法分析是大数据侦查权启动的前提。侦查机关通过采集数据和算法模型进行犯罪预测和监控，并据此决定是否启动侦查权。这意味着在采取强制性侦查措施之前，潜在犯罪嫌疑人的隐私和数据已处于侦查机关的掌控之下。这样一来，立案之前的初查措施更具强制性，借助隐蔽进行的数据采集和算法分析，使得立案虚化，也使得侦查权的实际启动节点前移。大数据侦查在犯罪的未然阶段便介入其中，虽然可以提高侦查效率，有效预防和打击犯罪，但是背离了法定的侦查权启动时间。相比之下，我国《刑事诉讼法》规定辩护律师只能从立案后的侦查阶段开始提供辩护帮助，辩护人介入诉讼程序的时间较晚，使得辩护律师针对被追诉人在初查阶段可能遭受的权利侵犯情形无法提供帮助。

（二）赋予律师更加宽泛的在场权

本书所讲的律师宽泛的在场权主要是指讯问被追诉人时律师的在场权和数据搜查扣押过程中律师的在场权。

首先，我国《刑事诉讼法》第34条规定律师介入刑事诉讼的时间为"第一次讯问或者采取强制措施之日"，但未规定讯问时律师应当在场的权利。域外国家对律师讯问在场权予以保障，如美国的"米兰达权利"（Miranda Rights），赋予犯罪嫌疑人在接受警察询问之前委托律师的权利，而且律师有权陪伴受讯全程；日本赋予律师在侦查程序享有较宽泛的在场权，不仅包括讯问时律师在场的权利，也包括搜查、扣押程序中在场的权利；德国的律师讯问在场权在司法实践中得到承认。

其次，当前的大数据侦查具有极强的技术性和保密性。一方面，算法驱动的大数据侦查具有极强的技术性，侦查机关处于数据信息的优势地位，其获取和分析数据的能力高于辩护方，辩方和检察官都难以对数据和算法提出有效质疑；另一方面，大数据侦查具有保密性要求，公民采集数据受到严格限制。即便存在法律授权，公民的数据采集能力，即采集数据的技术能力和法律可用性，也受到限制。[1]因此，被追诉人无法知晓数据收集程序、范围、方式，数据侦查审批程序，更难以做出有效辩护。在搜查、扣押数据过程中，若赋予掌握法律专业知识和熟悉法律规则的律师在场权，即使律师不具备大数据技术能力，但对于诉讼程序的辩护帮助和聘请专家辅助人具有重要意义。

因此，为保障犯罪嫌疑人被讯问时的权益，应当立法明确律师讯问在场权，即律师有权参与犯罪嫌疑人的受讯全程。同时，为增强辩方对于数据证据的理解，应当立法赋予律师在数据搜查扣押程序中在场的权利。大数据时代，赋予律师在讯问和数据搜查扣押阶段的在场权，有利于提升辩方在诉讼程序中的能力，使被追诉人在辩护律师的帮助下对侦查程序以及整个刑事诉讼程序施加积极影响，使大数据侦查权的行使关注到被追诉人的权利保障，避免恣意性。

三、完善权利救济保障措施

所谓无救济则无权利，救济是保障权利的方式。在大数据侦查中的相关权利救济措施可以有效地增强权利主体的对抗性，有力地推行其在侦查中自主性的不断提升。而完善权利救济的措施主要从个人信息使用为切入点，构建多元的规则体系以及完善相关的国家赔偿。

（一）完善个人信息使用的救济程序

在互联网时代，人们对公民个人信息衍生的数据成果蕴含的客观价值逐步达成了共识，这在刑事诉讼中突出表现为公安机关使用大数据侦查手段对公民个人信息过度采集，由此导致传统社会迅速向透明化社会过渡，并侵害公民个人信息权。[2]虽然，我国《宪法》已经明确规定了公民通信自由与通信秘密权，以及其人格尊严。一些部门法已经意识到了公民个人信息的权利内涵。比如，《中华人民共和国网络安全法》（以下简称《网络安全法》）对个人信息保护提出了具体的要求；《刑事诉讼法》对侵犯公民个人信息行为作出刑罚制裁；《民法典》也强调要保护个人信息。但是，在大数据侦查背景

---

〔1〕 参见张可：《大数据侦查之程序控制：从行政逻辑迈向司法逻辑》，载《中国刑事法杂志》2019 年第 2 期。

〔2〕 参见齐爱民：《美国信息隐私立法透析》，载《时代法学》2005 年第 2 期。

下，个人信息容易被侵犯，而上述法规对大数据侦查中个人信息使用的救济程序涉及较少。继而，相关部门应该完善个人信息使用的救济程序。完善个人信息使用的救济程序首先应该明确其救济原则，而后明确具体的救济措施。

1. 个人信息使用的基本原则

（1）及时救济原则

迟到的正义不是真正的正义，这是衡量正义的重要标准，其可以被称为"及时"原则。比如，在公力救济中诸如司法救济要求判决的及时性。在法律规定的时间内完成救济程序是满足权利救济及时原则的最低标准。及时救济原则既要求提高侦查主体的办案效率，改变侦查主体的任意性和拖延性，又可为救济程序参与人员提供统一的时间标准，以此来避免诉讼环节的不连贯和不规范性。由此，权利救济的及时性是其救济程序的重要基石。在大数据侦查中，完善个人信息权利救济程序的及时性救济原则显得至关重要。尤其是在重大的涉及大数据犯罪的过程中，及时救济原则能最大程度地减少不必要的损失，防止此问题的扩散或蔓延。

（2）全面救济原则

如果将及时救济原则理解为是时间维度的要求，那么就可以将全面救济原则理解为空间上维度的要求。与"及时"相比较，"全面"更加强调价值上的判断，其既强调救济的范围与强度的大小，又要求有对权利本身的社会价值的基本判断。在大数据侦查中，公民个人信息权受到侵害时，全面救济原则要求相关部门要尽全力将伤害降到最低。在此过程中，全面救济原则要求应该包括对物质全部损失的经济赔偿，还有包括对精神损失的全面赔偿。虽然，精神损伤很难用金钱衡量，但在具体实践中双方可以用金钱来弥补精神损害的合意。

（3）公力和私力救济互补原则

这项原则是多重因素共同作用的结果。其一，复杂的社会利益关系与救济主体多元化的纠纷碰撞。其二，公力救济和私力救济产生的结果缺乏统一认可度，并且结果很难保障。其三，公力救济和私力救济之间对对方存在的认同存在一定的差异。在大数据侦查中，个人信息权无法获得公力救济时，此时私力救济就成为民众的重要救济方式。这也充分印证了两种救济方式互相补充，建构了个人信息权利救济体系。二者共同建构了权利保障时代的核心理念。

2. 具体的救济措施

（1）公力救济是完善个人信息使用救济的基础

其一，个人信息权益保护入宪为公民个人信息权益法律救济提供宪法依据。公民个人信息权益宪法救济的实现应将个人信息权明确为宪法权利。因此，当前应该推进个人信息救济相关立法的合宪性审查，这可以纠正与宪法相抵触的一些规定、原则、精神等，从而更好地维护好公民的宪法权利。推动合宪审查可以划分为两类群体进行申请。一是以公权力主体为主要构成，提出相关所需的书面申请；二是由被侵害主体构成，提出合宪性审查的书面请求。另外，相关部门也要对审查的主体进行严格审查。其二，完善行政法的相关救济程序。一方面，采取预防性监管审查措施。其目的是要进行事前预防，可通过两个步骤来实现。第一步建立行政系统内部的个人信息救济监察机制，构建详尽的管理规范，具体是针对个人信息的流程来管理。第二步是建立个人信息救济监督人制度，通过这种专门的监督人对相关人员的行为进行监督，这类监督人往往由部门的主要负责人担任。另外，完善行政机关的监管标准来规范个人信息的处理程序。行政机关监管标准的划定可从内外部着手。从内部来说，要有可行的行政机关内部的监管标准和程序来约束内部人员的行为。比如，相关人员在查阅个人信息前必须备案，核查身份。并且，要通过明确的监管标准和程序约束行政机关处理公民个人信息的后续行为。比如，行政机关要对技术提供者进行严格把关，方便后续监管。从外部来说，行政部门应该制定好管理公民个人信息的规范标准和程序，明确自身在公民个人信息利用中所要履行的权利与义务，以及采取何种方式，按照何种标准行事，减少相关行政部门因监管不力引发的个人信息权救济不畅的问题。其三，完善民法的相关救济程序。加大个人信息权利精神损害赔偿。界定精神损害赔偿要将公民信息分为两种形式。一是普通的个人信息，如电话号码、微信号码、QQ 号码等，这些信息遭到侵犯时，权利主体受影响可能相对较小，建议可以依据相关法律规定予以救济。二是个人敏感信息侵犯时，应该要求相关侵犯人赔礼道歉、消除影响、恢复名誉等，并给予精神损害进行一定的救济赔偿。完善检察公益诉讼制度救济个人信息权利。检察公益诉讼制度实施后取得了非常瞩目的成就。我国《个人信息保护法》颁布后，检察机关应该承担起新的责任，为个人信息的公益救济架起一道新的司法防线。其四，完善刑法的相关救济程序。在社会主义法治化建设过程中，刑法起到了至关重要的作用。刑法救济是个人信息权利救济的最后一道防线。《刑法》将非法获得、非法销售个人信息视为犯罪。在这体现出了国家对个人信息救济的重视。刑法方面的救济在认定侵犯公民个人信息罪行时应该明确"情节严重"的标准；对非法利用公民个人信息的行为设置相关条款入刑；将侵犯公民个人信息罪纳入自诉模式等。

(2) 私力救济是完善个人信息使用救济的依托

在现代社会，很多司法纠纷多以非司法的途径解决，能够纳入司法程序的社会纠纷较少，很多矛盾因无法立案而被法院排除在外。当采用司法途径或法律手段寻求救济遇到困难时，可以采用私力救济的方式。其一，唤醒公民的救济意识。救济意识的唤醒应该重视社会层面对于个人信息救济的宣传教育，大力营造政府、社会组织、企事业单位等共同参与的个人信息权利救济的良好社会环境。利用互联网，加强法治宣传教育，比如开展法律宣讲会、讲座或法律知识小课堂等，宣传个人信息权利救济的重要性。其二，提倡公民自觉救济。现代社会私人救济也需要公权力的参与，这样可以有效地实现对于私权利救济的全面保障，从而实现对公平正义的追求。其三，加深公民交涉救济。在个人信息权救济过程中，公民意识到自己的信息被侵害时应该加深公民交涉救济，其是指公民与公权力机关之间的交涉，与公民自身力量实现救济的自决方式相比，交涉救济更加强调公民和相关信息平台或相关服务商达成合意的方法来实现救济。

(二) 建构多元化赔偿归责体系

在《中华人民共和国国家赔偿法》(以下简称《国家赔偿法》) 起草时，相关立法者对单一过错原则、违法原则、无过错原则，以及多元化归责体系等权衡利弊后，相关立法者最终选择了违法归责原则。究其原因，一是法院容易把握要求国家赔偿案件的尺度，避免公民举证困难，利于其申请赔偿；二是利于相关部门能分清是非曲直，并区别国家赔偿和国家补偿；三是国家相关部门不是有意识的自然人，不可能将主观过错作为责任标准。考虑到国家财政承受能力、公民权利保护观念、司法水平、立法技术等，公民在一些特殊情况下需要自己承担风险。大数据侦查逐渐成为现代侦查的常用手段，其导致的公民权利侵害风险增加，加之公民个人权利保护观念的提升，以及立法水平的提高。相关部门应该扩大大数据侦查侵权行为的国家赔偿范围，建构多元化赔偿归责体系。相关部门若要建构大数据侦查的多元化赔偿归责体系，应该坚持单一过错原则、违法原则、无过错原则、多元化归责体系的指导。这既能保护公民的合法权利，也能防止行政机关因违法评价产生赔偿抵触情绪。

（三）　扩大精神损害赔偿范围

2010 年修改的《国家赔偿法》，在坚持原有损害赔偿方式之上，新增了精神损害赔偿条款。虽然，国家赔偿与民事赔偿中的精神损害赔偿有一定的差异，如侵权主体、责任主体及侵权行为等。但从域外来看，精神损害赔偿源于民事赔偿，甚至一些国家并未将其作为一种独立的赔偿形式。[1] 与民事侵权相比，大数据侦查侵权范围更广，对当事人精神损害更为严重。由此，大数据侦查精神损害赔偿制度的完善，应该在借鉴民事赔偿的基础上，确定高于民事精神赔偿范围的规则，从而扩大大数据侦查精神损害赔偿范围。大数据侦查相关的精神损害赔偿包括公民的生命权、健康权、人身自由权。这些权利是物质性人格权，如果公民此项权利受到侵害，可能会使其受伤、残疾甚至死亡。通常而言，物质性人格权的侵犯会造成严重的精神损害，这种损害不仅会贻害受害人终生，而且其亲属也可能受到严重的精神损害。在这种情况下，受害人有权要求精神损害赔偿。大数据侦查相关的精神损害赔偿还要包括公民的个人信息权、数据权、财产权、隐私权等，因为大数据侦查需要海量的数据作为依托，这就要收集公民大量的个人数据，如果这些数据泄露，那么会对受害人造成不可磨灭的损害。因此，大数据侦查相关的精神损害赔偿还应将这些权利包含在其中。由于法律具有相对统一性，民事领域与国家赔偿领域的精神损害赔偿皆属于公民的救济手段，两者的赔偿范围应该有明显区别。由此，相关部门可以从民事精神损害赔偿范围的一些规定中得到一些借鉴。国家赔偿的精神损害赔偿可以打破原有规制的限制，使精神损害赔偿不应该局限于人身权侵犯，而可以扩展到隐私权、财产权、个人信息权、数据权的损害赔偿，使得国家赔偿的范围更加扩大，从而保护好公民的合法权利。

---

〔1〕　参见张文志等：《国家赔偿案件中精神损害赔偿制度疑难问题实证研究》，中国人民大学出版社 2015 年版，第 8 页。

第二节　强化大数据侦查主体的自主性

在大数据侦查中，侦查主体作为侦查决策的制定者和行为的实施者，是侦查"成败"的决定性因素。而在实践中大数据技术的应用一方面可以影响侦查决策的制定，另一方面由于大数据技术所提升的效率性也影响了侦查主体的行为能力。在大数据侦查中，侦查主体缺乏自主性也成了权利保障面临的困境之一，所以强化侦查主体的自主性首先从其思维层面进行切入，摒弃"技术万能论"的思维定式，兼以法律规范作为强力的规制手段实现其自主性的"硬性"强化，并以制裁手段构建有机的责任体系来保障其自主性的有效达成。

一、以价值理性引导侦查主体自主性的实现

在侦查实践中，大数据技术的应用使得侦查沉溺于技术所带来的力量，导致其缺乏了自主性，在技术工具主义思维的影响下，侦查决策抑或侦查行为都可能因为技术的影响对权利产生不公正的影响，所以实现大数据侦查正义价值就在于提升侦查主体的自主性，摒弃"技术万能论"的思维定式，实现价值理性的有效融入。

（一）摒弃"技术万能论"的思维定式

大数据技术的应用必定有其局限性，技术的应用"可以载舟亦可覆舟"，其可为侦查提供有效的动能，其所蕴含的技术风险也能决定侦查"成败"。所以侦查主体应当摒弃"技术万能论"的思维定式，警惕因为技术应用所带来的权利风险，并以为人民服务为宗旨重新构建思维定式，将其目的最终回归于人的权利保障之上。

1.增强侦查主体的技术应用的主观能动性

在大数据侦查中，侦查主体需要运用裁量权。如同世界上没有两片相同的叶子，侦查实践中也不存在两个完全雷同的案情，这也要求决策者必须发挥主观能动性，合理运用自由裁量权，才能正确合理地适用法律和技术，做到依法和科学决策。因为在规范层面，规范所预想和拟定的情形只是类型化、理想化的情形，不可能与司法实践的案情天衣无缝地契合，所以自由裁量权

的运用在侦查中是无法避免的。而在技术应用过程中侦查主体应当需要从侦查的目的、权利的干预程度等作出合目的性的决策。

2. 坚持大数据技术应用的适度性

在人类发展历史过程中，新技术的应用往往面临着新挑战，大数据侦查也不例外。对待大数据侦查既不能一概否认，亦不应照单全收，而应当持有"批判接受"之态度。

（二）大数据技术应用价值理性的融入

大数据侦查中需要侦查主体的理性进行决策，而目前以技术应用的工具理性影响着侦查主体的决策判断，导致侦查活动在技术的影响之下逐渐失去侦查活动本应当有的价值判断。

技术理性是理性逻辑演进中实证化倾向的表现。[1]技术理性就是在不断的侦查实践当中，侦查主体不断地应用技术所产生的一种理性表象，但是"技术理性的视野中，人们更多关注它是否给人们带来某种利益……理性便会沦为经济利益的工具。当人们跪倒在物质面前时，便找不到人之为人的意义，更看不到人的尊严。"[2]侦查主体在大数据技术所带来侦查利益面前，会丧失对于权利主体利益的考量，导致侦查价值正义的缺失。而如何规制这种工具理性的影响，就是要强化价值理性对于侦查主体理性的影响作用。

1. 改变大数据侦查中所形成的理性范式

大数据侦查中就是要以价值理性的逻辑来改变在技术进步中形成的理性范式，并转化以技术作为知识和权力生成本质的"决定论"逻辑。"价值理性是支配人生活实践的一种深层精神力量。在价值理性的视域中，作为主体的人是中心，是唯一的目的，也是终极目的。"[3]价值理性既然强调人的尊严、人的价值与意义，那么从价值理性的角度看，人类自开发设计人工智能之始就必须首先要建构理性的、正当的价值目标，技术理性只不过是达到目标的手段与工具。

---

〔1〕 参见刘同舫：《技术进步中正义困境的生发与消解》，载《江海学刊》2021 年第 4 期。

〔2〕 李微、张荣军：《价值理性视域下的人工智能及其伦理边界》，载《贵州社会科学》2022 年第 5 期。

〔3〕 李微、张荣军：《价值理性视域下的人工智能及其伦理边界》，载《贵州社会科学》2022 年第 5 期。

2. 实现大数据技术为人服务的价值理念

价值理性要使人工智能实现为人服务的初衷，摆脱技术专业性的统治，消除权力的异化，恢复其真正意义。侦查主体要在价值理性的导向下构建一个非压抑性的侦查秩序，消解技术对侦查主体驾驭的状况，实现公民在侦查中的权利保障。价值理性要引导技术理性的发展方向，把科学技术的求真精神转换为对人类命运的关切，关注人的价值、意义的追求，确保科技运用的正确方向，使人与社会协调发展。[1]

（三）侦查主体思维从犯罪打击向犯罪控制的转变

大数据侦查的秩序价值在于构建稳定的社会秩序，通过犯罪治理的良性控制，进而实现国家整体的社会安全。大数据侦查作为犯罪追溯和犯罪预防的重要途径，其承担着收集犯罪证据、抓捕犯罪嫌疑人、践行社会公平正义的作用。因此，需要进一步强化大数据侦查社会秩序价值的功能取向，为构建平安中国发挥更大的作用。

大数据侦查借助关联现场和相关关系实现犯罪控制。犯罪打击是侦查主体在犯罪现场取证后，利用证据的因果关系直接打击犯罪活动，而犯罪控制既关注犯罪行为，又关注非犯罪行为，其是在犯罪现场取证后，利用证据的因果关系或相关关系进行犯罪控制。犯罪现场是侦查活动的起点，这是由犯罪现场的性质决定。因为这里留存着犯罪证据，而侦查主体正是凭借这些证据来抓捕犯罪嫌疑人。相关学者将犯罪现场划分为主体现场和关联现场。主体现场是犯罪嫌疑人实施犯罪行为的地点，而关联现场是指有遗留犯罪痕迹的现场。当然，关联现场包括主体现场，后者比前者涉及范围更大。但在传统侦查活动中，侦查主体多重视犯罪打击，以及犯罪行为的主体现场，而对关联现场的重视较低。这是因为主体现场遗留的犯罪痕迹较多，犯罪行为的因果关系明显，其容易被侦查主体发现后进行破案。由于各种因素的限制，关联现场往往不容易被侦查主体发现。侦查主体重视主体现场，这就意味着犯罪行为对于侦破案件至关重要。在传统侦查活动中，"由案到人"的侦查思维被侦查主体认定为"从犯罪行为到人"。这就严重限制了相关侦查主体对案件的理解。其多是将侦查行为理解为打击犯罪，而忽视了犯罪控制的作用。

---

[1] 参见李微、张荣军：《价值理性视域下的人工智能及其伦理边界》，载《贵州社会科学》2022年第5期。

比如，在传统侦查活动中，侦查主体多关注犯罪嫌疑人的犯罪行为，注重犯罪打击，而其对犯罪嫌疑人的非犯罪行为，以及被害人的一些行为缺乏关注。侦查主体多关注犯罪行为的持续时间，而多忽视犯罪嫌疑人前往案发现场的时间，以及离开案发现场时间，侦查主体多重视案发现场的遗留物，而忽视对案件前后犯罪嫌疑人接触物品的查找和利用。另外，侦查主体多重视犯罪行为发生的原因，而忽视对案发前后犯罪嫌疑人的行为分析。

随着犯罪嫌疑人反侦查能力的提升，其在案发现场留下的证据逐渐减少。如果侦查主体过多关注主体现场，那么会使其丧失很多的有用信息。随着大数据技术的广泛应用，个人的行为、位置，以及身体生理数据都有可能会被记录、分析。这就使得在实体空间内发生的案件，完全有可能在虚拟空间以数据的形式呈现。那么，相关侦查主体不仅要关注犯罪打击，而且还要厘清非犯罪行为，注重犯罪控制，比如，犯罪嫌疑人的出行信息完全有可能被相关大数据平台监测到。另外，犯罪现场的视频监控也可能记录犯罪嫌疑人进入案发现场前后的活动内容。大数据侦查可以说是现代侦查的利器，这就要归功于无处不在的数据信息可以记录犯罪关联现场。大数据侦查不仅为侦查主体发现了不易关注的关联现场，而且使得侦查关注非犯罪行为，使侦查思维从犯罪打击向犯罪控制转变。相关学者早已经关注到非犯罪行为在侦查活动中的作用。比如，有学者指出，犯罪现场既有犯罪行为，也有其他非犯罪行为。尤其以犯罪行为人与被害人相识的犯罪现场最为常见。如果犯罪行为难以被认识，或者难以为侦查活动提供重要线索，研究非犯罪行为就有非常重要的价值。[1]大数据侦查非常重视犯罪控制，对犯罪行为人案发前后活动进行记录，犯罪行为人在关联现场的非犯罪行为也受到关注。究其原因，相比于实施犯罪，犯罪行为人在案发前后的非犯罪活动的警惕性较低，其人身形象更容易暴露，而其与他人交流的通信工具、交通工具，以及计算机网络更容易被侦查主体查询。另外，这些非犯罪行为更容易保留犯罪行为人的指纹、DNA 等信息。在大数据时代，案件侦破存在两个基本规律：一是案件构成要素决定着侦查方法的选取，二是侦查效果受犯罪暴露程度影响。[2]侦查

---

[1] 参见王大中、马文元：《剥离重叠的犯罪行为与其他行为的侦查价值》，载《政法学刊》2004 年第 2 期。

[2] 参见郝宏奎：《侦查破案的基本规律》，载《山东警察学院学报》2008 年第 1 期。

主体对犯罪控制的重视极大扩展了侦查的时空维度，使得侦查的视线涵盖了犯罪行为人从预谋、启动、实施、逃离的整个过程。侦查主体对上述证据的研判，可扩展案件构素的内容与数量，进而增加侦查途径，提高侦查效益。大数据侦查可以使侦查主体全面性地获得各种犯罪信息。大数据侦查是要分析与案件相关的全部数据，而少量样本则无法进行。侦查主体对案件构成要素的传统认知，会被"样本—总体"的整体性思维格式化。针对大数据侦查犯罪控制的全部数据，应该充分挖掘其潜力，开辟新的侦查途径，这必定成为大数据侦查的新思维。

二、以司法公正促进侦查主体自主性的实现

强化侦查主体执行的法律路径在于通过法律规范的强制性来限制侦查主体"恣意"行为，实现其自主性。为了避免大数据技术滥用可能导致的"数字利维坦"的风险，应当要求侦查主体坚守"法无规定不可为"，恪守法律授权的基本司法原则，在具体的侦查过程中，坚持技术应用的比例性，保障公民权利干预的最小化。并且遵循刑事诉讼程序的形式规制与事实规制，将公平与正义有机地融入大数据侦查中。

（一）严格坚守"法律授权"原则

在依法治国环境下，在公共机关权力运行的领域，通行的原则便是法律授权原则，即"法无明文授权即禁止"，未经法律明文授权，侦查机关无权通过大数据技术收集和分析涉及侦查相对人及不特定群体个人信息的数据，进而侵害到公民的合法权益。

我国历史上经历了漫长的君主专制时代，封建时代没有权利意识与权利保障制度孕育的土壤。正所谓"普天之下，莫非王土"，王土之上的民众皆是属于君主的臣民，臣民无权利而言，个人的人格权、财产权等权利不受重视。现如今，我们的社会价值观强调为了维护国家利益和社会公共利益，个人利益或权利应当作出牺牲或让步，但这并未否定公民个人的权利保护。在侦查以发现犯罪、还原犯罪事实、追踪犯罪嫌疑人的目的下，实践中的侦查机关容易认为个人权利的保护应当让位于侦查追究犯罪的重要目的，因此容易造成侵犯侦查相对人或不特定群体权利。然而基于公民对国家权力机关的信任以及大数据技术的隐蔽性和复杂性特点，当其合法权益受到侦查行为的侵犯

时，公民往往难以知晓。这在无形中又增加了大数据侦查中侦查机关滥用侦查权，侵犯不特定群体或侦查相对人隐私权、数据权和个人信息权的可能。

在现代社会，侦查机关已经从打击犯罪的单纯角色，增加了追究犯罪与维护社会治安角色。这就要求公安机关的功能亦发生转变，从单纯地打击犯罪到打击和预防犯罪转变。不过，导致犯罪的社会危险来源是多方面的、多变的，侦查机关需要收集和分析各方面的信息来预测危险和犯罪，与此同时，预测犯罪不是发现和确定具体的危险，而是发现和确定未来的"抽象危险"，侦查机关所要收集和利用的个人信息便会更多，这就需要更多的法律授权，明确侦查机关收集和利用比如个人信息、干预公民个人权益的界限。

总之，在现代依法治国的背景与环境下，大数据侦查须做到在合理合法的范围内收集和利用比如公民个人信息等合法权益所涉及的数据，而想要保证大数据侦查在合理合法的范围之内，侦查机关必须经过法律的授权，在法律授权的范围之内运用大数据技术达到确定犯罪要件，找到犯罪嫌疑人的目的。

（二）严格坚持比例性原则

法律授权在赋予大数据侦查合法性的同时，也赋予了侦查机关一定的裁量权，比例原则中的裁量性要求侦查机关在个案中间遵循法定赋权的同时，结合案件的实际情况，发挥一定的主观能动性，裁量斟酌是否采取大数据侦查之措施和手段。

裁量性还要求侦查机关在斟酌大数据侦查措施时，对侦查效果与大数据侦查对相对人权利侵害的程度作出评估，如果侦查效果大于权利侵犯的危害性，则可采取大数据侦查手段；反之，则不应采取大数据侦查手段。另外，侦查机关应当在大数据侦查与传统侦查手段间进行相互比较，如果其他侦查手段足以达到侦查机关预期的侦查效果，则无必要采取大数据侦查的手段，以避免发生泄露侦查相对人个人信息和侵害相对人合法权益的风险。因为传统侦查手段所侦查的范围是一案一事，远不及大数据侦查所涉人事的范围广。

在保障达到侦查效果的同时，于众多的大数据侦查措施中间，侦查机关还需要运行自由裁量权，选择对当事人或不特定群体权利侵害程度最小的侦查手段。比如毋庸泄露更多的信息就能达到侦查效果，便不用采取该大数据侦查措施。

（三）践行程序的规范作用

大数据侦查所追求的是犯罪打击的高效化以及犯罪预防的有效化，而这些价值所实现的价值则都指向了实体结果的价值，注重侦查所实现的结果的同时必然会忽视刑事诉讼程序所带的程序性价值。在当今社会大数据侦查在犯罪中所实现的犯罪治理效果显著，而其作为刑事诉讼程序的一环却无法彰显程序所带来的价值。所以在我国法治社会构建的背景之下，大数据侦查的程序价值与实体价值的位阶顺序应当重新进行构建，改变原有以实体价值为主的价值取向，构建以程序价值为主、实体价值为辅的价值位阶顺序。

1. 程序价值优先在于体现程序性规制价值

在刑事诉讼领域，实体正义有着不同的表述，有学者认为实体正义是指人们在对实体的权利、义务和责任进行确定时所遵循的价值标准。[1]实体正义的概念是根据程序正义的概念产生的。程序正义是对法律程序自身内在优秀品质的一种统称，其存在形式不取决于任何外在结果，而取决于法律程序本身。[2]由此，实体正义多是对"结果"的强调，程序正义虽也强调"结果"的重要性，但其更加突出"程序""形式""规则"的重要性。大数据侦查是以海量数据为依托，以数据空间为场域，以专业算法为工具，通过计算机、网络等科技手段，深度挖掘数据价值，查明犯罪事实，查获犯罪嫌疑人的侦查模式。[3]在大数据侦查过程中，侦查主体过于追求实体正义，再加之缺少大数据相关法律法规的约束，侦查主体可能会存在违法收集证据的行为，这些证据只要有利于案件查明真相，且不会引起太大的社会负面效益，很可能会被采用作为检察机关起诉、人民法院认定事实的依据，而且侦查主体也不必出庭就其证据接受当事人的质询。如果当事人、辩护人就证据的合法性提出异议，其也很难受到相关部门的重视，这些机关很可能会以种种理由搪塞。更有甚者，侦查机关出现违法侦查问题时，相关部门可能会共同商讨良策以回避这些问题。只要大数据侦查行为没有重大失误，其违反侦查一般不会被追究，违法人员也不会受到相应的法律制裁。由此，大数据侦查过程中，

侦查主体不仅要重视实体正义，而且还要重视程序正义，程序正义的终极目的也是实体正义，但其更强调侦查过程的程序性规制。

2. 程序价值优先在于实现"看得见的正义"

随着法治现代化的进行，程序的重要性在我国获得广泛认同。拉德布鲁赫认为，法律是社会生活的基本形式，那么作为形式法律的程序法，则是这种形式的形式，其就像桅杆顶尖，对船身最轻微的运动也会产生强烈的摆动。[1]大数据侦查中正义既要实现，又要以"看得见的方式实现"。程序以其独立性的价值实现了"看得见的正义"。联合国《公民权利和政治权利国际公约》第14条规定了刑事被告人在审判中的"最低限度程序保障"。由于大数据侦查工作的特殊性，在一定程度上会遵循秘密性原则，采用非接触侦查的方式。如果要将这种强大的权力活动放在牢笼里，避免遭人诟病为"暗箱操作"，而以"看得见的正义"出现，其由追求实体正义转变为程序正义是一种有效的解决措施，而立法规范是追求程序正义的必要方式。大数据侦查机关的权力范围明确，是使大数据侦查权追求程序正义，成为"看得见的正义"的重要步骤。在现代法治社会，奉行权利推定和权力法定原则。这种含义是指法律没有禁止的即为法律所允许的权利；对公权力而言，法律所未允许的即为法律所禁止的权力。该原则对保护公民个人合法权利意义重大。[2]个人权利与国家权力是一种此消彼长的零和关系，国家权力扩张，个人权利会被缩减；反之，个人权利扩张，而国家权力也会缩减。[3]大数据侦查制度要先于大数据侦查权的权力法定原则。建构大数据侦查制度不仅符合程序正义理论的规范，而且还是大数据时代程序正义在侦查阶段的实现条件。[4]

三、以程序制裁助推侦查主体自主性的实现

在大数据侦查中，增设大数据侦查程序性制裁制度程序秩序价值的维护还需要强力的制裁程序作为硬支撑。程序正义的价值实现需要侦查权运作符合法律的正当性原则。如果大数据侦查权脱离了程序的正当性原则，那就很

[1] 参见［德］拉德布鲁赫：《法学导论》，米健译，商务印书馆2013年版，第170页。
[2] 参见江涌：《立法规制大数据侦查的理论思考》，载《山东警察学院学报》2020年第6期。
[3] 参见谢佑平、万毅：《刑事诉讼法原则：程序正义的基石》，法律出版社2002年版，第113页。
[4] 参见江涌：《立法规制大数据侦查的理论思考》，载《山东警察学院学报》2020年第6期。

可能会损害程序正义，这就需要尽快建立大数据侦查的程序性制裁制度。大数据程序性制裁制度是由程序性违法、制裁、裁判、上诉，以及宪法性救济等内容组成。大数据程序性违法导致程序性法律责任，进而出现了大数据程序性制裁，当事人对大数据程序性制裁结果如果存在异议就可以进行上诉和辩护。这样才能限制大数据侦查权力的滥用，以维护公民的合法权利。当前，我国已确立了"非法证据排除"与"撤销原判制度"两种程序性制裁制度。它们在我国刑事诉讼程序性制裁制度建构中起到了重要作用，但相较于域外程序性制裁制度，我国的程序性制裁制度还有阙如之处，尤其是在面对大数据侦查过程中的公民权利保障问题。我国需要增设新的大数据侦查程序性制裁制度，以解决此问题。

（一）增设原则

增设大数据侦查程序性制裁制度要遵循比例原则。我国大数据侦查的立法规定较为欠缺，尤其是大数据侦查的程序性制裁的相关立法规定更为欠缺。其既不能详尽规避大多数程序性违法行为，又不能实现"罪责刑相适应"的有效制裁。大数据侦查程序性制裁制度具有重要意义，应该贯彻比例原则使其更为完善。

增设大数据侦查程序性制裁制度要遵循权利救济原则。一方面，权利救济原则要求我们在立法层面体现对人权的尊重和保护。我国现在正逐渐重视程序正义，但我国《刑事诉讼法》对程序性违法行为的规制仍停留在维护司法正义角度上，这并不符合权利救济原则的实质要求。另外，"无救济原则无权利"要实现对当事人权利的救济，自然不能缺少对我国刑事诉讼参与人程序性权利的救济。程序法具有一定的可诉性，即便是对程序性违法行为建构的程序性制裁也不例外。因此，贯彻可诉性原则对完善我国大数据侦查的程序性制裁制度具有非常重要的意义。

（二）增设措施

完善撤销原判，发回重审制度。《刑事诉讼法》对发回重审制度的列举规定难以涵盖全部的程序性违法行为，尤其缺少对程序违法行为的严重程度的区分，并且，尚未引入该制度应有的权利救济功能作为是否重审大数据侦查结果的考量因素。由此，相关部门应该对一审大数据侦查违法程序予以制裁，在发回重审制度之上，相关立法人员可以将其他制裁方式对该程序违法予以规制。比如，使用终止诉讼制度。并且，在大数据侦查中其他轻微程序性违法行为应当在考虑违法严重程度的基础上考量行为对于刑事诉讼程序参与人权利的侵害程度，而不能一味地发回重审，这样不仅造成司法资源浪费，而且还可能让诉讼参与人陷入危险。另外，大数据侦查程序性制裁制度应该变革司法理念，坚持"疑罪从无"的观念。

（三）扩增制裁方式

域外制定的程序性制裁制度主要有非法制度排除、撤销原判、终止诉讼、诉讼行为无效等。但是，我国目前仅有非法证据排除和撤销原判两种。根据大数据侦查的实际运行状况而言，我国有必要使用另外两种制度。一方面，引入终止诉讼制度。现在，我国超期羁押现象仍然存在，部分案件因发回重审制度的滥用，使得被告人超期羁押甚至超过其自身可能判处的刑期。再加上大数据侦查作为一种新兴的侦查手段，现有的程序性制裁方式可能无法发挥实际的作用，而终止诉讼制度则能较好地保护被告人的合法权利。同时，在大数据侦查过程中，侦查主体侵犯犯罪嫌疑人的行为也可以用终止诉讼制裁方式进行救济。另外，诉讼行为无效制裁方式也对大数据侦查程序性制裁有重要意义。绝对无效和相对无效是域外诉讼行为无效制度的两种方式。其中，绝对无效是指严重的程序性违法行为，影响公正审判的诉讼行为绝对无效。相对无效则是指对于一般的程序性违法行为，对当事人权利未构成严重侵害并可以补正的适用相对无效的制裁方式。诉讼行为无效制度对于我国大数据侦查程序性制裁行为具有实际效益，尤其是针对一些轻微的程序性违法行为。但是，这两种程序性制裁方式引入贯彻比例和权利救济原则，才能实现大数据侦查中的程序正义和实体正义。

第三节　发展大数据侦查的技术向善性

面临技术应用冲击法律和社会伦理、侵犯个人隐私等问题。习近平总书记强调："我们要未雨绸缪，加强战略研判，确保人工智能安全、可靠、可控"〔1〕，为技术向善指明了道路。2022 年 3 月 20 日中共中央办公厅国务院

---

〔1〕　中共中央党史和文献研究院编：《习近平关于防范风险挑战、应对突发事件论述摘编》，中央文献出版社 2020 年版，第 79 页。

办公厅印发《关于加强科技伦理治理的意见》[1]（以下简称《伦理意见》）。该《伦理意见》中指出我国科技创新快速发展，面临的科技伦理挑战日益增多，并提出应当防控科技伦理风险，不断推动科技向善、造福人类。在大数据侦查中，强调技术向善有利于避免因为大数据技术适用所带来的科技伦理风险，提升大数据侦查正义价值的内涵。技术向善既是大数据侦查正义价值的内在要求，也是其正义价值发展的必由之路。

一、大数据侦查中技术向善的基本理念

不断地向善是科学技术发展的目标，人类从事科学技术的总体动机或目的是善意的。但是技术具有两重性，既有自然属性上的优劣之分，也会给人类社会带来积极（善）的后果和消极（恶）后果。正是出于对技术的这种两重性，在大数据侦查中技术向善就是避免大数据技术在发展的过程中"用以作恶"，进而规制和引导侦查主体在侦查过程中最大程度保证技术自身科学性的同时，还能最大限度地阐扬技术的善。

（一）大数据侦查中技术向善强调内在思维存善

科技向善首先是对内在的善的追求。所谓内在的善，就是要求从科技研发者到普通的用户，在科技活动与科技产品的应用中都应该报以善的意图。从这些好的意图出发，不仅可以促使人们规范自己的行为，划定伦理的底线，而且可以让科技努力站在人性的高处，致力于将科技所强化和重构的物质力量转化为人们的美好生活。更进一步而言，如果将这种内在的善与专业精神和专业荣誉结合起来，科技创新者和应用者就可以在对善的追求中获得一种内在的满足感，甚至养成向善的习惯与美德。

（二）大数据侦查中技术向善强调结果至善

大数据侦查科技向善重视科技活动的过程与后果，力求使之达成外在的善。所谓外在的善，就是要使人们在科技运用中的良好意图切实转换成良好的结果，让包括科技创新者在内的所有人都能从中获益。科技创新与应用的

---

[1]　参见《中共中央办公厅　国务院办公厅印发〈关于加强科技伦理治理的意见〉》，载 http://www.gov.cn/zhengce/2022−03/20/content_ 5680105，最后访问日期：2022 年 8 月 25 日。

过程涉及复杂的利益纠葛和价值冲突，其后果往往充满各种不确定性，要实现科技向善的目标，仅有内在的善良意图远远不够。这就要求人们在科技活动的全生命周期中，以负责任的态度面对研究、创新和应用，使内在的善的意图通过外在的善的结果得以落实。

（三）大数据侦查中技术向善强调利益共善

发展总是与利益冲突及其化解相伴而生。换言之，利益冲突是技术发展历程中不可避免的问题。伴随着大数据侦查技术的发展，技术向善中对于利益共善的追求需予以重视。利益共善主要是指，通过沟通、协调、互助等多种形式对利益冲突问题进行化解以追求达到共善之目标，是一种兼具伦理与法理的价值追求。运之于大数据侦查之中，则主要是运用大数据技术时以沟通、协调、互助为方法论，针对大数据侦查的具体化内容进行协调与冲突化解，从而实现利益共善目标。面对日益严重的大数据侦查发展问题，利益共善可以在利益指引与方向层面对技术内容与方式进行规范与保障。

二、大数据侦查中技术向善的实现路径

科林格里奇曾指出"一项技术的社会后果不能在技术早期——研发阶段被准确预见。然而当技术产生不良后果时，它往往已经成了整个经济和社会结构中难以抽离的一部分，以至于难以对它进行控制"[1]。在大数据侦查中，同样存在着"科林格里奇困境"，其在早期过于注重技术的应用，而忽视了后期所带来的权利保障风险。

在大数据侦查中，技术向善的目的主要是实现人的权利保障，防止因为技术应用所产生的"恶"对侦查正义价值的侵蚀。在大数据侦查中，诸如算法歧视、算法偏见、算法不透明等都呈现出了技术应用所带来的风险。算法当中所存在的问题仅仅从技术的角度是无法有效根治的，原因在于算法背后所运行的逻辑价值出现问题，缺少的技术应用应有的"善"的维度。技术向善意味着从注重技术功能表象到人的内在价值实现的转变，卡斯特指出科技会造成各种恶果。"如果我们能改变、能关注自己的内心世界、政治组织、生

---

〔1〕 文成伟、汪姿君：《预知性技术伦理消解 AI 科林格里奇困境的路径分析》，载《自然辩证法通讯》2021 年第 4 期。

活方式和自然环境，科技就可以赋予我们解放自身的巨大潜能。"[1]所以在大数据侦查中，技术向善应当围绕人的价值展开。

（一）侦查主体的自律

侦查主体是大数据技术应用的主导者，通过侦查主体的思维自律以及行为自律是实现大数据技术向善的决定性力量。第一，在大数据侦查中技术向善的具体实现过程中，在思维层面上，侦查主体应当自觉践行技术应用的向善理念，努力成为技术向善的重要推动力量。通过深化向善理念的价值，将公平正义的侦查价值作为技术向善的方向引导。第二，在具体的侦查实践过程中，侦查主体应当在算法的应用中有机融入伦理的因素，推动算法、代码不断向道德化发展。而且一线侦查人员应当承担前瞻性的技术向善道德责任。在实践中，不断地通过实战经验积攒、总结大数据侦查中可能涉及的权利干预风险，并有效进行风险评估。将实战经验不断地进行理论转化，促进大数据侦查中技术向善的不断发展与深化。

（二）技术企业的自觉

技术企业是大数据相关技术的重要的产出方，技术企业自觉是大数据侦查中技术向善发展的中坚力量，扮演着重要的角色。第一，技术企业在研发技术时不能盲目追求利润，而是在技术研发的过程中坚持技术的发展与技术向善的同步性，一方面技术的不断发展有利于更好地实现技术向善，另一方面技术的向善也可以通过其独有的内在品质反哺于技术，促进技术的发展。两者之间的关系是相辅相成的，缺少任何一个方面都不利于技术的良性发展。所以企业同时要自觉实现利润与技术向善的有机统一。第二，技术企业应当重视技术向善的重要性，并且将科技产品向善作为一种创新的源动力，针对侦查活动中所面临的现实问题，针对性地研发技术应用的相关规则。保障大数据技术的应用不仅能够解决侦查实践中的问题，还应当能够进一步实现人性化与可接受性，从技术产出中不断地将权利保障元素融入其中，推动大数据侦查中技术的向善发展。

---

[1] 刘秀秀：《技术向善何以可能：机制、路径与探索》，载《福建论坛（人文社会科学版）》2020 年第 8 期。

（三）公众算法素养的提升

公民对于算法素养的提高可以有效地抵御来自大数据侦查中算法所带来的诸多问题，保障其权利不遭受侵犯，催促大数据侦查中技术向善的发展。第一，强化公众对算法的认知。算法已经深刻地融入人们生活的方方面面，提升人们的算法意识、培养其算法素养既可以便利人们的生活，又可以抵御来自社会诸多方面因算法所导致的侵害，使公众客观认识算法的普遍性。第二，强化公众的参与。大数据侦查中技术向善离不开公众的参与，公众应该通过各类平台参与人工智能科技的伦理评估，使个人的意见能够得到较为充分的展现。尽管少数个体的力量有限，但由于公众的数量巨大，由此形成的社会力量可以对侦查机关的算法应用产生实质性影响。第三，注重公众算法素养的提升。需要通过教育培训等手段加强相关知识与技能的普及与推广所实现公众算法素养提升的重要途径。一方面，在社会层面上，要加大算法相关知识的宣传，通过媒体等网络平台实现多维度、立体式的推广模式。另一方面，公众应当主动参与各种算法知识的教育培训，不断地强化自身的算法素养。在数字科技时代中，人民积极有效地参与是促使技术向善的重要推动力量，也是催促大数据侦查中不断地实现技术向善的源动力。

三、大数据侦查中技术向善的应然向度

大数据侦查中技术向善的目的在于强化其围绕犯罪所展开的综合治理效果，既能通过犯罪治理维持良好的社会秩序，还能实现公民权利的保障。在大数据侦查中技术向善的应然向度中，大数据侦查一方面应当从犯罪的"机械控制"转向"理性控制"，强化大数据技术应用的导向功能，另一方面还应当建立在法律、科技、道德"共治"的综合治理模式，实现整体社会治理的"善治"之道。

（一）贯彻权力良知理念

在大数据侦查中技术向善的未来发展，应当要实现大数据侦查权贯彻权力良知理念。"良知"（conscience）是由孟子最先提出的概念，[1]良知强调

---

〔1〕 参见柏小松译注：《孟子选译》，人民教育出版社 2003 年版，第 127 页。

的是理性个体所具备的一种善良意志、义务意识以及内在的道德法则,其建立在与他人达成共识的基础上,体现了个人对社会普遍道德法则的自觉认同。"良知是人类必须坚守的不可或缺的城堡"[1],那么在大数据侦查中,良知也应当是内化于侦查主体的道德性规范。

权力和良知在结合之下,权力良知更关注与权力运行的内在逻辑,即权力的属性运行规则是否符合"为公"的要求,权力的运行核心是否能始终围绕"人民之事",[2]体现的是国家权力为实现公众利益和人民的幸福而努力。[3]那么具体到大数据侦查中,权力良知则要求侦查主体在具体的侦查权行使过程中,一是需要融入权力良知的核心理念;二是要实现权力运行的正当性与合法性的有机统一;三是要时刻维护人民的公共利益。所以,在大数据侦查中,权力良知理念的注入符合技术向善的需求,贯彻并落实权力良知理念有利于抑制大数据侦查权滥用,实现公民的数据权利保障。

(二) 强化犯罪治理的功能导向

大数据侦查通过海量数据,借助共时性的特征,实现犯罪预防。大数据是大数据侦查的质料,而海量数据可以为侦查提供海量信息。数字时代,人们生活在虚实双层互嵌的社会,物理社会中行为、现象、信息可以通过数字化的方式映射入数字社会。每个人、每天每时都游走在虚实交错的世界里,包括网络购物、网络投票、移动支付、微信互动、刷脸验证等,留下一串串身份数据、关系数据、行为数据、音容数据。这样,"慢慢地积累所有数据,直至在计算机数据库中形成一个'人'",[4]海量信息通过彼此相互关联,便可以析出潜在犯罪信息、犯罪预备信息、犯罪着手信息和犯罪实施信息。同时依托大数据侦查本身所具有的共时性,大数据侦查模式的提出和实践应用,为预测性侦查提供了现实基础。在发挥大数据侦查预测犯罪的功能时,虽然案件犯罪实害结果尚未实现,但通过大数据分析和人工智能技术,可以

---

[1] 参见 [英] 阿克顿:《自由与权力》,侯健、范亚峰译,商务印书馆 2001 年版,第 323 页。

[2] 参见杜纪伟:《自然制衡:马克思人本理论视域下的权力良知去蔽机制》,载《河南社会科学》2020 年第 6 期。

[3] 参见杜纪伟:《权力良知:概念、演进和实现》,载《广州大学学报(社会科学版)》2017年第 12 期。

[4] [英] 约翰·帕克(John Parker):《全民监控:大数据时代的安全与隐私困境》,关立深译,金城出版社 2014 年版,第 14 页。

识别当事人正在进行某些犯罪预备、犯罪着手、犯罪实施等行为。此时，该行为便有了抽象的或现实的社会危害性，在一定程度上便可以纳入刑法评价的范畴（犯罪的预备阶段）和契合侦查启动的时点（犯罪预备行为），进而纳入侦查的范围，实现犯罪预防，进而达到社会治理的效果。

（三）法律、科技、道德"共治"大侦查价值的发展理念

大数据侦查中技术向善强调的是法律、科技、道德"共治"大侦查价值的发展理念。大数据侦查价值的正义性强调其应当以法律规范为准则、以科技应用为手段、以道德为底线，要求实现侦查价值的多元化，以大局观整合大数据侦查价值，实现多种价值协同有效的发展。

在大数据侦查的发展愿景中，将"法律、道德、科技"三大元素有机地融入其中，以法律作为"硬性保障"、道德作为"软性保障"以及科技作为"实质保障"才是实现其中权利保障应有的向度。

法安天下、德润民心，法律与道德共治是大数据侦查建构稳定社会秩序的重要观念。大数据时代社会秩序的稳定不仅需要法律发挥规范作用，而且还需要道德发挥教化作用，实现道德、法律的相辅相成，法治和德治的相得益彰，这是大数据侦查的内在要求，也是维护公民权利的重要观念支撑。由此，这就要求为了维护稳定的社会秩序，大数据侦查必须将保护公民权利放到首位，要以实现公民的根本利益为最终目标，体现在大数据侦查过程中对公民的尊重，对权利的保护，对科技风险的消解，对科技运用的负面影响的防范与制止。

一方面，大数据研发者、使用者应该遵循透明度原则，确保公民能够了解必要的信息，可以对大数据侦查的应用结果、风险进行评估与预测。另外，在大数据侦查应用上应当遵循权责统一的原则，建立必要的公共审查制度，要求有关侦查机关预留预备信息，以保障问责的可操作性。

"共治"是善治的核心观念。良好的法律秩序必须要在共治中形成。大数据侦查面临的状况非常复杂，其既需要很强的科技性，又要面向公民的广泛社会性。实现法律、科技、道德等的共治是破解大数据侦查中公民权利与社会秩序价值冲突的关键性因素。法律与科技共治的目的是推进科技优势和制度优势的深度融合。当前，我们不仅有习近平新时代中国特色社会主义思想的制度优势，还有大数据处理的科技优势。两者的融合可赋予侦查更多的社

会秩序价值。推动法律与科技共治既是法律手段与科技手段的结合，也需要法律科学和自然科学交叉结合。科学家和法学家相互学习，合力引导大数据侦查向着普惠共善的秩序发展。戴维·埃德蒙德·纽伯格指出："法治是社会文明的重要基石，在诸多领域中科技不断地发展，科学家必须要了解相关法律的规则，指导自己工作适当的法律界限。"[1]此外，法律人要熟悉科学发展情况，也需要跟上科技发展的步伐。

小结：大数据侦查的价值偏离产生了诸多问题导致权利保障面临困境。科学技术的应用带来了极大的风险，在侦查中权利主体不断弱化，改善权利主体在侦查活动中的弱势地位成了当务之急。而在大数据技术影响之下，强化侦查主体的自主性也面临着严峻的考验。而通过对上述两大问题的分析，如何从根本上解决大数据侦查价值的偏差问题，防止其因技术应用所带来的风险，实现大数据侦查中技术的向善才是解决大数据侦查价值偏差问题的根本手段。

---

〔1〕　纽伯格勋爵：《法官如何借助科学技术判案》，葛峰译，载 https://www.infzm.com/contents/119170？bought＝com.nfzm.month，最后访问日期：2016 年 8 月 25 日。

结　语

　　犯罪行为方式的每一次嬗变，都必将引致国家在侦查方式上针锋相对地回应。在大数据时代，犯罪行为日益数据化和隐匿化，这一犯罪情势驱动了侦查措施的进化，侦查机关引入大数据技术推动传统侦查向大数据侦查演变，对数据化犯罪予以有力回应。在侦查实务中，大数据侦查在高效打击犯罪方面的作用显著，日益受到关注和热捧。但在关注的背后，理论界和实务界应客观理性地分析大数据侦查所潜在的法规范缺失问题和权利侵犯风险。大数据侦查是以海量数据为基础的，以大数据技术为原动力的。海量数据的获取有赖于规模化的网络监控，这种不针对特定案件、不区分对象的监控举措，必然会给社会公众带来权利侵犯的隐忧。同时，大数据技术深度融合进侦查当中，使侦查重新取得了对犯罪的相对优势，同时也在更大范围挑衅着人权保护。

　　实现打击犯罪与公民权利保障之间的平衡是侦查程序永恒的价值追求。在大数据时代，公民权利既包括被指控人的人身权、财产权和辩护权等权利，也包括公民所普遍享有的隐私权、数据权、个人信息权等新兴权利。大数据侦查对公民权利可能的侵犯，决定了其应受规制的必要性和重要性。当前，大数据侦查的现状是越过理论研究而迅速进入规模化应用，这阻碍了大数据侦查的理论建构。大数据侦查作为新型的侦查措施，虽然不构成对传统侦查措施的颠覆和替代，但是需要从理论上对其规制进行重新深入阐释。

　　在人类发展历史过程中，新技术的应用往往面临着新挑战，大数据侦查也不例外。对待大数据侦查既不能一概否认，亦不应照单全收，而应当持有"批判接受"之态度。我们应当运用现有理论对大数据侦查进行合理界定，使其融入现有的侦查理论体系，重新认识并赋予其效力，设置相应规则。在大数据侦查的理论阐释和规则设计中，保障公民合法权益不受侵犯当是终极目的和衡量标尺，无论对其进行何种性质赋予和规则设计都不应突破保障公民权利的底线。大数据侦查中的权利保障问题研究开启不久，仍有许多问题需要继续深入探讨。比如，大数据侦查中的技术外包现象，如何引导和规范技术外包企业的技术行为，如何有效杜绝侦查机关利用大数据技术获取案件线索，再以其他法定侦查措施和证据形式"洗白"的乱象，需要继续研究。实现大数据侦查打击犯罪目标与公民权利保障的兼容，让大数据侦查所涉主体统一参与到大数据侦查改革当中，并最终切实保障公民权利应当是研究的关键所在。

掩卷沉思，本书对大数据侦查中的权利保障研究尚属开拓与探索阶段，仅作抛砖引玉之意，至于大数据侦查权利保障的体系架构等仍需学界作出进一步研究与努力！

参考文献

一、中文著作

[1] 白建军:《关系犯罪学》，中国人民大学出版社 2014 年版。

[2] 陈卫东:《程序正义之路》（第一卷），法律出版社 2005 年版。

[3] 陈卫东:《中国刑事诉讼权能的变革与发展》，中国人民大学出版社 2018 年版。

[4] 程琳主编:《公安学通论》，中国人民公安大学出版社 2014 年版。

[5] 傅美惠:《侦查法学》，中国检察出版社 2016 年版。

[6] 郭立夫等主编:《决策理论与方法》，高等教育出版社 2015 年版。

[7] 郭泽德、白洪谭主编:《质化研究理论与方法——中国质化研究论文精选集》，武汉大学出版社 2015 年版。

[8] 韩德明:《风险社会中犯罪的规制和侦查》，中国人民公安大学出版社 2016 年版。

[9] 何家弘、刘品新:《证据法学》，法律出版社 2013 年版。

[10] 何家弘编著:《外国犯罪侦查制度》，中国人民大学出版社 1995 年版。

[11] 何家弘主编:《刑事诉讼中科学证据的审查规则与采信标准》，中国人民公安大学出版社 2014 年版。

[12] 何家弘主编:《证据调查》，中国人民大学出版社 2005 年版。

[13] 侯士田:《警务实战指挥决策学——对抗决策理论与实务研究》，中国人民公安大学出版社 2016 年版。

[14] 胡向阳:《犯罪现场分析》，中国法制出版社 2018 年版。

[15] 胡向阳:《科学证据与杀人案件侦破》，中国社会科学出版社 2013 年版。

[16] 黄孟藩、王凤彬编著:《决策行为与决策心理》，机械工业出版社 1995 年版。

[17] 姜圣阶等:《决策学引论》，中国科学技术大学出版社 1987 年版。

[18] 蒋勇:《社会转型时期侦查权的功能研究——以刑事警务为例》，群众出版社 2016

年版。

[19] 李林主编：《中国法治发展报告 No. 10（2012）》，社会科学文献出版社 2012 年版。

[20] 李楠：《基于关联数据的知识发现研究》，中国社会科学出版社 2016 年版。

[21] 李双其：《侦查博弈论》，中国人民公安大学出版社 2013 年版。

[22] 李彦宏等：《智能革命：迎接人工智能时代的社会、经济与文化变革》，中信出版社 2017 年版。

[23] 梁保初主编：《公安管理决策学》，中国人民公安大学出版社 1986 年版。

[24] 刘品新：《网络法学》，中国人民大学出版社 2015 年版。

[25] 刘品新：《电子证据法》，中国人民大学出版社 2021 年版。

[26] 刘涛、杨郁娟主编：《侦查措施》，中国人民大学出版社 2015 年版。

[27] 刘为军：《博弈论视野下的区域警务合作研究》，时事出版社 2015 年版。

[28] 刘小和：《侦查主体论》，中国人民公安大学出版社 2008 年版。

[29] 刘建华：《网络陷阱与数据侦查》，武汉大学出版社 2020 年版。

[30] 刘晓光：《侦查指挥实务》，中国人民公安大学出版社 2011 年版。

[31] 龙宗智：《证据法的理念、制度与方法》，法律出版社 2008 年版。

[32] 马前进：《侦查思维中的推理方法》，中国法制出版社 2016 年版。

[33] 马忠红：《侦查中的案情分析研究》，中国人民公安大学出版社 2015 年版。

[34] 毛立新：《侦查法治研究》，中国人民公安大学出版社 2008 年版。

[35] 孟艾芳主编：《中国古代著名决策案例》，山西人民出版社 2002 年版。

[36] 倪铁：《中国侦查史论纲》，法律出版社 2016 年版。

[37] 裴炜：《数字正当程序：网络时代的刑事诉讼》，中国法制出版社 2021 年版。

[38] 任惠华：《侦查学与社会治理研究》，法律出版社 2019 年版。

[39] 芮延先主编：《管理决策分析》，清华大学出版社 2016 年版。

[40] 孙先伟主编：《侦查学基础理论研究：以公安学一级学科为背景》，人民日报出版社 2016 年版。

[41] 王传道主编：《刑事侦查学》，中国政法大学出版社 2013 年版。

[42] 王传道：《侦查学理论探索：王传道论文选编》，中国人民公安大学出版社 2014 年版。

[43] 王大伟：《外国警察科学》，中国人民公安大学出版社 2012 年版。

[44] 王光：《公安决策学》，中国人民公安大学出版社 2013 年版。

[45] 王鸿春、周灿：《有效决策》，企业管理出版社 2006 年版。

[46] 王燃：《大数据侦查》，清华大学出版社 2017 年版。

[47] 王永生：《领导方略论》，人民出版社 1997 年版。

[48] 王志红：《公安危机决策心理研究》，东南大学出版社 2019 年版。

[49] 王玉民等：《决策学原理新论》，科学出版社 2021 年版。

[50] 王忠：《大数据时代个人数据隐私规制》，社会科学文献出版社 2014 年版。

[51] 吴元其等：《公共政策新论》，安徽大学出版社 2009 年版。

[52] 习近平：《决胜全面建成小康社会 夺取新时代中国特色社会主义伟大胜利——在中国共产党第十九次全国代表大会上的报告》，人民出版社 2017 年版。

[53] 肖承海等编著：《侦查学总论》，中国政法大学出版社 2019 年版。

[54] 徐为霞、赵向兵主编：《侦查学总论》，法律出版社 2015 年版。

[55] 许昆主编：《侦查学》，高等教育出版社 2016 年版。

[56] 徐耀中、陆晓：《侦查逻辑学》，苏州大学出版社 2018 年版。

[57] 薛炳尧编著：《侦查学基础理论》，中共中央党校出版社 2009 年版。

[58] 严贝妮：《情报分析中的个体认知偏差及其干预策略研究》，中国社会科学出版社 2016 年版。

[59] 杨郁娟：《侦查模式研究》，中国人民公安大学出版社 2009 年版。

[60] 杨正鸣、倪铁：《侦查学案解》，复旦大学出版社 2011 年版。

[61] 杨正鸣、倪铁：《侦查学原理》，复旦大学出版社 2013 年版。

[62] 杨宗辉、刘为军：《侦查方法论》，中国检察出版社 2012 年版。

[63] 杨宗辉主编：《刑事案件侦查实务》，中国检察出版社 2018 年版。

[64] 杨宗辉：《侦查学前沿问题研究》，群众出版社 2002 年版。

[65] 杨宗辉主编：《侦查学总论》，中国检察出版社 2017 年版。

[66] 戴玉忠、刘明祥主编：《犯罪与行政违法行为的界限及惩罚机制的协调》，北京大学出版社 2008 年版。

[67] 张玉镶主编：《刑事侦查学》，北京大学出版社 2014 年版。

[68] 张子培主编：《刑事诉讼法教程》，群众出版社 1982 年版。

[69] 郑晓均主编：《侦查策略与措施》，法律出版社 2010 年版。

[70] 庄锦英：《决策心理学》，上海教育出版社 2006 年版。

二、外文译著

[1] ［奥］凯尔森：《法与国家的一般理论》，沈宗灵译，中国大百科全书出版社 1996 年版。

[2] ［德］阿图尔·考夫曼：《法律哲学》，刘幸义等译，法律出版社 2011 年版。

[3] ［德］黑格尔：《法哲学原理》，范扬、张企泰译，商务印书馆 1961 年版。

[4] ［德］黑格尔：《精神哲学》，杨祖陶译，人民出版社 2006 年版。

[5] ［德］黑格尔：《哲学史讲演录》（第一卷），贺麟、王太庆译，商务印书馆 2011

年版。

[6] ［德］卡尔·拉伦茨：《德国民法通论》（上册），王晓晔等译，法律出版社2013
年版。

[7] ［德］卡尔·拉伦茨：《法学方法论》，陈爱娥译，商务印书馆2003年版。

[8] ［德］卢曼：《社会的法律》，郑伊倩译，人民出版社2009年版。

[9] ［德］马克思、恩格斯：《马克思恩格斯全集》（第四十六卷上册），人民出版社1979
年版。

[10] ［德］马克斯·韦伯：《经济与社会》（上卷），林荣远译，商务印书馆1997年版。

[11] ［德］托马斯·莱赛尔：《法社会学导论》，高旭军等译，上海人民出版社2014年版。

[12] ［法］马尔克·杜甘、克里斯托夫·拉贝：《赤裸裸的人：大数据，隐私与窥视》，杜
燕译，上海科学技术出版社2017年版。

[13] ［法］孟德斯鸠：《论法的精神》（上册），张雁深译，商务印书馆1961年版。

[14] ［法］皮埃尔·勒鲁：《论平等》，王允道译，商务印书馆2017年版。

[15] ［古希腊］亚里士多德：《政治学》，吴寿彭译，商务印书馆1981年版。

[16] ［美］安德鲁·芬伯格：《技术批判理论》，韩连庆、曹观法译，北京大学出版社
2005年版。

[17] ［美］J. E. Russo等：《决策行为分析》，北京师范大学出版社1998年版。

[18] ［美］埃德加·博登海默：《法理学——法哲学及其方法》，邓正来、姬敏武译，华
夏出版社1987年版。

[19] ［美］埃里克·A·波斯纳：《法律与社会规范》，沈明译，中国政法大学出版社2004
年版。

[20] ［美］博登海默：《法理学：法律哲学与法律方法》，邓正来译，中国政法大学出版
社2004年版。

[21] ［美］赫伯特·A·西蒙：《管理行为》，詹正茂译，机械工业出版社2013年版。

[22] ［美］赫伯特·西蒙：《现代决策理论的基石》，杨砾、徐立译，北京经济学院出版
社1989年版。

[23] ［美］劳伦斯·莱斯格：《代码2.0：网络空间中的法律》，李旭、沈伟伟译，清华
大学出版社2018年版。

[24] ［美］罗斯科·庞德：《通过法律的社会控制》，沈宗灵译，商务印书馆2008年版。

[25] ［美］诺内特、塞尔兹尼克：《转变中的法律与社会：迈向回应型法》，张志铭译，中
国政法大学出版社2004年版。

[26] ［美］切斯特·巴纳德：《组织与管理》，詹正茂译，机械工业出版社2016年版。

[27] ［美］斯蒂芬·罗宾斯、蒂莫奇·贾奇：《组织行为学》，孙健敏等译，中国人民大
学出版社2016年版。

[28] [英] 彼得·斯坦、约翰·香德：《西方社会的法律价值》，王献平译，中国人民公安大学出版社 1990 年版。

[29] [美] 托马斯·潘戈：《亚里士多德〈政治学〉中的教诲》，李小均译，华夏出版社 2017 年版。

[30] [美] 伊森·凯什、[以色列] 奥娜·拉比诺维奇·艾尼：《数字正义：当纠纷解决遇见互联网科技》，赵蕾等译，法律出版社 2019 年版。

[31] [美] 约书亚·德雷斯勒、艾伦·C. 迈克尔斯：《美国刑事诉讼法精解》（第一卷·刑事侦查），吴宏耀译，北京大学出版社 2009 年版。

[32] [美] 詹姆斯·E·安德森：《公共决策》，唐亮译，华夏出版社 1990 年版。

[33] [日] 大谷实：《刑事政策学》，黎宏译，中国人民大学出版社 2009 年版。

[34] [日] 田口守一：《刑事诉讼法》，刘迪等译，法律出版社 2000 年版。

[35] [瑞] 皮埃尔·阿佩利等：《警务工作中的行为》，曾玛丽等译，中国人民大学出版社 2016 年版。

[36] [意] 布鲁诺·莱奥尼：《自由与法律》，秋风译，吉林人民出版社 2004 年版。

[37] [英] 霍布豪斯：《自由主义》，朱曾汶译，商务印书馆 1996 年版。

[38] [英] 卡尔·奥克斯伯等主编：《侦查的语言技术》，杨郁娟、庄东哲译，中国政法大学出版社 2017 年版。

[39] [英] 维克托·迈尔-舍恩伯格、肯尼斯·库克耶：《大数据时代：生活、工作与思维的大变革》，盛杨燕、周涛译，浙江人民出版社 2013 年版。

[40] [英] 戴维·M·沃克编辑：《牛津法律大辞典》，北京社会与科技发展研究所译，光明日报出版社 1988 年版。

三、期刊论文

[1] 杨宗辉：《论我国侦查权的性质——驳"行政权本质说"》，载《法学》2005 年第 9 期。

[2] 王天思：《大数据中的因果关系及其哲学内涵》，载《中国社会科学》2016 年第 5 期。

[3] 程雷：《大数据侦查的法律控制》，载《中国社会科学》2018 年第 11 期。

[4] 赵蕾、曹建峰：《从"代码即法律"到"法律即代码"——以区块链作为一种互联网监管技术为切入点》，载《科技与法律》2018 年第 5 期。

[5] 郑戈：《算法的法律与法律的算法》，载《中国法律评论》2018 年第 2 期。

[6] 刘小庆：《从"权力监督"到"权利制约"：大数据侦查法律规制的理性之维》，载《重庆大学学报（社会科学版）》2022 年第 2 期。

[7] 季美君、单民：《论刑事立案监督的困境与出路》，载《法学评论》2013 年第 2 期。

[8] 安凯：《大数据背景下侦查循证决策探究》，载《江西警察学院学报》2018 年第 5 期。

[9] 白冬：《如实回答与沉默权废立之争——基于全球话语中"我们的""地方性知识"之再认识》，载《南开学报（哲学社会科学版）》2017 年第 3 期。

[10] 蔡萌生：《实战、理论、改革：中国刑事侦查现状与发展趋势——新时代刑事侦查改革理论与实务热点问题研讨会综述》，载《中国刑警学院学报》2019 年第 3 期。

[11] 何玲：《论我国公安机关侦查权的性质与侦查监督制度的完善》，载《江苏警官学院学报》2017 年第 3 期。

[12] 唐土红：《权力合法性危机及其伦理实质》，载《哲学动态》2013 年第 6 期。

[13] 陈洪杰：《现代性视野下司法的信任危机及其应对》，载《法商研究》2014 年第 4 期。

[14] 陈金钊：《魅力法治所衍生的苦恋——对形式法治和实质法治思维方向的反思》，载《河南大学学报（社会科学版）》2012 年第 5 期。

[15] 郭春镇：《"权力—权利"视野中的数字赋能双螺旋结构》，载《浙江社会科学》2022 年第 1 期。

[16] 陈瑞华：《刑事程序失灵问题的初步研究》，载《中国法学》2007 年第 6 期。

[17] 谭海波等：《基于大数据应用的地方政府权力监督创新——以贵阳市"数据铁笼"为例》，载《中国行政管理》2019 年第 5 期。

[18] 陈卫东、孟婕：《重新审视律师在场权：一种消极主义面向的可能性——以侦查讯问期间为研究节点》，载《法学论坛》2020 年第 3 期。

[19] 崔伟奇：《论风险观念的价值哲学基础》，载《哲学研究》2012 年第 2 期。

[20] 樊崇义、刘辰：《侦查权属性与侦查监督展望》，载《人民检察》2016 年第 Z1 期。

[21] 方坤：《刑事错案生成原理——以侦查风险决策为视角》，载《江西警察学院学报》2012 年第 3 期。

[22] 傅淑均：《新时代犯罪治理路径研究——以公安机关预防打击犯罪为视角》，载《辽宁警察学院学报》2021 年第 1 期。

[23] 董世明：《加强权力监督是防治腐败的关键环节——习近平干部监督思想探析》，载《广州大学学报（社会科学版）》2015 年第 10 期。

[24] 杨婷：《论大数据时代我国刑事侦查模式的转型》，载《法商研究》2018 年第 2 期。

[25] 王向明、段光鹏：《数字赋能监督：权力监督模式的智能化转型》，载《求实》2022 年第 1 期。

[26] 广州大学人权理论研究课题组：《中国特色社会主义人权理论体系论纲》，载《法学研究》2015 年第 2 期。

[27] 韩德明：《从回溯调查到犯罪治理：侦查权范式的演化趋向》，载《中国人民公安大学学报（社会科学版）》2015 年第 5 期。

［28］郝宏奎：《践行以人民为中心思想　积极推进小案全面侦查——以江干、晋江、西安小案全面侦查实践为范本》，载《中国刑事警察》2018 年第 6 期。

［29］侯建斌：《电信网络诈骗犯罪呈多发高发态势专家呼吁突出源头治理》，载《决策探索（上）》2021 年第 6 期。

［30］张恒山：《论权利之功能》，载《法学研究》2020 年第 5 期。

［31］胡铭：《电子数据在刑事证据体系中的定位与审查判断规则——基于网络假货犯罪案件裁判文书的分析》，载《法学研究》2019 年第 2 期。

［32］张兆端：《关于公安大数据建设的战略思考》，载《中国人民公安大学学报（社会科学版）》2014 年第 4 期。

［33］黄海澎：《职务犯罪侦查中证据搜集的效率决策》，载《中山大学学报论丛》2006 年第 3 期。

［34］姜小川：《沉默权制度的发展、利弊与限制》，载《政法论丛》2011 年第 5 期。

［35］蒋勇、徐猛：《社会转型时期侦查政策的本体性研究》，载《中国人民公安大学学报（社会科学版）》2014 年第 5 期。

［36］蒋勇：《风险社会中侦查循证决策研究》，载《中国人民公安大学学报（社会科学版）》2013 年第 5 期。

［37］潘丽萍：《"法的价值理念"的主体间性向度——法律信仰何以可能》，载《东南学术》2015 年第 2 期。

［38］周尚君、罗有成：《数字正义论：理论内涵与实践机制》，载《社会科学》2022 年第 6 期。

［39］靳高风等：《疫情防控背景下中国犯罪形势变化与趋势——2019—2020 年中国犯罪形势分析与预测》，载《中国人民公安大学学报（社会科学版）》2020 年第 3 期。

［40］靳高风等：《中国犯罪形势分析与预测（2018—2019）》，载《中国人民公安大学学报（社会科学版）》2019 年第 3 期。

［41］靳高风等：《疫情防控常态化背景下中国犯罪形势变化与趋势——2020—2021 年中国犯罪形势分析与预测》，载《中国人民公安大学学报（社会科学版）》2021 年第 3 期。

［42］靳高风等：《中国犯罪形势分析与预测（2017－2018）》，载《中国人民公安大学学报（社会科学版）》2018 年第 2 期。

［43］刘艳红：《互联网治理的形式法治与实质法治——基于场所、产品、媒介的网络空间三维度的展开》，载《理论视野》2016 年第 9 期。

［44］郑玉双：《计算正义：算法与法律之关系的法理建构》，载《政治与法律》2021 年第 11 期。

［45］程龙：《论大数据证据质证的形式化及其实质化路径》，载《政治与法律》2022 年第

5 期。

[46] 李建伟、王伟进：《理解社会治理现代化：内涵、目标与路径》，载《南京大学学报（哲学·人文科学·社会科学）》2021 年第 5 期。

[47] 李小萍：《宪法有效性的界定——以哈贝马斯的法律有效性理论为视角》，载《中国政法大学学报》2009 年第 5 期。

[48] 梁坤：《论初查中收集电子数据的法律规制——兼与龙宗智、谢登科商榷》，载《中国刑事法杂志》2020 第 1 期。

[49] 梁坤：《论远程搜查措施在侦查程序规范中的定位》，载《中国刑警学院学报》2018 年第 6 期。

[50] 刘佩韦：《立法的合法性问题探析》，载《山西师大学报（社会科学版）》2011 年第 1 期。

[51] 刘品新：《论大数据证据》，载《环球法律评论》2019 年第 1 期。

[52] 刘品新：《网络犯罪证明简化论》，载《中国刑事法杂志》2017 年第 6 期。

[53] 吕雪梅：《现代犯罪治理的理念创新与思维转变》，载《山东警察学院学报》2019 年第 6 期。

[54] 冯果、薛亦飒：《从"权利规范模式"走向"行为控制模式"的数据信托——数据主体权利保护机制构建的另一种思路》，载《法学评论》2020 年第 3 期。

[55] 泮伟江：《双重偶联性问题与法律系统的生成——卢曼法社会学的问题结构及其启示》，载《中外法学》2014 年第 2 期。

[56] 斯科特·拉什、王武龙：《风险社会与风险文化》，载《马克思主义与现实》2002 年第 4 期。

[57] 斯万·欧维·汉森、刘北成：《知识社会中的不确定性》，载《国际社会科学杂志（中文版）》2003 年第 1 期。

[58] 苏忻、刘振兴：《侦查学、犯罪学、刑法学三者关系的梳理与探究》，载《警学研究》2020 年第 2 期。

[59] 孙国东：《基于合法律性的合法性——从韦伯到哈贝马斯》，载《法制与社会发展》2012 年第 2 期。

[60] 孙凌：《论住宅权在我国宪法规范上的证立——以未列举宪法权利证立的论据、规范与方法为思路》，载《法制与社会发展》2009 年第 5 期。

[61] 万高隆：《论提升权力制约与监督效能的路径》，载《广西社会科学》2021 年第 1 期。

[62] 汪习根：《论人权司法保障制度的完善》，载《法制与社会发展》2014 年第 1 期。

[63] 王利明：《隐私权概念的再界定》，载《法学家》2012 年第 1 期。

[64] 王鹏翔、张永健：《经验面向的规范意义——论实证研究在法学中的角色》，载《北

航法律评论》2016 年第 1 辑。

[65] 王思斌：《整合制度体系保障人民可持续的获得感》，载《行政管理改革》2018 年第 3 期。

[66] 唐云阳、蔡艺生：《大数据侦查背景下数据画像的逻辑机理及其适用》，载《福建警察学院学报》2021 年第 1 期。

[67] 王星译：《刑事侦查法规范目的的"话语转换"》，载《南大法学》2021 年第 3 期。

[68] 王旭：《法的规则有效性理论研究》，载《比较法研究》2007 年第 3 期。

[69] 魏晓娜：《从"捕诉一体"到"侦诉一体"：中国侦查控制路径之转型》，载《政治与法律》2021 年第 10 期。

[70] 马长山：《算法治理的正义尺度》，载《人民论坛·学术前沿》2022 年第 10 期。

[71] 刘伟、陈锡喜：《"技术理性统治"何以可能——兼论哈贝马斯技术理性批判的反思向度》，载《上海交通大学学报（哲学社会科学版）》2016 年第 2 期。

[72] 杜红原：《论隐私权概念的界定》，载《内蒙古社会科学（汉文版）》2014 年第 6 期。

[73]《习近平致信纪念〈世界人权宣言〉发表 70 周年座谈会强调　坚持走符合国情的人权发展道路　促进人的全面发展》，载《人权》2019 年第 1 期。

[74] 向德平、刘风：《价值理性与工具理性的统一：社会扶贫主体参与贫困治理的策略》，载《江苏社会科学》2018 年第 2 期。

[75] 卞建林：《立足数字正义要求，深化数字司法建设》，载《北京航空航天大学学报（社会科学版）》2022 年第 2 期。

[76] 熊伟：《现代法律合法性理论研究的三个视角——基于理想类型方法的分析》，载《河海大学学报（哲学社会科学版）》2014 年第 2 期。

[77] 张泽涛：《初查的行政执法化改革及其配套机制——以公安机关"行刑衔接"为视角》，载《法学研究》2021 年第 2 期。

[78] 王阳亮：《人民监督权力：全过程人民民主的内在价值与保障机制》，载《探索》2022 年第 3 期。

[79] 何军：《能力与培养：大数据条件下公安院校侦查实战化教学研究》，载《北京警察学院学报》2021 年第 1 期。

[80] 王欢欢：《再论主体间性：多元社会的哲学根基——与刘小新先生商榷》，载《东南学术》2014 年第 6 期。

[81] 杨宇冠、李涵笑：《论中国特色人权刑事司法保障的逻辑进路》，载《中共中央党校（国家行政学院）学报》2021 年第 5 期。

[82] 姚建宗：《中国语境中的法律实践概念》，载《中国社会科学》2014 年第 6 期。

[83] 张锋学：《行政执法和刑事司法衔接机制研究》，载《山东社会科学》2019 年第 1 期。

[84] 张宏：《工具理性与价值理性的整合——教育技术发展的现实思考》，载《教育研究》2016 年第 11 期。

[85] 张建伟：《审判中心主义的实质内涵与实现途径》，载《中外法学》2015 年第 4 期。

[86] 张可：《大数据侦查之程序控制：从行政逻辑迈向司法逻辑》，载《中国刑事法杂志》2019 年第 2 期。

[87] 张泽涛：《论公安侦查权与行政权的衔接》，载《中国社会科学》2019 年第 10 期。

[88] 周欣：《侦查权新论》，载《刑事司法论坛》2008 年第 1 期。

[89] 邹明理：《论我国侦查体制建设的重点及其措施》，载《山东警察学院学报》2005 年第 1 期。

[90] 石育玮、张黎：《大数据侦查方法在集资诈骗案件中的应用研究：前景、问题与对策》，载《北京警察学院学报》2021 年第 2 期。

[91] 邓立军：《控制下交付的侦查属性：强制侦查与任意侦查之论争与批判》，载《中国人民公安大学学报（社会科学版）》2021 年第 6 期。

[92] 梁根林：《罪刑法定视域中的刑法适用解释》，载《中国法学》2004 年第 3 期。

[93] 夏锦文、董长春：《现代化进程中的法律秩序》，载《江苏社会科学》1998 年第 5 期。

[94] 刘品新：《论电子证据的定位——基于中国现行证据法律的思辨》，载《法商研究》2002 年第 4 期。

[95] 侯铮：《大数据时代背景下侦查员素质提升及公安院校人才培养模式改革——基于对河南公安实务部门的问卷调查》，载《河南司法警官职业学院学报》2021 年第 4 期。

[96] 万毅：《程序正义的重心：刑事侦查程序论——兼论我国侦查程序改革》，载《金陵法律评论》2002 年第 2 期。

[97] 詹建红、张威：《我国侦查权的程序性控制》，载《法学研究》2015 年第 3 期。

[98] 曾智洪、王梓安：《数字监督：大数据时代权力监督体系的一种新形态》，载《电子政务》2021 年第 12 期。

[99] 魏东：《论侦查权的根据与性质》，载《江西公安专科学校学报》2004 年第 1 期。

[100] 魏东等：《基于特征选择及机器学习的犯罪预测方法综述》，载《科学技术与工程》2021 年第 28 期。

[101] 蒋勇：《大数据侦查的体制之维：基于权力关系的审视》，载《中国人民公安大学学报（社会科学版）》2022 年第 1 期。

[102] 蒋勇、陈刚：《公安行政权与侦查权的错位现象研究——基于警察权控制的视角》，载《法律科学（西北政法大学学报）》2014 年第 6 期。

[103] 黄进发：《隐私权从私法保护到公法保护的发展》，载《东南学术》2012 年第 3 期。

[104] 叶燕培：《新形势下侦查监督之价值重构》，载《人民检察》2018 年第 4 期。

［105］高波：《第三方平台数据的有序利用与大数据侦查的隐私权问题——以美国"第三方原则"为视角》，载《天津大学学报（社会科学版）》2022年第2期。

［106］李亚建：《侦查预测方法论》，载《人民公安》1994年第3期。

［107］王燃：《大数据时代侦查模式的变革及其法律问题研究》，载《法制与社会发展》2018年第5期。

［108］程龙：《论大数据证据质证的形式化及其实质化路径》，载《政治与法律》2022年第5期。

［109］姚莉、黎晓露：《侦查诉讼化模式再解读及其制度逻辑》，载《法学杂志》2017年第7期。

［110］何家弘等：《大数据侦查给证据法带来的挑战》，载《人民检察》2018年第1期。

［111］卫晨曙：《论刑事审判中大数据证据的审查》，载《安徽大学学报（哲学社会科学版）》2022年第2期。

［112］杨继文、范彦英：《大数据证据的事实认定原理》，载《浙江社会科学》2021年第10期。

［113］刘伟：《如何实现刑事侦查的法治化》，载《政法论丛》2017年第4期。

［114］张可、陈刚：《审判中心视野下侦查程序的改革与完善》，载《河南社会科学》2016年第6期。

［115］卞建林、张可：《侦查权运行规律初探》，载《中国刑事法杂志》2017年第1期。

［116］裴炜：《个人信息大数据与刑事正当程序的冲突及其调和》，载《法学研究》2018年第2期。

［117］裴炜：《数据侦查的程序法规制——基于侦查行为相关性的考察》，载《法律科学（西北政法大学学报）》2019年第6期。

［118］裴炜：《犯罪侦查中网络服务提供商的信息披露义务——以比例原则为指导》，载《比较法研究》2016年第4期。

［119］龙卫球、裴炜：《电子证据概念与审查认定规则的构建研究》，载《北京航空航天大学学报（社会科学版）》2016年第2期。

［120］裴炜：《个人信息保护法与刑事司法的分离与融合》，载《中国政法大学学报》2020年第5期。

［121］卞建林：《我国刑事强制措施的功能回归与制度完善》，载《中国法学》2011年第6期。

［122］郑戈：《在鼓励创新与保护人权之间——法律如何回应大数据技术革新的挑战》，载《探索与争鸣》2016年第7期。

［123］郑戈：《区块链与未来法治》，载《东方法学》2018年第3期。

［124］郑戈：《人工智能与法律的未来》，载《探索与争鸣》2017年第10期。

[125] 张可：《以审判为中心的侦审关系：反思、追问与展望》，载《郑州大学学报（哲学社会科学版）》2017 年第 2 期。

[126] 卞建林、张可：《科技创新下的证据规则：逻辑、回顾与展望》，载《复旦大学法律评论》2017 第 2 期。

[127] 马长山：《人工智能的社会风险及其法律规制》，载《法律科学（西北政法大学学报）》2018 年第 6 期。

[128] 马长山：《智能互联网时代的法律变革》，载《法学研究》2018 年第 4 期。

[129] 孙连刚、马长山：《技术赋能司法的目标指向与功效输出——基于对 HZ 市"微法庭"角色与功能的法理考察》，载《河北法学》2021 年第 10 期。

[130] 马长山：《司法人工智能的重塑效应及其限度》，载《法学研究》2020 年第 4 期。

[131] 马长山：《数字时代的人权保护境遇及其应对》，载《求是学刊》2020 年第 4 期。

[132] 马长山：《智慧社会的治理难题及其消解》，载《求是学刊》2019 年第 5 期。

[133] 高一飞：《数字时代的人权何以重要：论作为价值系统的数字人权》，载《现代法学》2022 年第 3 期。

[134] 丁晓东：《从公开到服务：政府数据开放的法理反思与制度完善》，载《法商研究》2022 年第 2 期。

[135] 丁晓东：《论个人信息法律保护的思想渊源与基本原理——基于"公平信息实践"的分析》，载《现代法学》2019 年第 3 期。

[136] 丁晓东：《论算法的法律规制》，载《中国社会科学》2020 年第 12 期。

[137] 丁晓东：《算法与歧视：从美国教育平权案看算法伦理与法律解释》，载《中外法学》2017 年第 6 期。

[138] 丁晓东：《什么是数据权利？——从欧洲〈一般数据保护条例〉看数据隐私的保护》，载《华东政法大学学报》2018 年第 4 期。

[139] 丁晓东：《个人信息权利的反思与重塑：论个人信息保护的适用前提与法益基础》，载《中外法学》2020 年第 2 期。

[140] 朱良：《论刑事立案标准的三重意蕴》，载《贵州社会科学》2022 年第 3 期。

[141] 朱良：《我国刑事立案制度的历史流变与法理探寻》，载《华南理工大学学报（社会科学版）》2022 年第 2 期。

[142] 朱良：《我国刑事立案制度的发展轨迹与未来展望》，载《河北法学》2021 年第 12 期。

[143] 张泽涛：《论公安侦查权与行政权的衔接》，载《中国社会科学》2019 年第 10 期。

[144] 张泽涛：《初查的行政执法化改革及其配套机制——以公安机关"行刑衔接"为视角》，载《法学研究》2021 年第 2 期。

[145] 张泽涛：《新中国 70 年人权司法保障制度的回顾、反思及其完善》，载《法律科学

（西北政法大学学报）》2019 年第 5 期。

[146] 施鹏鹏、陈真楠：《初查程序废除论——兼论刑事立案机制的调整》，载《社会科学》2014 年第 9 期。

[147] 崔凯：《论新时代公安机关侦查信息公开的立法策略》，载《法商研究》2018 年第 6 期。

[148] 赵一丁、陈亮：《算法权力异化及法律规制》，载《云南社会科学》2021 年第 5 期。

[149] 李帅：《论作为法学方法的利益法学》，载《法律方法》2021 年第 1 期。

[150] 姜野、李拥军：《破解算法黑箱：算法解释权的功能证成与适用路径——以社会信用体系建设为场景》，载《福建师范大学学报（哲学社会科学版）》2019 年第 4 期。

[151] 刘立明：《“感受到公平正义”的法治意蕴》，载《江苏社会科学》2020 年第 5 期。

[152] 刘晓洲：《论自然权利的证成及来自历史主义的挑战》，载《江汉论坛》2017 年第 3 期。

[153] 郝铁川：《权利实现的差序格局》，载《中国社会科学》2002 年第 5 期。

[154] 刘红、胡新和：《数据革命：从数到大数据的历史考察》，载《自然辩证法通讯》2013 年第 6 期。

[155] 郑群、周建达：《大数据侦查学若干问题研究》，载《中国人民公安大学学报（社会科学版）》2018 年第 4 期。

[156] 孟祥沛：《司法公信力的本质属性及其对评估指标的影响》，载《政治与法律》2021 年第 12 期。

[157] 姚尚建：《数字治理中的权力控制与权利破茧》，载《理论与改革》2022 年第 3 期。

[158] 张爱军、李圆：《人工智能时代的算法权力：逻辑、风险及规制》，载《河海大学学报（哲学社会科学版）》2019 年第 6 期。

[159] 邓海林：《新时代网络空间治理及其文化秩序建构》，载《江海学刊》2019 年第 3 期。

[160] 张卫：《数据的赋权与祛权：基于微观权力的数据伦理分析》，载《伦理学研究》2019 年第 2 期。

[161] 单勇：《犯罪之技术治理的价值权衡：以数据正义为视角》，载《法制与社会发展》2020 年第 5 期。

[162] 韩振文：《中国特色人权理论的法理重述——从自然权利到马克思主义“类本质”权利》，载《法治现代化研究》2021 年第 1 期。

[163] 商瀑：《人工智能与刑事侦查：历史变迁、技术分类及未来展望》，载《中国人民公安大学学报（社会科学版）》2020 年第 6 期。

[164] 张文显：《习近平法治思想的理论体系》，载《法制与社会发展》2021 年第 1 期。

[165] 张泽涛：《论刑事诉讼非法证据排除规则的虚置——行政证据与刑事证据衔接的程序风险透视》，载《政法论坛》2019年第5期。

[166] 程金华：《科学化与法学知识体系——兼议大数据实证研究超越"规范 vs. 事实"鸿沟的可能》，载《中国法律评论》2020年第4期。

[167] 杨宗辉：《侦查决策当断则断但不能盲断》，载《检察日报》2008年1月24日，第3版。

[168] 克利福德·G. 克里斯琴斯、刘沫潇：《数字时代的新正义论》，载《全球传媒学刊》2019年第1期。

[169] 李瑞华：《数字时代纠纷解决机制的正义命题及实现路径——评〈数字正义：当纠纷解决遇见互联网科技〉》，载《山西财经大学学报》2021年第9期。

[170] 陈刚：《解释与规制：程序法定主义下的大数据侦查》，载《法学杂志》2020年第12期。

[171] 张文显：《无数字 不人权》，载《网络信息法学研究》2020年第1期。

[172] 张康之：《公共行政：超越工具理性》，载《浙江社会科学》2002年第4期。

[173] 姚建宗：《新兴权利论纲》，载《法制与社会发展》2010年第2期。

[174] 马长山：《数字社会的治理逻辑及其法治化展开》，载《法律科学（西北政法大学学报）》2020年第5期。

[175] 张文显：《新时代中国社会治理的理论、制度和实践创新》，载《法商研究》2020年第2期。

[176] 肖冬梅：《"后真相"背后的算法权力及其公法规制路径》，载《行政法学研究》2020年第4期。

[177] 陈瑞华：《论侦查中心主义》，载《政法论坛》2017年第2期。

[178] 李坪：《大数据赋权正当性证成》，载《中山大学法律评论》2020年第1期。

[179] 彭知辉：《"大数据侦查"质疑：关于大数据与侦查关系的思考》，载《中国人民公安大学学报（社会科学版）》2018年第4期。

[180] 胡铭、张传玺：《大数据时代侦查权的扩张与规制》，载《法学论坛》2021年第3期。

[181] 陈瑞华：《论程序正义的自主性价值——程序正义对裁判结果的塑造作用》，载《江淮论坛》2022年第1期。

[182] 郑磊：《数字治理的效度、温度和尺度》，载《治理研究》2021年第2期。

[183] 李炳烁：《国家政治的法理：以合法性概念为核心的分析》，载《法制与社会发展》2019年第1期。

[184] 张晶：《大数据侦查中的信息隐私权保护》，载《北京航空航天大学学报（社会科学版）》2023年第6期。

［185］马长山：《智慧社会背景下的"第四代人权"及其保障》，载《中国法学》2019 年第 5 期。

［186］马长山：《数字法学的理论表达》，载《中国法学》2022 年第 3 期。

［187］陈义兴：《行政执法与刑事司法衔接机制的构建和完善》，载《中国检察官》2007年第 7 期。

［188］郑永流：《实践法哲学：从法律 1.0 走向法律 2.0》，载《清华法学》2022 年第 1 期。

［189］刘静坤：《非法证据排除规则与庭审实质化》，载《法律适用》2014 年第 12 期。

［190］程同顺、邢西敬：《合法性、认同和权力强制：制度权威建构的逻辑》，载《上海行政学院学报》2016 年第 5 期。

四、外文文献

［1］K. Alikhademi, et al., "A review of predictive policing from the perspective of fairness", *Artificial Intelligence and Law*, Vol. 30, 2022.

［2］Buil-Gil, D., et al., "The accuracy of crime statistics: assessing the impact of police data bias on geographic crime analysis", *Journal of Experimental Criminology*, Vol. 18, 2022.

［3］Crivellari, A., Ristea, A., "CrimeVec-exploring spatial-temporal based vector representations of urban crime types and crime-related urban regions", *ISPRS International Journal of Geo-Information*, Vol. 10, No. 4., 2021.

［4］Daneshkhah, A., et al., "Behavioural analytics: a preventative means for the future of policing". In Jahankhani H., et al. (eds) *Policing in the Era of AI and Smart Societies*, Springer, 2020.

［5］Davis, J., et al., "Five ethical challenges facing data-driven policing", *AI and Ethics*, Vol. 2, 2022.

［6］Egbert, S., Mann, M., "Discrimination in predictive policing: the (dangerous) myth of impartiality and the need for STS analysis", In Završnik, A., Badalič, V. (eds), *Automating Crime Prevention, Surveillance, and Military Operations*, Springer, 2021.

［7］Erdoğan, I., "Algorithmic suspicion in the era of predictive policing". In Borges, G., Sorge, C. (eds), *Law and Technology in a Global Digital Society*, Springer, 2022.

［8］Macnish, K., et al., "Predictive policing in 2025: a scenario", In Jahankhani, H., et al. (eds), *Policing in the Era of AI and Smart Societies*, Springer, 2020.

［9］Mudgal, M., et al., "Theoretical and empirical analysis of crime data", *Journal of Web Engineering*, Vol. 20, No. 1., 2021.

［10］McDowall, D., et al., "Seasonal cycles in crime, and their variability", *Journal of Quan-

titative Criminology, Vol. 28, No. 3. , 2012.

［11］van der Geest, V. , et al. , "Delinquent development, employment and income in a sample of Dutch organized crime offenders：shape, content, and correlates of delinquent trajectories from age 12 to 65", In Weisburd, D. , et al. （eds）, *Understanding Recruitment to Organized Crime and Terrorism*, Springer, 2020.

［12］池亀尚之, "GPS 捜査―近時の刑事裁判例の考察と法的問題点の整理", 愛知大学法学部法経論集, 209 号, 2016.

［13］川島 健治, "強制処分の再定義", 関東学院法学, 第 26 巻, 第 3・4 号合併号, 2017.

五、学位论文

［1］段喆斐：《有限理性视阈下的侦查决策研究》，中南财经政法大学 2018 年博士学位论文。

［2］韩娜：《论司法权的配置》，西南政法大学 2017 年博士学位论文。

［3］李瑞昌：《风险　知识与公共决策——西方社会风险规制决策研究》，复旦大学 2005 年博士学位论文。

［4］栾兴良：《大数据侦查法治化研究》，中南财经政法大学 2020 年博士学位论文。

［5］麻志华：《直觉决策理论及其在公安工作中的应用》，中国科学技术大学 2010 年博士学位论文。

［6］聂长建：《司法判决的有效性研究》，中南财经政法大学 2010 年博士学位论文。

［7］任惠华：《法治视野下的侦查效益问题研究》，西南政法大学 2008 年博士学位论文。

［8］阮重骏：《问题导向的犯罪治理研究》，吉林大学 2020 年博士学位论文。

［9］吴新林：《有限理性建模与若干满意决策理论问题研究》，华中科技大学 2014 年博士学位论文。

［10］张波：《基于前景理论的动态路径选择行为研究》，上海交通大学 2012 年博士学位论文。

［11］邹渝：《逻辑视域下的群体科学决策研究》，西南大学 2009 年博士学位论文。

六、其他文献

［1］赵艺：《我国数据权利证成之要件反思》，载施伟东主编：《〈上海法学研究〉集刊（2021 年第 14 卷总第 54 卷）——新兴权利与法治中国文集》，上海市法学会 2021 年版。

［2］《联合国人权事务委员会第 13 号一般性意见：第 14 条》，载 http://hrlibrary. umn. edu/chinese/CHgencomm/CHhrcom13. htm，最后访问时间：2022 年 3 月 22 日。